KB220321

대구가톨릭대학교 다문화연구원
다문화연구총서 7

한국 다문화사회와 종교

이 책은 2016년 정부(교육부)의 재원으로 한국연구재단의 지원을 받아 수행된 연구임(NRF-2016S1A5B8924268).

대구가톨릭대학교 다문화연구원
다문화연구총서 7

한국 다문화사회와
종교 박종수 지음

목차

I 서문

II 한국 다문화사회의 전개

1. 한국 다문화사회의 형성 · 17
2. 한국 다문화사회의 쟁점 · 28

III 한국 다문화사회에 대한
종교계의 대응

1. 한국 다문화사회의 분석틀 · 55
2. 이주민 인식의 양상 · 62
3. 종교계의 영역별 대응 · 80

IV 한국 종교계의 대응과
다문화 종교교육의 관점

1. 종교계의 이주민 인식 유형   ·123
2. 종교계의 대응 유형   ·128
3. 다문화사회의 쟁점과 다문화 종교교육의 관점   ·132

V 한국 다문화 종교담론
사례 연구

1. 서울 이태원 지역의 다문화 종교 지형   ·163
2. 서원을 활용한 다문화 가치 창조에 대한 연구   ·187
3. 영화를 활용한 다문화교육의 현황과 과제   ·202
4. 한국 사회의 이슬람 혐오 현상과 쟁점   ·223
5. 상호문화교육 프로그램을 위한 제언   ·244

VI 결론

참고문헌 ·271

I

서문

본 연구의 목적은 다문화사회에 대한
한국 종교의 인식 내용과 대응 방식을 검토하고 다문화 종교교육의
관점에서 그 내용을 재고하는 것이다. 본고에서 설정한 다문화사회
의 형성 주체는 사회적 소수자인 이주민과 종교 단체다. 이들이 서
로를 인식하여 대응하는 과정에서 다문화사회의 쟁점들이 만들어지
고 다문화 현상은 복잡해진다. 그러나 상대적으로 이주민이 주체로
서 자기 발화를 하지 못하는 현실이 한국의 다문화사회에서 발견된
다. 이에 다문화 논의의 균형을 유지하려면, 드러나지 않는 소수자
의 쟁점을 알려야 한다는 것이 기본적인 문제의식이다.

　본 연구에서는 사회적 소수자인 이주민을 규정하는 외부의 시선
이 다양한 듯하지만, 주로 보살핌과 동화 대상에 고정되어 있다는
것에 주목했다. 예컨대, 정부의 시선은 결혼이주여성의 경우, 자국
민으로의 동화, 이주노동자의 경우에는 배타적 차원이나 보살핌의
차원에 머물고 있다. 개신교와 천주교는 이주민을 보편적 인간으로
보지만, 경우에 따라 적대적 대상으로까지 인식하기도 한다. 불교
와 신종교는 이주민을 보편적 인간, 보살핌의 대상, 동화적 대상으
로 인식하는 경향이 있다. 그러나 대체로 한국 다문화사회에서 이
주민은 시혜적 또는 동화적 대상으로 인식되면서 주체가 아니라 도
움을 받아야 하는 객체로 전락하고 있다.

　이주민에 대한 이러한 외부의 굴절된 시선은 관용 또는 자비라는

베일에 둘러싸여 실제 의도를 은폐하는 동시에, 베푸는 자는 받는 자와 분리되며, 상대적으로 우월한 지위를 얻게 된다. 결국 지배와 종속의 문제까지 정당화될 수 있다. 또한, 종교 단체와의 관계에서 이주민은 종교적으로 구속될 가능성이 높아지고 있다.

이러한 문제의식을 바탕으로 제Ⅱ장에서는 이주민이 논의되는 상황적 배경, 즉 현대 다문화사회가 형성되는 배경과 쟁점을 살펴보았다. 한국은 오래전부터 다문화, 다종교 상황에 직면해왔지만, 지구화와 신자유주의의 결합이라는 배경 아래, 전 지구적 이주 현상으로 발생한 이주민들이 점차로 내부적 소수자의 권리를 자각하면서 더욱 다양한 문화가 생성되는 것이 최근의 상황이다. 이러한 사회적 변화에 일차적으로 대응한 주체는 정부였고, 한국 종교도 정부의 인식과 대응을 차용하거나 그에 일치하는 경향이 있다. 이것은 다문화사회에 대한 종교의 인식과 대응을 살펴볼 때, 정부의 대응 방식도 고려해야 함을 시사한다.

이러한 시각에 전제하여 제Ⅲ장에서는 다문화사회의 분석틀을 두 가지로 제시했으며, 이를 바탕으로 이주민에 대한 인식의 양상과 다문화사회에 대한 한국 종교의 실제적인 대응 영역을 살폈다. 제Ⅲ장에서 살폈던 두 가지 분석틀은 다문화사회에 대한 종교계의 인식과 대응 방식이다. 이 두 가지 분석틀은 종교계의 대응 영역과 대응 양상으로 나타난다. 본고에서 이주민에 대한 인식의 양상은 보편적 인간, 보살핌의 대상, 동화적 대상, 적대적 대상으로 분류된다.

한국 종교가 이주민을 어떻게 인식하고 있는가는 경전이나 이에 상응하는 교리에 그 근거를 찾고 있다. 예컨대, 개신교와 천주교는 『성경』, 「교령」, 「훈령」 등에서 이주민에 대한 인식 근거를 찾고 있

10

다. 불교와 원불교에서는 '인연'과 '삼동윤리' 등의 교리를 통해서 인식의 근거를 두고 있다. 이주민에 대한 인식의 근거를 찾은 한국 종교는 보편적 인간, 보살핌의 대상, 동화의 대상, 적대적 대상으로 인식을 구체화하여 이주민을 대상화하려는 경향이 나타난다. 이러한 인식의 유형은 단계적으로 나타나다가 네 가지 인식 유형이 혼재되어 나타난다. 한편, 동화적 대상 또는 적대적 대상으로만 인식하려는 움직임도 있다.

사회적 소수자인 이주민의 수가 인구통계학적으로 급증하면서, 한국 종교는 이들을 보편적 인간, 보살핌의 대상으로 인식하다가 점차 종교적 정체성에 위협적 존재로 인식의 자리를 옮기고 있다. 한국 사회에서는 아직 이러한 단계가 사회적으로 표면화되고 있지 않지만, 이러한 인식의 변화가 올 것은 정부의 대응을 통해서 충분히 예측 가능하다. 왜냐하면 이주민의 상당수가 동남아시아 국가 출신이며, 상당수가 이슬람교도일 수도 있다는 예측이 나오기 때문이다. 실제로 개신교는 이러한 인식을 내재적으로 갖고 있으면서 이슬람 포비아 현상을 유포시키기도 했다.

이러한 적대적 인식은 아직 사회적으로 표면화되지 않았으며 대체로 감추어져 있을 뿐이다. 연구자는 이주민에 대한 한국 종교의 배타적·적대적 인식이 가려져 있다고 판단했다. 또한, 이러한 인식을 은폐하기 위해서 전략적으로 다른 차원의 인식과 대응을 부각시키고 있다고 보았다. 한국 종교들은 이러한 인식 유형을 바탕으로 인권·복지·공동체, 축제·이벤트, 선교·의례, 교육 등의 영역에서 각각 대응하고 있다. 이주민에 대한 한국 종교의 인식과 대응은 다문화사회에 대한 쟁점으로 나타난다.

개신교와 천주교에서의 쟁점은 다문화 선교의 방향성에 관한 것이다. 이주노동자의 인권 보호와 사회적 문제를 해결하기 위해 시작된 '이주노동자 지원센터' 또는 '중국 동포의 집' 등이 초기에 보여줬던 표면적 목적에서 이슬람 포비아 현상과 같은 공격적 선교 지향 형태로 변하고 있다는 점에서 논쟁이 부각되고 있다. 물론 선교 지향적인 정체성을 강하게 갖고 있는 개신교와 천주교로서는 당연한 논리겠지만, 다문화사회라는 독특한 상황에서 이러한 정체성이 어느 범위와 어떠한 방법까지 허용될 수 있는가 하는 논의를 수반한다.

불교에서 나타나는 쟁점도 이와 유사하다. 이주민 포교를 위해 이들을 어떻게 인식해야 하는가에 대한 인식 근거 마련이 논쟁으로 부각된다. 이는 '인연'이라는 보편적 시각으로 볼 것인가, 자비의 발현이라는 시혜적 대상으로 볼 것인가 하는 인식 근거에 대한 논의로 나타난다. 다문화사회에 대한 불교의 대응은 복지를 비롯한 축제와 이벤트에 집중되어 있다. 이것이 순수한 자비의 발현으로서 나타난다고 하겠지만, 베푸는 자와 받는 자를 분리시켜 상대적인 우위를 점하면서 포교를 용이하게 할 수 있는 전략으로 사용될 수도 있기에 쟁점으로 부각되고 있다.

신종교에서는 자기 정체성과 관련하여 이주민을 대상화하려는 경향이 사회적 문제로 표면화되고 있다. 신종교의 정체성 자체를 개혁에 두고, 기성 종교보다 뒤늦게 다문화사회에 대응했던 신종교 자체의 정체성에 대한 위기의식이 제기되는 한편, 통일교는 자체의 교리에 맞춰 이주민을 수단화하고 있다는 혐의를 받고 있다. 통일교는 세계평화통일가정연합으로 정체성을 전환하면서 가정을 더욱 부각시키고 있다. 한국 다문화사회가 논의되기 이전부터 국제결혼을 통한 다문화가정을 형성했지만, 자발적 이주에 의한 가정 형성이라기보다 종교적 신념 또는 타의적 강요에 의해 가정이 형성되었다는 점에서 다문화사회 논의의 또 다른 차원을 형성하고 있다.

종교계의 다문화사회에 대한 대응 양상을 제Ⅳ장에서는 세 가지 분석틀을 바탕으로 포용적·다원적 인식과 배타적 인식, 개별적 대응과 집단적 대응, 권리와 정체성이라는 대응 양상을 살폈다. 다문화사회에 대해 개별 종교인으로서 대응할 경우, 대체로 포용적·다원적으로 이주민을 인식하는 동시에 권리를 강조하는 경향이 있었다. 반대로 다문화사회에 대해 종교 단체로 대응할 경우, 대체로 이주민에 대한 배타적 인식과 정체성이라는 쟁점이 부각되어 나타나는 것으로 보인다.

현재 다문화사회에 대한 한국 종교의 대응 양상은 다문화 종교교육의 실천으로 나아가고 경향이 있어, 이에 대한 분석과 과제를 살펴보았다. 한국 종교들은 다문화교육 프로그램 속에서 종교교육 또는 종교의례를 실천하고 있다. 이것은 종교교육이 학교 현장에서 종교에 대한 교육과 신앙교육 형태로 이분화되어 나타나는 쟁점과 유사하다. 다문화 종교교육이 신앙교육 또는 의례의 강요 형태로 실천되고 있는 현시점에서 다문화 종교교육에 대한 비판적 문제 제기가 필요하며, 제도적인 제어 장치가 마련되어야 하겠다.

긍정적인 측면에서의 다문화 종교교육은 다문화교육과 함께 실현될 필요성도 있을 것이다. 개별 신앙교육을 넘어선, 우리와 이주민의 종교에 대한 비교·이해를 바탕으로 한 종교교육을 다문화 종교교육이라고 한다면, 다문화 종교교육은 우리 사회에서 긍정적 역할을 하는 데 기여할 것이기 때문이다. 우리 사회는 역사적으로 다종교 공존 상황이 오래 유지되고 있었지만, 최근 이주민의 증가와 소수자의 권리에 대한 자각으로 이에 대한 도전과 갈등이 심화되고 있다. 본고는 이에 따라 다문화교육과 종교에 대한 이해를 강조하는 다문화 종교교육의 필요성을 강조했으며, 이에 대한 프로그램의 개발을 제언하였다.

그리고 필자가 그동안 발표하였던 논문 중 한국 다문화 종교담론과 관련된 연구 논문 몇 편을 사례 연구로서 수록하였다. 수록된 논문은 「이태원 지역의 종교공간적 특성과 다문화 공간으로의 이해」(2013), 「서원을 활용한 다문화 가치 창조에 대한 연구」(2015), 「영화를 활용한 다문화교육의 현황과 과제」(2016), 「한국사회의 이슬람혐오 현상과 쟁점」(2017), 「상호문화교육 프로그램을 위한 제언」(2017) 등이다.

II

한국 다문화사회의 전개

제1장

한국 다문화사회의 형성

현대인들의 상당수가 국경을 넘어서는 이주를 감행하며 살아가고 있는데, 2019년 5월 현재 전 세계에서 3억 명 이상의 사람들이 본국을 떠나서 살고 있다. 한국으로도 전 세계 이주민들이 꾸준히 유입되고 있으며, 체류 외국인의 비율은 한국 전체의 인구 대비 약 4.5%를 나타내고 있다.[1] 이 비율은 앞으로 한국 사회의 저출산·고령화가 가속화될수록 더 늘어날 전망인데, 이에 따른 사회적 변화에 대응하기 위해서 외국인 정책 또는 사회통합 정책(다문화정책) 등이 만들어지고 있다.

다문화사회는 다양한 사회적 구성원 간의 관계에 의해서 다문화 담론이 만들어지며, 주류 집단(선주민)과 소수 집단(이주민)의 상호 이해관계에서 다문화사회의 쟁점이 나타난다.

---

1) 출입국·외국인정책본부가 조사하는 2018년 12월호 통계월보에 의하면, 2018년 12월 31일 현재 체류 외국인의 수는 2,367,607명이다(http://www.moj.go.kr, 2019.5.23. 검색).

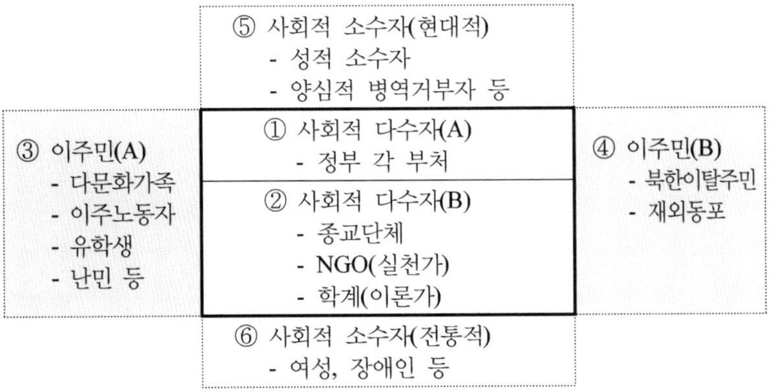

출처: 박종수, 「한국 다문화정책과 종교」, 『종교문화학보』 제15권(2018), p. 171.

〈그림 1〉 한국 다문화사회 담론 형성의 주체

위의 <그림 1>은 한국 다문화 담론의 형성 주체를 도식화한 것인데, ①부터 ⑥은 다문화사회를 형성하는 주체들이다. ①과 ②는 다수자로서 다문화사회를 인식하는 주체들이고, ⑤와 ⑥은 기존 한국 사회 내부에서 소수자였으나 주체로서 자신들의 권리를 자각하며 문화적 다양성을 증대시키는 부류이고, ③과 ④는 국가라는 테두리 밖에서 한국 사회로 이주해옴으로써 문화적 다양성을 확대시키는 주체들이다. 그런데 ⑤와 ⑥을 사회적 소수자의 범주로서 다문화사회의 형성 주체로 보는 데는 의견이 분분하기에, 여기에서는 ①부터 ④를 다문화사회의 형성 주체로 전제한다. ④ 북한이탈주민을 다문화가족 및 이주노동자, 유학생, 난민과 다른 이주민으로 분류한 까닭은, 북한이탈주민들이 같은 민족이라는 정체성을 내세우면서 외국에서 온 이주민들과 같은 취급을 당하는 데 불만이 있어서이다. 하지만 북한이탈주민은 동일한 민족이지만 국내로 이주해올 때 국적이 달랐기 때문에, 이주민으로 분류하는 데에 타당성이 없지는 않다. 여하튼, 현재의 다문화정책에는 여러 가지 이유로 인해 북한이탈주민이 정책의 대상에 상당 부분 포함되어 있는데, 곰곰이 다시 한번 생각해 볼 필요가 있다.

이러한 사회적 변화에 일차적으로 대응한 주체는 정부였으며, 정부가 취하고 있는 인식과 대응을 한국 종교가 차용하는 경향을 보이고 있다. 이것은 다문화사회에 대한 종교의 인식과 대응을 살필 때, 정부의 대응 방식을 고려해야 한다는 사실을 대변해준다. 이 작업을 위해서 다문화사회로 전환 중에 있는 한국 사회에서 어떤 논의가 쟁점화되고 있는지를 정치적 측면, 사회·경제적 측면, 그리고 문화·종교적 측면으로 살피고자 한다. 왜냐하면 서구의 이민 사회가 단계적으로 경험했던, 이민 1세대의 정치적 시민권, 이민 2세대의 사회·경제적 시민권, 이민 3세대의 문화·종교적 시민권의 담론들이 한국 사회에서는 동시다발적으로 쟁점화되고 있기 때문이다.

압축적 근대화와 산업화는 현대 한국 사회를 이해하는 데 중요한 열쇠였지만, 최근 또 하나의 키워드가 등장했다. 다문화로 대표되는 사회현상이 그것인데, 다문화사회는 신자유주의적 경제 질서에 따른 외국인의 국내 이주로 등장하였다. 한국 사회는 급속한 경제발전과 더불어 1980년대 후반부터 외국인들의 국내 이주가 본격화되기 시작하였다. 단일민족주의와 순혈주의를 표방해왔던 우리 사회도 전 지구적인 흐름에 역행할 수 없었던 것이다.

2000년대에 들어와서는 한국 사회의 저출산 현상과 인구의 고령화 문제가 사회적인 문제로 대두되면서 경제활동인구의 부족 현상을 낳았다. 이는 곧 산업현장에서의 3D 업종을 기피하는 현상과 맞물리면서, 그 해결책으로서 외국인 노동력을 받아들이게 되었다.

이들은 '코리안 드림'이라는 꿈을 갖고 한국으로 들어와 한국인들이 기피하는 업종에 종사하는 중국, 베트남, 필리핀, 인도네시아, 파키스탄, 몽골 등에서 온 사람들이 대부분이다. 서구 또는 일부 아시아에서만 볼 수 있었던 노동력의 이동이 어느덧 우리 사회의 한 부분이 되어 현대 다문화사회를 만들었다.

인간의 역사는 유목에서 시작하여 현재까지도 유목적 삶이 반복되고 있다고 아탈리(Jacques Attali)는 말한다.

> 정주성(定住性)은 아주 잠깐 인류 역사에 끼어들었을 뿐이다. 인간은 중대한 모험들 속에서 노마디즘(nomadism)으로 역사를 이루어왔고, 다시 여행자로 되돌아가고 있다. 농경생활이 주인처럼 군림해왔다고 믿어온 지난 5천 년 동안에도 인간의 역사는 유랑 민족들이 다른 민족들에게 가한 전쟁의 연속이었을 따름이다. 이 다른 민족 또한 이전에는 유랑 민족으로서 다른 민족들의 땅을 빼앗아 주인이 된 것일 뿐이다.[2]

아탈리의 관점에서 본다면, 현재의 다문화사회는 전혀 새로운 사회가 아니다. 단지 그 이전과 성격이 달라졌을 뿐 유목적 삶, 국경을 넘는 이주는 계속해서 반복되었다는 것이다. 그는 현대의 이주 현상을 세 번째 상업 노마디즘이라 부르며, 20세기 후반부 초에 평화가 되돌아오자 상업적 노마디즘이 다시 가동되기 시작했다고 본다. 이와 더불어 전 지구적으로 약 4%, 약 2억 5천만 명이 고국을 떠나 살고 있다. 이는 40년 전의 3배라고 한다. 이들 중 절반은 가족과 함께 이주한 노동자들이고, 나머지는 불법이주노동자라고 한다. 망명객 수도 급증해 1970년에는 250만 명, 1980년에는 800만

---

2) Jacques Attali, 『호모 노마드 유목하는 인간』(이효숙 옮김), 웅진닷컴, 2005, 18쪽.

명, 2003년에는 3천만 명으로 늘어났다.3) 상업적 노마디즘은 사물과 사상의 이동으로 진전된 후, 계속해서 사람들의 이동을 제압하여, 향후 50년 내에 10억 이상의 인류가 자기가 태어난 나라가 아닌 다른 나라에서 살게 될 것이라고 예견하고 있다.4)

한국 사회는 1980년대 초까지만 해도 다른 아시아 국가들과 비슷하게 노동력을 수출하는 국가였으며, 한국해외개발공사가 노동력 수출의 전담 기구 역할을 담당했었다. 1980년대를 지나면서 한국은 말레이시아, 태국, 홍콩 등과 함께 노동력의 수출입이 비슷한 국가 대열에 합류하기 시작했고, 1988년 서울 올림픽의 개최 이후 현재 한국은 대부분의 아시아의 이주노동력을 유입하는 국가로 위상이 변하게 되었다.5)

1991년 11월 해외 투자 업체의 현지 고용 인력의 유입이라는 해외투자업체연수제도를 도입하였고, 이를 1993년 11월 추천 단체에 의한 산업기술연수생제도로 확대하였다. 산업기술연수생제도는 중소 3D 업종의 인력난 해소에 외국인노동자를 노동자가 아닌 연수생으로 편법으로 활용한 정책으로, 연수생의 작업장 이탈에 따른 불법체류자 양산이라는 비판을 받았었다.6) 이에 따라서 고용허가제로의 변화의 움직임이 나타났었지만, 이러한 시도는 중소기업협동조합, 통상산업부, 법무부 등의 반대 등으로 무산되었다. 이후 2004년 8월 종전의 산업기술연수생제도와 고용허가제가 동시에 실시되

---

3) 위의 책, 305쪽.

4) 위의 책, 427쪽.

5) 오경석, 「어떤 다문화주의인가?」, 『한국에서의 다문화주의: 현실과 쟁점』(오경석 외 엮음), 한울아카데미, 2007, 29쪽.

6) 김영문, 「산업연수생의 노동법적 지위」, 『노동문제논집』 15, 1998, 13쪽.

면서, 외국인 근로자 간의 형평성 시비 등 많은 문제점이 나타나게 되었다. 그래서 2005년 7월 외국인 인력정책위원회에서 기존의 산업연수생제도를 폐지하고, 2007년 1월부터 고용허가제로 일원화하는 방침이 확정되었다.[7]

그러나 이 고용허가제도 여러 가지 문제점들이 나타났다. 이선옥은 외국인노동자에게 노동법에 적용된다고 하더라도 내국인 노동자와 동등한 대우를 받는 것이 아니라 최저임금과 몇몇 기초적인 사항만 받는 것이고, 직장을 이주노동자 본인이 선택하는 것이 아니라 노동부에서 지정해준 사업장에서 일해야 하는 것이기 때문에, 그 사업장의 노동환경이 아무리 열악하여도 이주노동자는 묵묵히 일해야만 한다고 고용허가제의 문제점을 지적하고 있다.[8] 2004년 고용허가제가 도입되면서 이주민 정책이 다문화정책이라는 이름으로 실시되기 시작했다. 이에 대한 결정적인 배경은 결혼이주여성의 비율이 빠르게 증가하면서, 이들에 대한 사회적 적응과 통합의 목적으로서 정책이 마련되기 시작한 것이다.

한국 사회는 1980년대 말 이주노동자를 수용하기 시작하면서, 20여 년이라는 짧은 기간에 이민 유입국으로서 위상이 변하였다. 하지만 서구에 비해 단시간에 이룩한 경제 성장과 노동력 유입국으로의 위상 변화는 다양한 사회적 논쟁들을 만들어내고 있다. 서구에서는 이주와 관련된 담론들이 세대별로, 그리고 단계적으로 공론화되었지만, 한국 사회에서는 동시다발적으로 나타나고 있기 때문

---

7) 김미나, 「다문화 사회의 진행 단계와 정책의 관점: 주요국과 한국의 다문화정책 비교 연구」, 『행정논총』 47-4, 2009, 209쪽.

8) 이선옥, 「한국에서의 이주노동운동과 다문화주의」, 『한국에서의 다문화주의: 현실과 쟁점』(오경석 외 엮음), 한울아카데미, 2007, 85쪽.

에 이주와 관련된 쟁점들을 합의하는 데 어려움이 따르고 있다. 현대 한국 사회의 다문화 현상에 대한 분석의 쟁점은 세계화에 따른 전 지구적 이주와 그에 따른 다인종·다민족화를 어떻게 수용하고 대응해야 하는가이다. 한건수는 최근 이주민의 규모가 해마다 급증하고 있을 뿐만 아니라, 이주민의 출신 국가나 체류 형태도 다양해지며, 이러한 변화가 한국 사회의 정체성을 변화시키고 있다고 보았다.9) 2010년 9월 현재 국내 체류 외국인의 비율이 전체 인구 구성비의 2.5%에 이르고 있다는 사실에서, 한국 사회가 커다란 변화를 겪고 있다는 것을 보여주고 있다.

2010년 9월 말 현재 국적별 체류 외국인을 보면, 중국, 미국, 베트남, 일본, 필리핀, 타이, 몽골 등으로 나타난다. 이 중에서 중국은 동포에 대한 우대 정책인 방문취업제 및 결혼이민자, 미국은 재외동포 및 주한 미군 수가 많은 비율을 차지하는 것으로 나타나고 있다.10) 국적별 체류 외국인의 비율을 보면, 베트남, 필리핀, 인도네시아, 캄보디아, 미얀마 등의 동남아시아 국가와 몽골, 스리랑카, 인도, 파키스탄, 네팔 등의 종교적 정체성이 강한 국가의 외국인의 비율이 상당수에 이르고 있음을 알 수 있다. 이 지표는 한국 사회가 종교적으로도 더욱 다양성을 가질 수 있고, 이주민의 종교와 한국 종교 간 접촉 기회가 잦아질 가능성이 높아질 것이며, 앞으로 서로에게 어떤 영향을 미칠지 주목하게 한다. 현재 한국 종교의 일방적 관심은 시혜와 동화의 대상으로 이주민을 대상화하고 있지만, 머지않아 이주민 공동체가 활성화되면서 한국 종교와 대등한 지위

---

9) 한건수, 「비판적 다문화주의: 한국적 다문화주의의 모색을 위한 인류학적 성찰」, 『다문화사회의 이해』(유네스코 아시아·태평양 국제이해교육원 엮음), 동녘, 2009, 138쪽.

10) 출입국·외국인정책본부(www.immigration.go.kr).

를 요구하게 될 날이 올 것은 자명한 일이기 때문이다.

체류 자격별 현황은 방문취업과 비전문취업, 거주, 유학, 방문동거, 영주, 일반연수 등으로 나타나고 있다. 한건수는 이러한 외국인의 인적 구성이 한국 사회의 변화에 대해 갖는 시사점을 세 가지 차원에서 제시하였다. 첫째, 최근의 한국 사회는 다양한 국적과 인종으로 구성된 이주민이 함께하는 사회로 전환되고 있다는 사실이다. 둘째, 이주민 중 중국, 미국, 베트남, 필리핀 등의 특정 국가 출신들이 많이 나타나고 있으며, 이들이 전체 이주민의 70% 이상을 차지한다. 미국을 제외하면 아시아권 이주민이 대부분이다. 이런 점에서 볼 때, 한국 사회는 아직 '다인종화'보다는 '다민족화'되어 간다고 할 수 있겠다. 셋째, 국내의 체류 외국인들은 출신 국가와 직종에 따라 명확히 구분되며, 이들의 국내 생활 역시 동일한 기준에 의해 차별화되고 있다.[11]

단순 기능 인력과 전문 인력으로 구분되는 이주노동자는, 국제적 이주가 보편화된 서구 국가와 마찬가지로, 한국 사회에서도 데니즌(denizen)과 마지즌(margizen)으로 차별화된 삶을 산다고 한다. 데니즌은 주로 전문직에 종사하는 사람들로 일시적 이주를 통해 타국에 머물더라도 출신국의 시민권을 포기하지 않으며, 체류 국가에 영주할 의사가 없는 이주민을 말한다. 그렇지만 이들의 대부분은 체류 국가에서 다국적 기업을 비롯한 소속 기업이 제공하는 다양한 복지 혜택을 누리고 다양한 권리를 누리며 살고 있다. 이에 반해, 마지즌은 다수의 이주노동자처럼 체류 국가에서 법적, 정치적, 사회문화적 권리를 보장받지 못하고 주변적인 범주에서 살아가는 사

---

11) 한건수, 앞의 글, 141쪽.

회경제적 취약자를 일컫는다.12)

따라서 국내에 체류하고 있는 이주민들은 동질적인 집단이 아니라 다양한 층위로 구성되어 있다고 할 수 있겠다. 동일 집단의 이주민이라도 이들은 경험하는 한국 생활이 너무나 다를 뿐만 아니라, 한국적 다문화 현실에서 이들이 갖는 인종적 계층적 위계적 서열에 따라 차별 대우를 받고 있는 것이다. 대부분의 이주민은 개인의 능력과는 무관하게 집단적, 인종적으로 구별되며, 이에 따라 위계적 신분에 편입되고 있다. 그리고 이들은 자신의 젠더 역할에 따라 한국 사회에서 상이한 대우를 받는데, 이는 한국 사회의 젠더 역할을 요구받기 때문일 것이다.13)

이주민의 상이한 삶의 양식은 주거지의 공간적 분포에 따라서도 나타나며, 이들이 형성하는 다문화공간은 위계적 공간의 분포를 보여준다고 할 수도 있다. 이주노동자들은 낮은 거주 비용과 노동시장의 근접성 때문에 서울의 외곽 지역이나 수도권 일대 공단 지역 .근처에 집단 거주지를 형성하는 경향이 많다. 그러나 전문직 이주민들은 대부분 서울의 고급 주거 지역에 집단 주거지를 형성한다. 예컨대, 동부이촌동과 방배동은 일본인과 프랑스인의 주거 지역을 형성하고 있으며, 이태원동과 용산2가동은 아프리카인 주거 지역, 구로동은 조선족의 거주 지역으로 구획되어 있다. 그리고 안산의 '국경 없는 마을'처럼 다양한 이주민들이 집단으로 모여 살면서 자신들의 문화를 각각 표출하고 있는 지역도 있다. 한건수는 이러한 다문화공간이 한국 사회의 계급성을 재현할 뿐만 아니라 공간의 의미 자체도 한국인들에 의해

---

12) 김현미, 『글로벌시대의 문화번역』, 또 하나의 문화, 2005, 24쪽.
13) 한건수, 앞의 글, 143쪽.

차별적 의미를 부여받는다고 할 수 있다고 지적한다.[14)]

현대 한국 사회는 다양한 국적을 가진 이주민을 통해서 다문화사회로 빠르게 전환되고 있기에, 이주민들을 하나의 동일한 집단이 아니라 다양한 사회·문화적 배경을 가진 집단으로 이해해야 한다. 이렇게 될 때 이주민과의 관계 속에서 생산되는 다문화사회의 쟁점을 보다 분명히 이해할 수 있기 때문이다.

앞에서는 다문화사회가 새로운 소수자의 등장으로 문화적 다양성이 확대되고 있음을 살폈는데, 여기서는 내부의 소수자가 자신들의 권리를 자각하면서 문화적 다양성을 증대하고 있는 현상을 살펴보겠다. 현대 한국 사회의 다문화 현상을 이해하려면, 외부적 요인인 이주민의 증가만으로 설명하기 힘들다. 왜냐하면 한국 사회 내부에서도 문화적 다양성이 증가하고 있기 때문이다. 앞서 살핀 것처럼 이주민을 하나의 동일한 집단으로 간주해서는 안 되듯이, 한국인 역시 문화적 측면에서는 다양한 집단임을 인정해야만 한다. 모든 문화집단의 구성원은 동질적 문화 요소만을 고유하지 않으며, 다양성도 동시에 보여주기 때문이다.[15)]

현대 한국 사회에서는 문화적 소수자의 목소리도 커지고 있다. 그동안 억눌려 왔던 한국 사회의 수많은 사회적·문화적 소수자들은 자신들의 삶의 양식을 사회에서 인정받고자 권리를 주장하고 있다. 전통적 소수자였던 여성이나 장애인, 그리고 현대적 소수자인 성적 소수자, 양심적 병역거부자 등 다양한 소수자의 문제 제기는 한국 사회에서 소수자의 삶을 다양성 존중이라는 맥락에서 보장해

---

14) 위의 글, 144쪽.
15) 위의 글, 145쪽.

야 함을 시사한다. 이러한 주장은 문화적 다양성 존중과 같은 더 근본적인 문제의식으로 확장되고 있다. 한건수는 이러한 소수자 또는 주변인들이 자신들의 발언권을 확장함으로써 한국 사회가 하나의 균질적인 문화공간이라고 바라보았던 지배적 인지구조에 변화를 일으키고 있다고 보고,[16] 현대 한국 사회의 다문화 현상의 원인을 이주민의 증가로 인한 외국 문화가 늘어나는 것뿐만 아니라 한국 문화 내부적으로 다양한 문화 요소가 증가하는 현실에서도 찾아야 한다고 보았다.[17] 본고는 이러한 지적에 공감하면서도 전통적 소수자였던 여성과 장애인, 현대적 소수자인 성적 소수자와 양심적 병역거부자 등의 발화를 담아내진 못했다. 왜냐하면 본고에서는 한국 종교의 이주민에 대한 인식과 대응을 살피고자 했기 때문이다.

한국 사회는 위와 같이 외부자로서의 이주민의 증가와 내부 소수자들의 권리 자각을 통해 현대 다문화사회로 전환·이행하고 있다고 할 수 있겠다. 다문화란 하나 이상의 복수의 문화를 일컫는다. 다문화는 다인종, 다민족으로 구성된 사회와 국가에서 문화의 중심이 되는 주류문화에 대한 하위 개념으로, 위계 관계 또는 다양성의 존중을 내포하는 개념이기도 하다. 다문화공동체 사회는 서로 다른 문화의 이해와 존중, 노력을 통해 형성되며, 일정한 시선을 갖게 된다. 다문화는 "새로운 시각으로 세상을 바라보는 안경"[18]이라는 말처럼, 다문화사회는 문화의 주체에 따라 다양한 시선과 그에 따른 대응이 일어나고, 주체 간 이해관계에 따라 쟁점이 생길 수도 있다. 이제 다문화사회를 이해하기 위해서 기본적인 개념을 살펴보고자 한다.

---

16) 위의 글, 146쪽.
17) 위의 글, 147쪽.
18) 박천웅, 『다문화교육의 탄생』, 국경없는마을 출판사, 2009, 17쪽.

제2장

한국 다문화사회의 쟁점

본고에서 설정한 다문화사회의 형성 주체 간 관계는 사회적 소수자인 이주민과 종교 단체이다. 이들은 각각 서로를 인식하여 대응하는 과정에서 다문화사회의 쟁점들을 만들어내며, 이에 따라 다문화 현상은 보다 복잡하게 얽히게 된다. 하지만 이 두 주체 사이에서 이주민이 주체로서 자기 발화를 하지 못하는 현실이 한국 다문화사회에서 나타나고 있다. 따라서 논의에서 가려진 소수자의 쟁점을 선명하게 드러낼 수 있는 작업이 필요하다. 이를 위해 본 장에서는 이주민의 등장으로 발생하는 쟁점들을 몇 가지 차원에서 다루게 될 것이다. 우선 다문화사회의 형성 배경을 여러 요인으로 분석할 수 있지만,[19] 본고는 다문화사회의 형성 배경을 새로운 소수자가 등장함으로써 문화적 다양성이 확대되고 있으며, 내부의 소수자가 자신들의 권리를 자각하면서 문화적 다양성이 증대되고 있다고 보았다.

---

19) 킴리카(Kymlicka. Will)는 급진적 다문화주의의 형성 배경을 인구통계학적 요인, 소수자의 권리의식 자각, 민주주의의 발전, 자본의 세계화, 평등 의식의 고양 등으로 분석한 바 있다.

한국 사회가 다문화사회로 전환되는 과정은 서구의 이민 사회가 단계적으로 경험했던, 이민 세대들의 정치적 권리, 사회·경제적 권리, 문화·종교적 권리의 요구 과정과는 다른 양상이다. 한국 사회는 산업화와 민주화를 압축적으로 경험했던 터라 '다문화화'의 과정도 압축적 또는 복합적으로 나타나고 있다. 그리고 이들 주체 간의 담론들은 한국 사회에서 동시다발적으로 쟁점화되고 있는데, 그중 가장 기본적인 쟁점은 인권이다.

다문화사회의 쟁점은 권리와 정체성의 대립 형태로 나타나고 있다고 할 수 있다. 예컨대, 정치적 쟁점에서는 시민권과 국적의 내용으로, 사회·경제적 쟁점에서는 평등권과 역차별의 내용으로, 문화·종교적 쟁점에서는 자유권과 동화의 내용으로 드러나고 있다.

이주민은 한국 사회에 정착하면서 정치적 권리, 사회·경제적 권리, 그리고 문화적 권리를 순차적으로, 경우에 따라서는 동시에 획득할 수도 있을 것이다. 그러나 이에 따른 한국 주류사회의 편입에 대한 요구는 대한민국 국민으로서의 정체성에 대한 강요로 나타나고 있다. 현재 정부 주도로 진행되고 있는 다문화정책과 사업들은 이주민을 일방적인 수혜의 대상으로 규정짓는 경향이 짙다. 이러한 정책적 방향은 이주민의 권리를 인정하는 것보다 이들에게 한국인으로서의 정체성을 강요하는 것으로 사회 분위기를 조성하고 있다.

1. 정치적 쟁점

현재 우리나라에 체류하는 이주민들은 그 이주 목적이 어떠하든 한국으로 이주해 와서 살아가는 과정에서 외국인과 또 다른 외국인, 그리고 한국인과의 결혼을 통해, 그리고 그 자신의 귀화를 통해 결과적으로는 자신이 형성한 다문화가정의 자녀들을 이중국적의 지위에 놓이게 만든다. 다문화가정의 문제는 혼혈 자녀의 사회적 적응을 넘어서, 한국의 국적을 선택하느냐 여부에 따라 한국인이 될 수도 또는 국적이탈의 결과로 외국인의 지위를 갖게 될 수도 있다. 태국인 여성과 한국인 남성이 결혼하여 자녀를 낳고, 다문화가정을 이루면서 겪게 된 사례를 통해 이중국적 문제에 접근해보겠다. 다음의 사례는 기독교의 선교 관련 웹 사이트인 CGN TV에 소개된 다문화 관련 세미나 동영상에서 녹취한 내용의 일부분이다.[20]

> 대부분의 상담을 통해서 다문화가정의 문제점을 살펴보았을 때, 다문화가정에서 제일 심각한 문제는 정체성이 없다는 것입니다. 초등학교 3학년 되는 승민이라는 어린이와 상담을 해보니까, "너는 어느 나라 사람이야? 아빠가 한국 사람이니까 너는 한국 사람이지?"라고 물었을 때, 대답을 안 하더라구요. 그러면 "너는 엄마가 태국 사람이니까, 그럼 너는 태국 사람이니?"라고 물어도 대답을 안 하더라구요. "그럼 너는 어느 나라 사람이야?" 물었을 때, 대답 대신에 울면서 밖으로 나가더라구요. 그래서 나중에 다시 물으니까, 자기는 엄마도 싫고 아빠도 싫다고 그러더라구요. 그래서 너 왜 싫으냐 그랬더니, 초등학교 들어가기 전에 생후 4개월 돼서 엄마 아빠가 맞벌이를 하기 위해서 친정인 태국에 데려다 놨다가 다섯 살에 왔어요. 그러다 보니까 갑자기 다른 환경 속에서 너무 너무 힘들고 어렵고, 엄마도 싫고, 다른 애들은 엄마가 와서 챙겨주고, 알림장도 챙겨주는데, 얘는 또 새로운 문화에 접하다 보니까 학교에서 항상 뒤처지게 되고, 자기를 알아주는 사람이 하나도 없기 때문에 자기는 엄마도 싫고 아빠도 싫다고 강하게 부인하는 것은 봤어요. (중략)
> 결혼이주여성들은 국적 취득이 참 어려워요. 예를 들어, 베트남이나 캄보디아나 필리핀이나 태국 같은 나라는 이중국적을 허용하

---

20) MMNK 3강, "다문화가정"(http://www.cgntv.net).

는 나라예요. 우리나라는 1인 1국적이기 때문에, 그 국적을 포기하고 와서 한국으로 귀화했을 때 국적을 얻게 된다 그러거든요. 그런데 거기 태국 같은 데, 베트남, 필리핀 같은 데는 국적을 포기할 수 없는 나라이기 때문에, 법으로. 그래서 이 문제를 계속 정부에서도 지금 점차적으로 완화해 주는 방향으로 나갈줄 믿습니다. 또 사회통합 이수제라는 게 있어서 200시간, 또 한국어를 공부해야 되고, 여러 가지 보이지 않는 규제가 많기 때문에 그 결혼이주여성, 그 엄마는 여러 가지 어려움이 많은 것을 볼 수 있습니다. 또한 불법체류 자녀들이 많이 있는데, 그런 자녀들은 학교라든가 의료보험이라든지, 취직 관계, 여러 가지 어려움이 많은 것을 볼 수 있습니다.

소개된 사례에 의하면, 법적으로 모국의 국적을 포기할 수 없는 결혼이주여성들에게는 이중국적이 부여되어야 정부가 주장하는 사회통합에 부합되는 것이다. 하지만 아직 이들을 위한 이중국적은 허용되지 않고 있으며, 2010년 5월 4일 국적법의 개정으로 2011년 1월 1일부터 4,000여 명의 사람만이 이중국적의 혜택을 받는다. 새로 개정되어 시행될 국적법의 변경된 내용은 아래와 같다.

제12조(복수국적자의 국적선택의무 <개정 2010.5.4>) ① 만 20세가 되기 전에 복수국적자가 된 자는 만 22세가 되기 전까지, 만 20세가 된 후에 복수국적자가 된 자는 그 때부터 2년 내에 제13조와 제14조에 따라 하나의 국적을 선택하여야 한다. 다만, 제10조제2항에 따라 법무부장관에게 대한민국에서 외국 국적을 행사하지 아니하겠다는 뜻을 서약한 복수국적자는 제외한다. <개정 2010.5.4> <본문시행일 2010.5.4>

② 제1항 본문에도 불구하고 「병역법」 제8조에 따라 제1국민역(第一國民役)에 편입된 자는 편입된 때부터 3개월 이내에 하나의 국적을 선택하거나 제3항 각 호의 어느 하나에 해당하는 때부터 2년 이내에 하나의 국적을 선택하여야 한다. 다만, 제13조에 따라 대한민국 국적을 선택하려는 경우에는 제3항 각 호의 어느 하나에 해

당하기 전에도 할 수 있다. <개정 2010.5.4> <시행일 2010.5.4>

③ 직계존속(直系尊屬)이 외국에서 영주(永住)할 목적 없이 체류한 상태에서 출생한 자는 병역의무의 이행과 관련하여 다음 각 호의 어느 하나에 해당하는 경우에만 제14조에 따른 국적이탈신고를 할 수 있다.

제13조(대한민국 국적의 선택 절차) ① 복수국적자로서 제12조제1항 본문에 규정된 기간 내에 대한민국 국적을 선택하려는 자는 외국 국적을 포기하거나 법무부장관이 정하는 바에 따라 대한민국에서 외국 국적을 행사하지 아니하겠다는 뜻을 서약하고 법무부장관에게 대한민국 국적을 선택한다는 뜻을 신고할 수 있다. <개정 2010.5.4> <시행일 2010.5.4>

② 복수국적자로서 제12조제1항 본문에 규정된 기간 후에 대한민국 국적을 선택하려는 자는 외국 국적을 포기한 경우에만 법무부장관에게 대한민국 국적을 선택한다는 뜻을 신고할 수 있다. 다만, 제12조제3항제1호의 경우에 해당하는 자는 그 경우에 해당하는 때부터 2년 이내에는 제1항에서 정한 방식으로 대한민국 국적을 선택한다는 뜻을 신고할 수 있다. <신설 2010.5.4> <종전 제2항은 제4항으로 이동 2010.5.4> <시행일 2010.5.4>

③ 제1항 및 제2항 단서에도 불구하고 출생 당시에 모가 자녀에게 외국 국적을 취득하게 할 목적으로 외국에서 체류 중이었던 사실이 인정되는 자는 외국 국적을 포기한 경우에만 대한민국 국적을 선택한다는 뜻을 신고할 수 있다. <신설 2010.5.4> <시행일 2010.5.4>

④ 제1항부터 제3항까지의 규정에 따른 신고의 수리(受理) 요건, 신고 절차, 그 밖에 필요한 사항은 대통령령으로 정한다. <개정 2010.5.4> <제2항에서 이동 2010.5.4> <시행일 2010.5.4>

국적법 개정안 12조, 13조는 지금 20세가 되는 젊은이들이나 복수국적을 갓 취득한 사람들에게 대해 국내에서 외국 국적을 행사하지 않겠다는 약속만으로 대한민국 국적을 유지할 수 있게 한다는 것이다. 이에 대해 민주노동당 이정희 의원은 개정된 국적법에서 이중국적을 허용하는 내용은 "대한민국 0.01%(4,000명)를 위한 내용이고, 개정법률안 부칙 2조 1항은, 현행법 아래에서 외국 국적에 수반될 여러 작은 이익에 매달리기보다는 대한민국 국민으로서 정체성을 지키겠다는 생각으로 대한민국 국적을 선택한 젊은이들을 실망시키는 것"이라고 「국적법 일부개정법률안 반대토론문」을 발표하였다.[21] 따라서 한국 사회는 국적에 관한 한 이주민에 대한 배려로서 이중국적은 실현하고 있지 않은 셈이다.

법학자 이철우에 의하면, 이중국적은 발생의 배경과 경로에 따라 다섯 가지 유형이 있다고 한다. 제국형과 이민통합형, 민족재결합형, 이민송출형, 인권존중형이 그것인데, 이 중 이민통합형을 보면, 이주해온 노동자를 비롯한 이주민을 자국의 문화와 가치에 동화시키기 위해서 그들의 귀화를 권장하거나 용이하게 할 필요를 느껴 많은 선진국에서는 귀화자의 이중국적을 허용한다고 한다.[22] 그리고 인권존중형을 보면, 초국가적 사람들의 편익을 위해 이중국적이 존재한다면 그것을 인권 차원에서 바라볼 수 있는가의 문제 제기가 있다. 그리고 출신국을 떠나 다른 곳에 정착한 자로 하여금 원국적과 거주국 국적을 모두 가지게 하는 것이 보편적 정의에 부합되는가 하는 문제 제기도 있다. 그러나 이중국적에 열악한 삶을 살고 있고 모국과의 유대를 끊는 데 큰 손실을 감수해야 하는 이민자들의 이중국적을 인정하는 것을 부정적 시각으로 볼 수 없다는 인식이 강조되고 있다고 한다.[23]

---

21) 민주노동당 이정희 의원 블로그(blog.daum.net/jhleeco), 2011.5.6. 검색.
22) 이철우, 「이중국적의 논리와 유형」, 『이중국적』(정인섭 편), 도서출판 사람생각, 2004, 246쪽.
23) 위의 글, 259쪽.

국적의 개념은 국가를 구성하는 구성원들의 존재를 인정하고, 국가의 존재를 가능케 하며, 국가에 의해 그 구성원들의 전반적인 권리를 보장하는 의미이다. 따라서 국적이란 특정 국가의 정치적, 사회적, 문화적 구성원임을 인정하는 법률적 범주가 된다. 그리고 같은 국적의 구성원 간 정체성의 동질성은 이미 국가가 형성되던 때 담보되었다고 믿게끔 만들어져 왔다.24) 이런 시각에서 본다면 국적이라는 개념에는 이데올로기적인 요소가 강하다고 하겠다. 국경을 넘는 이주는 국가와 국민으로 편입과 더불어 기존의 국민과의 정체성과 처우 방식에 논란이 있어 왔다.

국적과 시민권은 그 쓰이는 연관에 따라서 의미가 같기도 하고 다르기도 하다. 따라서 시민권이라고 할 때 국민국가에서의 시민권과 세계시민의 시민권이라는 두 가지 측면에서 사용하는 경우도 있을 수 있다. 이 중에서 전자가 국적과의 연관성이 보다 크겠다. 이러한 시민권 논의를 통해 외국인 이주자에게 일정한 법적 지위를 부여하려는 움직임은 국적 이외의 시민권 개념을 별도로 두지 않는 우리 법체계에서 보다 복잡한 이슈를 만들어내고 있다.

통상 국적과 시민권은 비슷한 개념으로 다루어지기도 하지만, 최근에는 국적과 시민권을 구별하는 경향이 있다. 국적 개념이 국가와 국민의 법적 관계를 의미한다면, 시민권 개념은 국가공동체의 구성원인 시민들이 누리는 권리와 의미라고 할 수 있다. 여하튼 국적과 시민권을 구별해서 이해하게 되면, 우리 사회의 다문화 주체들에게 다양한 지위가 생길 수 있을 것이다. 요컨대, 국적과 시민권

---

24) 이정욱, 「프랑스의 사회갈등과 통합: 무슬림 이민자 차별과 배제를 중심으로」, 부경대학교 대학원 박사학위논문, 2010, 107쪽.

을 모두 보유하고 행사하는 경우를 비롯해서, 국적과 시민권의 어느 하나만을 보유하거나 행사하는 경우 등 여러 가지 경우의 수가 생기게 된다. 그런데 문제는 우리나라처럼 국적을 통해 주로 내국인을 대상으로 권리를 부여하게 되는 경우, 자신의 국적은 본국에 놔둔 채 한국 사회로 이주해 와서 살아가는 외국인들을 우리 사회의 구성원으로 포섭할 수 없게 된다는 것이다. 이러한 까닭에 외국인의 시민권 문제가 다문화 논의에서 부각되고 있다.[25]

국적법은 속인주의와 속지주의와 같이 이분법으로 법리 해석이 되어왔다. 그러나 최근 전 지구적 이주 현상과 교통·통신의 발달은 '거주'라는 새로운 개념 요소 중심으로 법과 법리의 변용을 유발시키고 있다. 요컨대, 출생 또는 혈통 못지않게 주어진 시점에서 일정한 수준의 거주 그 자체가 새로운 중요성을 더해주고 있기 때문이다.

이중국적은 국적 개념으로부터 법률 문제의 파생으로 쓰이는 경우도 있기는 하나, 그보다는 비법적인 연관에서 주로 쓰이는 시민권 개념 때문에 혼동의 소지가 적지 않다. 따라서 시민권에 대한 이해를 바로 잡을 때 이중국적의 의미가 명확해진다. 우리나라처럼 하나의 국적만을 허용하는 국가의 이중국적자는 결국 국적상실 규정의 적용으로 인해 외국인의 지위에 놓이게 되는데, 이때 이중국적자에게 내국인에게 준하는 권리를 부여하게 되면 이중국적을 허용하는 것과 유사하게 된다. 다시 이것을 이주노동자에게로 확대 적용하면 이주노동자의 시민권을 인정하는 결과를 가져온다.[26]

---

25) 권영설, 「이주와 국적의 법과 다문화주의」, 『미국헌법연구』 20-2, 2009, 14-15쪽.

26) 한도현, 「민족주의와 이중국적의 불안한 동거」, 『정신문화연구』 26-4, 2003, 115쪽.

요컨대, 국적의 이중성 또는 무국적성으로 대표되는 복잡한 문제들은 현재 다문화사회에서 비켜갈 수 없는 쟁점으로 부각되고 있다. 이 문제가 국민국가의 정체성을 약화시키고 탈주권화 또는 탈영토화를 초래한다고 하더라도, 새로운 국가 또는 시민국가의 관점에서 이해가 필요하다. 또한 무국적자의 문제도 논의될 수 있는 쟁점의 하나이다. 무국적자의 경우 국내에서 머물고 있는 인원이 2009년 기준 130명 정도인 까닭에,27) 아직 중요하게 다루어지지 않을 수도 있다. 하지만 파악되지 않거나 등록하지 않은 사례는 이보다 훨씬 많을 것이다. 현대의 국경을 넘는 이주 현상은 이중국적자와 더불어 무국적자를 양산하고 있다는 점에서 논쟁이 된다. 국적이 한 국가와 구성원을 연결하는 법적 고리가 되듯, 무국적의 경우 그 연결고리의 부재로 인해 제한받는 권리의 문제가 심각한 수준이다. 무국적자의 경우 호적과 주민등록이 없고, 주택을 임차하거나 구입할 수 없고, 통장 개설이나 휴대전화의 개통도 불가능하다. 그뿐만 아니라 건강보험의 혜택에서 제외되며, 해외 출입국 또한 불가능하다.

다문화주의 자체가 논쟁적인 개념인데, 우리 사회에서는 저마다 쓰는 상황에 따라서 이를 자의적으로 해석하기에 아직 현실 속에서 논쟁적으로 부각되고 있지는 않다. 하지만 다문화사회와 관련된 논의들은 이주민의 존재론적, 시민권적, 생활환경적 열악한 현실을 비판하고 고발할 수 있는 방식으로 논의되어야 할 것이다. 다문화주의와 관련된 세부 쟁점들은 다음과 같다.

다문화주의는 정부의 자의적인 '통치 전략'을 보완하거나 비판하

---

27) 『동아일보』, 2009.8.6.

는 수준을 넘어 논의될 수 있어야 한다. 그것은 정부 정책 및 그와 관련된 담론 생산자들에 의해 조직적으로 배제되고 있는 다문화 주체들을 중심으로 다문화주의가 새롭게 논의될 수 있어야 함을 뜻한다. 이 논의는 문화라기보다는 생존에 초점이 맞춰져야 한다. 언제 닥칠지 모르는 단속, 추방의 공포 속에서 살아가는 사람들에게 문화적 공존이라는 슬로건은 공허할 따름이기 때문이다. 공존을 위해 문화에 앞서 필요한 것은 최소한의 삶의 지속성을 보장받을 수 있는 '체류 자격'이고, 자신을 재생산하기 위해 필요한 자원 확보를 가능하게 해줄 수 있는 '노동의 권리'이다.

생존할 수 있는 자유와 더불어 강조되어야 할 것은 의사결정을 할 수 있는 자유이다. 다문화 주체인 소수자들도 자기 삶의 방식을 선택하고 변경할 수 있는 삶의 권력을 행사할 수 있어야 한다. 삶의 권력을 박탈당한 생존의 자유를 '문화'적인 것이라고 말할 수 없기 때문이다. 문화를 종족 고유의 관습이 아니라 특정한 결사체 특유의 관점이나 에토스로 규정하는 경우, 정책의 대상에서조차 범주적으로 배제되는 탈범주적인 다문화 주체들의 생존의 자유 및 삶의 권력에 초점을 맞추는 다문화주의는 소수자 정체의 성격을 띤다. 이렇게 될 경우, 이주자 집단과 국내 소수자 집단 간의 연대를 통한 '다문화 간 연합 정치활동'의 모색도 시도될 수 있을 것이다. 소수자 연합 정치로서의 다문화만이 다문화를 명목으로 특정한 문화공동체들을 '문화적 소수'로 타자화하는 '선량한 폭력'의 역설에서 벗어날 수 있게 해줄 것이다.

소수자 정치로서의 다문화주의는 연합의 정치를 구사하지만, 사회통합이 아니라 다원화를 지향해야 한다. 이러한 지향성은 한국

사회의 고질적인 병폐가 통합성의 부족이 아니라 과잉 때문이라는 진단에 근거한다. 다원화를 지향하는 다문화주의는, 다문화주의 역시 전체주의적인 방식으로 도구화될 수 있음을 경계해야 한다. 또한 다문화주의는 담론적 구성물을 넘어 실제로 실험되고 시도될 수 있어야 한다. 요컨대, 공론장을 넘어 실제의 시공간으로 확장될 수 있어야 한다. 이것은 다문화주의를 논의하거나 추진하는 주체들이 담론의 주인공에서 실질적인 다문화적 삶의 주인공으로 자기 변화를 꾀할 수 있어야 함을 의미한다.

수행적인 다문화주의는 다문화주의가 제도 개선이나 권리의 확장을 넘어, 다른 존재의 인정과 '익숙한 자신의 정체성'에 대한 부정을 포함하는 실존적인 영역으로까지 심화될 수 있어야 함을 뜻한다. 탈범주적인 다문화 주체들의 생존의 자유와 삶의 권력에 초점을 맞춘, 아래로부터의, 소수자 연합 정치로서의, 다원주의를 지향하는, 수행적이며, 실존적인 다문화주의는 어려운 숙제이다.[28]

사회적 다수와 소수, 새로운 이주자와 기존 시민들 사이의 서로 다른 요구를 조정하는 과정에서 시민이라는 개념은 중요한 매개체로 자리 잡고 있다. 경계를 기준으로 외부에 배타적인 하나의 공동체는 구성원에게 요구되는 의무와 권리를 시민이라는 개념 아래 규정한다. 즉, 하나의 정치공동체 안에서 함께 생활하게 되는 구성원들은 구성원 서로에 대한 의무와 권리, 그리고 구성원 개인과 공동체의 관계 등을 시민이라는 개념 속에 포괄적으로 규정하고 있고, 이 기준에 맞추어 공동체의 새로운 시민이 될 수 있는 사람들의 자

---

28) 오경석, 「어떤 다문화주의인가?」, 『한국에서의 다문화주의: 현실과 쟁점』(오경석 외 엮음), 한울아카데미, 2007, 52-54쪽.

격을 제시하고 있다.29)

근대적인 의미의 시민은 경계 안의 모든 사람을 종교와 신분, 가족과 지역에 상관없이 하나의 범주로 묶을 수 있는 보편적인 개념이었다. 따라서 공화국을 구성하는 주권의 담지자로서 시민들은 자유롭고 평등함을 원칙으로 했지만, 경계를 중심으로 구획된 개별 국민국가의 전통에 따라 시민의 개념은 서로 다른 발전의 길을 걸어왔다. 다시 말해, 시민에 대한 정의는 국가에 따라 다르고, 하나의 국가 안에서도 시대의 흐름에 따라 변해왔다. 따라서 사회적 다수가 이미 정해 놓은 시민의 개념과 역할에 사회적 소수자가 일방적으로 복종할 것이라고 믿는 것도 현실성이 없지만, 사회적 소수자의 요구를 무조건 수용하는 것도 사회적 다수의 동의를 얻기가 쉽지 않다. 사회적 소수나 새로운 이주자들의 존재가 공동체를 풍부하게 만드는 다원화의 증거라는 긍정적인 평가를 받기 위해서는 적어도 갈등하는 두 집단의 서로 다른 네 가지 요구를 동시에 고려하면서 사회적 연대의 위기와 대표의 위기 문제를 해결하는 일이 먼저 이루어져야 한다.30)

기존 시민들과 새로운 이주자, 사회적 다수와 소수가 공존하면서 겪는 갈등은 네 가지의 상충하는 이해를 동시에 반영하고 있다. 기존 시민들 입장에서 보면, 낯선 사람들의 등장이 가져올 일상생활의 충격이나 노동시장에서 경쟁의 심화, 전통문화에 미치는 영향을 걱정하는 것은 자연스러운 감정이다. 따라서 기존 시민들은 새로운 이주자들에게 그들이 선택한 새로운 사회의 규칙과 관습, 생활양식

---

29) 김남국, 「다문화 시대의 시민: 한국사회에 대한 시론」, 『국제정치논총』 45-4, 2005, 99쪽.
30) 위의 글, 100쪽.

등을 존중하고 적응해 줄 것을 기대하게 된다. 그렇다고 하더라도 기존의 시민들은 새로운 이주자들의 문화를 완전히 무시하거나 그들의 인권을 거들떠보지 않는 인종차별주의자로 보이기를 원하지는 않는다. 기존의 시민들은 자신의 오래된 이웃에게 보여주는 심정적 유대를 새로운 이주자들에게도 보여줄 수도 있고, 그들의 정착을 도우려는 인간적인 노력을 보여줄 수도 있다. 이처럼 상반된 두 가지 감정은 한 사람의 의식 안에 동시에 존재할 수도 있고, 집단을 달리하여 좀 더 배제 쪽으로 기우는 극우집단과, 좀 더 포용 쪽으로 기우는 인권 관련 집단들로 다르게 나타날 수도 있다.

새로운 이주자들 역시 서로 다른 두 가지 욕구를 동시에 갖고 있다. 우선 이들은 기존의 사회 구성원들로부터 자신들의 인종과 문화에 관계없이 한 개인으로 인정받기를 원한다. 즉, 기존의 시민들과 동등한 자격을 갖는 한 개인으로서 오직 자신들의 능력에 의해 평가받기를 원하고, 그 결과에 따라 새로운 사회의 주류 집단에 참여하고 성취하기를 원하는 것이다. 그러나 동시에 이들은 새로운 사회에서도 소수 집단의 일원으로서 자신들의 문화적 정체성이 인정받기를 원하고, 자신들의 문화와 전통을 유지하기를 바란다. 다시 말해, 새로운 사회로 완전히 동화되기를 바라지 않지만, 그렇다고 새로운 사회에서 고립된 소수 집단으로 살기도 바라지 않는다. 사회적 소수자로서 새로운 이주자들은 본질적으로 갈등하는 이 두 가지 요구가 동시에 충족될 때 자신들이 완전한 사회적 인정을 받았다고 느낄 것이다.[31]

이민자 집단은 호주, 캐나다, 뉴질랜드, 미국 등 '이민의 나라'로

---

31) 위의 글, 98-99쪽.

ooooo

한국 다문화사회와 종교

이주해 온 이민자 집단들을 말한다. 이 나라들에서 이민자들은 이미 존재하는 사회에 동화되도록 고무되었고 기대되었다. 시간이 지나면 그들이 그 나라의 시민들과 말하기, 옷 입기, 레크리에이션, 투표 유형, 삶의 방식 일반에서 구분 불가능하게 될 것이라는 희망이 있었다. 이러한 종류의 동화를 이루어낼 수 없는 것처럼 보이는 모든 집단은 우선 이민이 금지되었고, 또한 시민이 되는 것이 허용되지 않았다. 이는 아프리카인과 아시아인의 이민 또는 귀화를 금지하는 법에 잘 표현되어 있었다. 하지만 1960년대 후반 이후 극적인 변화가 일어났다. 인종 중립적인 이민정책 수용을 통해 비유럽계·비기독교계 이민이 증대하였다. 그 과정에서 보다 다문화적인 통합 개념을 수용했는데, 여기에서는 많은 이민자가 가시적으로 자랑스럽게 자신의 소수민족 정체성(ethnic identity)을 표현할 수 있고, 이를 공적 제도들(경찰, 학교, 미디어, 박물관 등)이 의무적으로 보호하고 보장해야 했다. 이민의 나라들에는 두 가지 변화가 일어났다. 우선 차별적인 이민정책과 귀화 정책에서 인종-중립적인 이민정책과 귀화 정책으로 전환하였다.[32]

한영혜에 따르면 다문화 공생이라는 개념은 1995년 한신 대지진 당시 외국인을 지원했던 단체가 다문화 공생 센터로 전환하면서 여러 시민단체 사이에서 널리 사용되었다.[33] 그리고 1990년대 후반에서 2000년대를 거쳐 외국인 거주 비율이 높은 지방자치단체에서 다문화 공생이 대표적 정책 지침으로 사용되면서 급속히 확대되었다. 현재는 중앙정부와 재계에서도 이를 실현하고자 노력하고 있다.

---

32) 한국여성정책연구원, 『다문화주의의 이론적 패러다임과 국가별 유형비교』, 한학문화, 2008, 12쪽.
33) 한영혜, 「일본의 다문화공생 담론과 아이덴티티 재구축」, 『사회와 역사』 71, 2006, 155-158쪽.

일단 다문화 공생이라는 용어는 공유되고 확산되고 있으나 이 상징에 구체적으로 어떠한 내용을 담을 것인가에 대해서는 긴장이 존재한다. 한편으로는 다민족·다문화주의 등을 표방하면서도, 다른 한편으로는 애국심이나 일본의 문화와 역사에 대한 긍지를 고취하는 교육이 동시에 추구되는 것이다. 그러한 가운데 다문화 공생 담론이 새로운 내셔널리즘과 결합되어 그 폐쇄성을 은폐하는 기능을 할 가능성에 대해서도 우려가 제기되고 있다.[34]

2. 사회·경제적 쟁점

평등의 개념에 법적 평등과 함께 사실적 평등도 포함되므로 차별의 개념에 법적 차별과 함께 사실적 차별도 포함된다. 그리고 사실적 차별을 시정하기 위해서 사회적 소수자를 보호하는 일정한 조치가 필요하고, 이것은 차별에 해당하지 않는다. 하지만 이러한 조치들로 인해서 또 다른 차별의 문제가 발생할 수 있다. 사실적 차별을 시정함으로써 사실적 평등을 실현하기 위해서 시행되는 소수자보호 정책을 적극적 우대조치라고 한다. 다시 말해, 적극적 우대조치는 열악한 현실적 조건 때문에 결과적으로 차별당할 수밖에 없는 사회적 약자들을 보호하기 위해서 실시되는 다양한 형태의 적극적인 평등실현조치이다. 이러한 적극적 평등실현조치는 사회적 약자가 과거에 당했던 차별에 대한 '보상적 성격'을 가졌을 뿐만 아니라, 그들이 현재에 당하고 있는 차별의 '시정적 성격'도 함께 갖는다.[35]

---

34) 한경구, 「다문화 사회란 무엇인가?」, 『다문화사회의 이해』(유네스코 아시아·태평양 국제이해교육원 엮음), 동녘, 2009, 112-114쪽.

35) 이준일, 『차별금지법』, 고려대학교출판부, 2007, 73-74쪽.

○○○○○

현행 국가인권위원회법은 "현존하는 차별을 해소하기 위해서 특정한 사람(특정한 사람들의 집단을 포함)을 잠정적으로 우대하는 행위와 이를 내용으로 하는 법령의 제·개정 및 정책의 수립·집행은 평등권침해의 차별행위로 보지 아니한다."(동법 제2조 제4호 단서)라고 규정하여 적극적 우대조치가 차별행위가 아니라는 점을 확인하고 있다. 또한 남녀고용평등법도 적극적 우대조치로 이해되는 "적극적 고용개선조치"를 "현존하는 차별을 해소하기 위하여 국가, 지방자체단체 또는 사업주가 잠정적으로 특정 성을 우대하는 조치를 취하는 경우"로 정의하면서, 이것은 차별로 보지 않는다고 규정한다(동법 제2조 제1항 제3호).

국가인권위원회가 만든 '차별판단지침'에 의하면, "출신국가에 근거한 차별은 유사한 상황에서 출신국가와 현재의 국적을 이유로 하는 불리한 대우로서 그러한 대우가 정당하지 않은 경우이다."[36]라고 밝히고 있다. 적용 법률로는, 출입국관리법 제56조의 3(피보호자 인권의 존중 등) "피보호자의 인권은 최대한 존중되어야 하며, 국적·성별·종교·사회적 신분 등에 의한 피보호자의 차별은 금지된다."

다문화사회를 형성하는 주체인 사회적 소수자를 어느 범위까지 설정해야 하는가에 대한 논쟁이 있다. 2008년 9월 고시된 '다문화가정지원법' 제2조에는 순수 한국인과 분리하여, 이주민에 대해 다문화가정이란 용어를 만들어 사용하고 있다.

---

36) 국가인권위원회 차별판단지침연구 태스크포스, 『차별판단지침』, 국가인권위원회 차별판단지침연구 태스크포스, 2008, 414쪽.

제2조(정의)

1. 다문화가정이란 다음 각 목의 하나에 해당하는 가족을 말한다.

가. 「재한 외국인 처우기본법」 제2조 제3호의 결혼이민자와 「국적법」 제2조에 따라 출생 시부터 대한민국 국적을 취득한 자로 이루어진 가족

나. 「국적법」 제4조에 따라 귀화허가를 받은 자와 같은 법 제2조에 따라 출생 시부터 대한민국 국적을 취득한 자로 이루어진 가족

2. '결혼이민자 등'이란 다문화가족의 구성원으로서 다음 각 목의 어느 하나에 해당하는 자를 말한다.

가. 「재한 외국인 처우기본법」 제2조 제3호의 결혼이민자

나. 「국적법」 제4조에 따라 귀화허가를 받은 자

어느 사회나 다양한 기준에 의해 다수와 소수가 분리되며, 소수자에 대한 차별은 항상 존재해왔다. 과거에는 소수자에 대한 차별이 대부분 정신 및 신체장애와 같은 태생적 특성에 기인했다면, 현대에는 태생적 특성과 후천적 특성 모두에 의해 복합적으로 발생한다. 태생적 특성에 기인한 소수자는 자신의 의지와 상관없이 사회에 존재하는 것 자체만으로도 차별이 가해지는 반면에, 후천적 특성에 기인한 소수자는 스스로 자신의 의지를 표현함으로써 차별을 받게 된다. 이중 전자는 사회적 약자라 여겨 보호의 대상이 되는 경향이 있었던 반면에, 후자는 사회의 주류가 아닌 일탈적 소수자로서 감호와 차별의 대상이 되어왔다.[37] 차이가 일상으로 드러나지만 은폐되는 소수자들의 종교는 기존의 한국 문화와 어떤 관계 속에서 나타나고 있는지 살필 필요가 있다.

윤인진에 따르면, 소수자란 "사회의 제반 영역에서 성, 연령, 인

---

37) 정재진·전영평, 「동성애 소수자의 차별저항과 정책변동」, 『한국행정연구』 15-4, 2006, 208쪽.

종 및 민족, 종교, 사상, 경제력, 성적 취향, 지역 또는 그 외의 이유로 지배적이라고 일컬어지는 기준 및 가치와 상이한 입장에 있어서 차별과 편견의 대상이 되는 사람들"38)을 가리킨다. 소수자는 인구 규모에서 열세이지만, 이보다 중요한 것은 정치적·경제적·사회적 권력의 열세라는 점이다. 그렇기 때문에 소수자 운동은 소수적 목소리의 복원과 이들의 권리에 대한 주장을 그 핵심 정치학으로 삼고 있다.

윤수종에 따르면 한국 사회에서 소수자 운동은 1980년대 노동자 운동으로 대표되던 사회 개혁과 민주화가 어느 정도 이루어진 이후인 1990년대 초반부터 등장하기 시작했다.39) 소수자 운동은 다수자들의 지배에 대립하여 다수자들로부터 오는 부당한 차별과 배제에 대항한다. 이러한 관점에서 볼 때, 소수자 운동의 종류는 최근 10년 동안 눈에 띄게 증가하였다고 볼 수 있다. 소수자 운동의 예로는 탈북자 운동, 성매매 여성 운동, 성적 소수자 운동, 장애인 운동, 이주노동자 운동, 혼혈인 운동, 장기수 운동, 양심적 병역거부 운동, 넝마주이 운동, 어린이 운동 등을 들 수 있다.

윤수종은 성매매 여성 운동, 장애인 운동, 성적 소수자 운동, 이주노동자 운동, 죄수 운동을 가장 대표적인 소수자 운동으로 꼽는다. 이들 모두는 정상적 시민의 모델을 기준으로 했을 때, 그로부터 배제되고 주변화된 주체들이라는 점에서 공통점을 갖고 있지만, 운동의 성격이나 방향은 각각 서로 다르다. 예컨대, 이주노동자 운동은 이를 '운동'의 차원에 놓을 것이냐 아니면 '복지'의 차원에 놓을

---

38) 윤인진, 「탈북자의 사회적응실태와 지원방안」, 『한국의 소수자, 실태와 전망』(최협 외 엮음), 한울, 2004, 404쪽.
39) 윤수종, 「소수자 운동의 특성과 사회운동의 방향」, 『경제와 사회』 67, 2005, 12-38쪽.

것이냐가 주된 방향성으로 제시되고 있으며,40) 성적 소수자 운동의 경우 '시민권' 운동과 밀접한 관계를 갖고 논의가 진행되어 왔다.41)

소수자들의 시민권 정치는 그 내적인 긴장과 한계를 가지고 있을 수밖에 없는데, 시민권의 정치가 단순히 소수자들의 권리인 확보만을 의미하는 것은 아니기 때문이다. 왜냐하면 시민권의 획득은 국가가 이들을 시민으로 호명하기 위해 필요한 '좋은 시민적 자질'을 동시에 요구하기 때문이다. 성적 소수자의 경우, 이들에게 시민권을 부여하는 것은 비이성애적 주체에게 시민으로서 자격을 부여하는 포용의 과정이지만, 동시에 이는 이성애 규범성을 통해 비이성애적 주체를 규율하는 새로운 형태의 지배라고도 할 수 있기 때문이다.42)

결혼이주자는 이주노동자와 더불어 크게 증가하고 있다. 외국인 입국자의 비자 발급률을 보면 여성은 예술흥행비자나 배우자(F-2 비자)의 비율이 높은 편이었으나, 최근에는 결혼을 통한 이주여성이 크게 늘면서, "여성=결혼 이주, 남성=이주 노동"43)이라는 성격이 대두되고 있다.

성적 소수자는 동성애자라는 범주 안에서 퀴어, 게이, 레즈비언, 호모 등과 같은 개념으로 다양하게 정의되어 왔다. 이러한 다양한 용어들은 서로 복잡하게 사용되기 때문에 각 개념 간 구분이 명확하지도 않지만, 개념을 구분하면 다음과 같다. 퀴어는 이성애적인

---

40) 박경태, 「이주노동자를 보는 시각과 이주노동자 운동의 성격」, 『경제와 사회』 67, 2005, 88-112쪽.
41) 서동진, 「인권, 시민권, 그리고 섹슈얼리티: 한국의 성적 소수자 운동과 정치학」, 『경제와 사회』 67, 2005, 66-87쪽.
42) 위의 글, 66-87쪽.
43) 김이선·김민정·한건수, 「국제결혼 이주여성의 문화적 갈등경험을 통해 본 문화간 소통의 현실」, 『한국사회의 새로운 갈등구조와 국민통합 : 이념 및 문화 갈등과 국민통합』, 한국여성개발원, 2006, 133-164쪽.

것이 아닌 다른 무엇으로 자신을 확정하기보다는 자신을 유동적이고 불연속적인 계열체로 놓아 양성애자, 트랜스섹슈얼즈, 양성구유자, 레즈비언, 게이, 복장도착자 모두를 포함한다. 이반은 일반인이 아니라 그들과 구별된다는 차원에서 사용하기 시작되어 성적 소수자를 의미한다. 게이는 남성 동성애자를 나타내는 말이지만, 미국에서는 남성 동성애자와 여성 동성애자 모두를 지칭하는 개념으로 사용되기도 한다. 그리고 레즈비언은 여성 동성애자를 지칭한다. 생물학적 정의에 따르면, 게이는 성 정체감 장애를 가진 사람들과 달리 자신의 생물학적 성 기관을 혐오하지 않기 때문에 성전환 수술에는 별다른 관심이 없으며, 또 생물학적인 성 기관이 자신과 동일한 상대에게 관심을 보이는 사람이라고 정의하고 있다.44)

최근 한국인의 13.6%가 외국인을 배우자로 선택하고, 농촌 남성의 3분의 1 이상이 외국인 신부를 맞이하는 시대가 도래했다. 국제결혼 증가에 따른 혼혈 문제, 외국인노동자의 권익 문제, 이중국적 허용 문제 등 다양한 민족정체성 관련 이슈들이 현안으로 부각되고 있다. 그러나 대다수 국민은 이러한 이슈들에 대한 판단 기준이나 합리적 토론의 준거를 갖고 있지 못하며, 민족주의적 여론 앞에 정치권이나 주요 언론조차 쉽게 편승하는 양상이다.45)

한국에서 북한의 존재와 통일 문제는 국가 정체성을 지속적으로 변화시키고 혼돈을 초래하는 주요 요인이다. 같은 민족이면서 법적으로는 다른 국가인 북한으로 인해 국가의 영토적 경계와 국민의

---

44) 정재진·전영평, 「동성애 소수자의 차별저항과 정책변동」, 『한국행정연구』 15-4, 2006, 217-218쪽.

45) 곽준혁, 「민족적 정체성과 민주적 시민성: 세계화시대 비지배 자유원칙」, 『사회과학연구』 12-2, 2004, 34-66쪽.

범위에 대해 국민적 합의가 없이 상이한 인식과 혼란이 나타나고 있다. 또한 한국 사회에서 북한과 통일에 관해 상반된 인식과 태도를 가진 세력들 사이에 이념 갈등이 지속적으로 나타나기 때문에 한국의 국가 이념과 목표에 대한 국민적 합의를 어렵게 한다. 대부분의 한국인에게 북한의 존재는 적-동지라는 통상적 국제관계의 등식에서 이해할 수 없는 복합적 측면을 가지고 있다. 한편으로 북한을 남한과 체제를 달리하는 경쟁국이면서 언젠가는 함께 통일을 이루어야 할 동반자로 인식한다. 또한 북한 주민은 남한의 국민들과 혈연적으로 연계되어 있는 동포이면서 동시에 끊임없이 남한의 안보를 위협하고 적대적 정책을 취해온 북한 정부의 구성원들이라는 점에서 대부분의 남한 국민은 북한 체제와 국민에 대해 동포이자 동시에 적이라는 교차된 감정을 가지고 있다. 다만 개인의 성향에 따라 하나의 이미지가 지배적일 수 있고, 또한 상황에 따라 두 개의 이미지 중 하나가 부각될 수 있다.[46]

한국 국민은 북한에 대해 이중적 태도를 가지고 있기 때문에 북한에 대한 국민의 인식과 태도는 국제 질서의 변화, 남북 관계의 진전, 그리고 남북한 내부의 정치 사회적 변화라는 요인들이 결합해 지속적으로 변화되었다. 냉전기에 북한은 주로 남한을 위협하는 적대국으로 인식되었으나, 탈냉전 국제 질서의 등장과 남북 관계의 개선 등으로 북한에 대한 우호적 태도가 증가하는 추세였다. 그러나 최근 북한의 핵무기 재개발 선언 이후 북한의 핵무기 보유로 위협 인식이 높아지고 남북 관계의 개선도 소강상태에 머물면서 북한에 대한 불신과 우려가 다시 살아나는 조짐이 나타나고 있다.[47]

---

46) 김태현, 「대북인식의 이중구조와 북한 핵문제」, 『국가전략』 2-2, 1996, 97쪽.

3. 문화·종교적 쟁점

종교적 신념과 문화적 틀은 한 사람의 정체성을 이루는 근거가 되며, 그의 인생을 의미 있게 만드는 중요한 지표가 된다. 이 입장에서 보면, 만약 어떤 사람이 한 사회의 소수 집단의 일원이라는 이유만으로 그의 종교적 신념과 문화적 틀을 포기해야 하거나 다수로부터 무시당하게 되면, 그의 삶은 의미를 잃게 될 것이다. 따라서 문화적 우월성에 바탕을 둔 소수 집단에 대한 흡수 동화는 소수 집단에 속한 개인의 삶을 무의미하게 만드는 폭력이라고 할 수 있다. 그렇다면 이들이 주장하는 소수 집단의 문화적 권리는 어떤 이론적 근거에 의해 정당화될 수 있을까? 문화적 집단 권리라는 개념은 규범 이론의 입장에서도 정당화가 가능할까? 나아가 소수 집단의 이질적인 문화 때문에 기존의 지배적인 다수 문화의 지위나 전통적인 국가 정체성이 침식당한다고 우려하는 입장은 과연 타당할까? 소수자의 문화적 권리는 이러한 논쟁을 일으키고 있다.[48]

킴리카에 따르면, 사회적 문화란 그 구성원들에게 인간 활동의 전 영역에 걸쳐서 의미 있는 삶의 방식을 제공하는 문화이다. 이 문화는 영토적으로 집중되어 있고, 언어의 공유에 기반하고 있다. 따라서 개인에게서 선택의 맥락을 제거하는 것, 즉 사회적 문화를 빼앗는 것은 그의 개인적 자율성을 빼앗는 것과 마찬가지이다. 그는 자치와 집단 대표 그리고 다문화의 권리 등, 문화적 특수함을 표현할 수 있도록 사회적 소수에게 부여된 권리가 개인의 자유와

---

47) 이내영, 「한국인의 북한과 통일에 대한 인식과 국가정체성」, 『한국인의 국가정체성과 한국정치』, 동아시아연구원, 2006, 187-188쪽.

48) 김남국, 「심의 다문화주의: 문화적 권리와 문화적 생존」, 『한국정치학회보』 30-1, 2005, 88쪽.

양립할 뿐 아니라, 개인의 자유를 실질적으로 증진시키고 있다고 주장한다.[49] 그러나 이러한 권리를 부여할 때 그는 소수인종과 소수민족을 구분한다. 소수민족은 정복, 식민화, 또는 조약 등에 의해 많은 경우 강제로 더 큰 국가에 병합된 경우로 소수민족은 자신들이 전체 국가 안에서 구별되는 사회로 남기를 원한다. 그에 반해 소수인종은 자발적인 이민에 의해 한 나라에서 다른 나라로 이동한 경우로 소수인종에 속하는 개인들은 주류사회에 통합되기를 원한다는 것이다.

그러므로 킴리카가 보기에 집단의 차이에 근거한 권리들, 즉 자치권이나 거부권, 중앙기구 안에 특별 대표를 보장하는 것, 영토나 언어 보호 등의 권리는 소수민족에게 마땅히 부여된다고 한다. 그러나 소수인종에게는 이러한 권리를 부여할 수 없다. 소수민족은 자치나 집단 대표의 권한을 가질 수 있지만, 소수인종은 그들의 문화적 특수함을 표현할 수 있는 다문화의 권리만을 가질 수 있다는 것이다. 그는 이처럼 인종과 민족에 근거한 집단 권리의 인정이 사회적 문화라는 매개를 통해 자유주의의 개인 우선 원칙과 양립할 수 있다고 주장한다.[50]

다문화사회에서 사회적 소수 집단은 소수인종 집단과 소수민족 집단으로 구분된다. 소수인종 집단은 대부분 이민자 집단으로 사회적·경제적 안정을 원하지만, 정치적·종교적 분리를 원하지는 않는 집단이다. 소수민족 집단은 역사 속에서 다수 민족에게 정복당한 집단으로 정치적·문화적·종교적 정체성과 권리를 요구하는 집단이

---

49) Kymlicka. Will, *Multicultural Citizenship*, Oxford: Oxford University Press, 1995, pp. 75-106.
50) 김남국, 앞의 글, 97-98쪽.

다. 여기에서 다루고자 하는 부분은 소수인종 집단에 관한 내용이다.

한 사회에서 소수인종 집단은 일정 규모의 공동체를 형성하면 우선 다수 인종 집단과 동등한 사회적·경제적 권리와 대우를 요구한다. 이 단계를 넘어서면 이들은 이차로 문화적·종교적 정체성 인정을 요구한다. 다문화사회의 갈등이 본격화되는 시기는 문화적·종교적 정체성 요구 단계부터라고 말할 수 있다. 초기 이주 당시 강요받았던 다수 민족의 지배문화 동화주의를 거부하고 집단을 형성하면서 자기 문화와 종교의 정체성과 차이를 공식적으로 인정해달라고 요구하는 것이다.

하빌랜드(W. A. Haviland)는 인간의 행위에 한계를 짓고 예측 가능한 방향으로 인도하는 것이 문화라고 말했다.[51] 즉, 문화는 예측 가능한 세계를 설계하려는 기본적 욕구를 가지고, 우리는 이 세계 속에서 주변 상황을 이해하여 문화정책을 수립해야 한다는 의미이다. 따라서 문화는 기본적으로 음식, 주거, 사회적 조화와 안정 등 삶의 모든 활동에 대한 공존과 존중과 화합의 청사진을 마련해야 한다. 이 과정에서 모든 문화가 공존하는 요소는 역사, 종교, 가치관, 사회조직, 언어이다. 이 중 종교는 문화에 강력하고 광범위한 영향을 미치는 요소일 것이다.

다문화사회의 종교 문제는 공존과 화합을 위해 반드시 극복해야 할 중요한 사안이다. 종교 문제를 어떤 방식으로 접근하고 어떤 방향으로 처리하느냐는 다문화사회의 안정적 운영과 다수 지배 집단의 관용을 판단하는 데 매우 민감한 문제이다. 대부분의 종교는 지역을 막론하고 조직적 집단을 형성하며 정체성을 유지하고자 한다.

---

51) W. A. Haviland, *Cultural Anthropology*, Belmont, CA: Wadsworth, 2002, p. 34.

이 과정에서 종교는 문화적·신앙적 종교의례를 통해 그 종교의 의미와 적법성을 확립하고 정체성을 유지한다. 따라서 종교는 그 집단의 규모와 관계없이 해당 지역의 관습과 관행에서부터 제도화된 정치와 도덕과 윤리에 이르기까지 인간의 모든 문화적·사회적 행위에 영향을 끼친다고 하겠다.[52)

정체성과 짝을 이루는 개념인 다양성 중, 종교의 다양성은 각각의 종교에 대해서 자신만이 궁극적 진리에 접근하는 유일한 방법이라는 주장을 무시한다. 다양성은 각각의 종교가 모두 약간의 진리를 담고 있다거나 또는 종교를 믿는 사람이 각기 다른 경로를 택했을 뿐 모두가 똑같은 산을 오르는 것이라고 주장한다. 다양성은 상대주의적 관점과 유사한 새로운 방식의 종교적 관용을 요구한다.[53) 그들은 자신의 종교가 진리라고 고백하더라도, 그것은 여러 가능성 가운데 하나를 선택한 단지 우연한 사건에 지나지 않는다고 인정할 수 있다. 따라서 다양성은 무비판주의 방향으로 흐를 수 있다. 다양성을 갖춘 종교는 다른 사람의 종교적 신념이나 관습의 가치를 부정적으로 판단해서는 안 된다. 다양성의 관점에서 보면 그런 행동은 윤리적인 타락을 의미하고, 편견이나 고정관념에 따라 타인을 판단하는 행위인 것이다.

---

52) 사모바, 레리 A.·리처드 E. 포터, 『문화 간 커뮤니케이션』(정현숙 외 옮김), 커뮤니케이션북스, 2007, 43쪽.

53) 피터 우드, 『다양성: 오해와 편견의 역사』(김진석 옮김), 해바라기, 2005, 247쪽.

ⓞⓞⓞⓞⓞ

III

한국 다문화사회에 대한
종교계의 대응

제1장

한국 다문화사회의 분석틀

본고에서 사용하는 종교계의 다문화사회에 대한 대응 분석은 크게 세 가지 유형으로 나뉜다. 첫째, 이주민에 대한 인식의 유형은 네 가지 세부 항목으로 분석될 수 있으며, 이에 대한 분석의 기준은 포용적·다원적 인식과 배타적 인식이다. 세부 항목은 보편적 대상, 보살핌의 대상, 동화적 대상, 적대적 대상으로 종교계의 이주민에 대한 인식 유형을 살핀다.

둘째, 이주민에 대한 대응 영역도 네 가지 세부 항목으로 분석되며, 이에 대한 분석의 기준은 개별적 대응과 집단적 대응이다. 세부 항목은 인권·복지·공동체, 공격적 선교와 의례, 축제와 이벤트, 교육으로 이주민에 대한 종교계의 대응 영역을 살핀다.

셋째, 다문화사회에서 종교계의 쟁점은 세 가지 세부 항목으로 분석되며, 이에 대한 분석 기준은 인권과 정체성이다. 세부 항목은 정치적 쟁점, 사회·문화적 쟁점, 문화·종교적 쟁점으로 종교계의 쟁점을 살핀다. 이에 대한 분석의 틀을 도표로 나타내면 아래와 같다.

<表 1> 다문화사회에 대한 종교계의 대응유형

구분	분석 유형	분석 기준	세부 항목
다문화사회에 대한 종교계의 대응	이주민 인식의 유형	포용적·다원적 인식 vs 배타적 인식	보편적 인간
			보살핌의 대상
			동화적 대상
			적대적 대상
	종교계의 대응 영역	개별적 대응 vs 집단적 대응	인권·복지·공동체
			축제와 이벤트
			선교와 의례
			교육
	다문화사회의 쟁점	권리 vs 정체성	정치적 쟁점
			사회·경제적 쟁점
			문화·종교적 쟁점

1. 이주민 인식의 유형

이주민에 대한 인식은 크게 네 가지 세부 항목으로 분류할 수 있다. 첫째, 보편적 인간으로서의 인식이다. 개신교에서는 창세기 1장 26절을 근거해서 보편적 인간으로서 이주민에 대한 인식 근거를 찾아야 한다는 주장이 있다. 물론 기독교적 창조 세계관에 따른 보편적 인간이긴 하지만, 신 앞에서 또는 신을 제외한 모든 인간은 동등하다는 차원에서 본다면 개신교의 이주민에 대한 인식은 보편적 인간으로서 인식의 근거를 제공한다고 볼 수 있겠다.

천주교에서도 이주민을 보편적 인간으로서 인식하려는 경향이 있었고, 그 인식 근거를 문서를 통해 마련하고 있다. 교황청에서는 「특정 지역 이민들을 위한 사제직에 관한 교령」(1914)과 「특정 지역 이민들을 위한 성직자들에 관한 교령」(1918)을 발표했고, 교황 비오 12세가 처음으로 「피난 가정」(1953)이라는 문헌을 발표하였다.

그 이후 2004년 교황청 이주사목평의회가 「이민들을 향한 그리스도의 사랑」이라는 훈령을 발표했다. 천주교는 이 인식 근거들을 통해서 사회적 소수자인 이주민을 이해하는데, 이민자의 통합과 함께 문화적, 종교적 차이에 대한 관용을 강조하고 있다. 이것은 가톨릭 사회 교리에서 강조하는 인간의 존엄성, 사회정의, 자본에 대한 노동의 우위라는 원칙들에 입각하여, 이주의 문제를 사회적 불평등과 통제되지 않은 세계화의 위험이란 맥락에서 분석한 것이다.[1]

불교 교리에서 어떤 것을 적용하여 사회적 소수자를 이해할 것인지는 아직 정형화되지 않았지만, 다문화 현상에 대한 인식은 '인연'이라는 관점에서 출발한다고 볼 수 있다. 불교 교리에 의하면 국가나 민족이라는 것도 현세에 잠정적이고 세속적인 하나의 '이름'이다. 한국인이든 베트남인이든, 남성이든 여성이든, 혹은 남편이든 부인이든, 중생이라는 범주에서 차별이 없다는 것이다.

둘째, 보살핌의 대상으로서 인식이다. 개신교에서는 성서의 기록에서 사회적 소수자의 기원을 찾으려는 시도가 있었다. 최초의 유랑·이민·탈주의 역사를 가인(창세기 4:16)과 노아(창세기 7:1-24), 바벨탑 사건(창세기 11:1-9), 룻 이야기(룻기)에서 찾는다거나, 바울의 아레오바고 연설(사도행전 17:16-34)에서 이주민에 대한 인식의 근거를 찾고 있다. 천주교에서도 「이민들을 향한 그리스도의 사랑」이라는 훈령의 서론 3 항목에서 연민의 대상으로 이주민을 인식하는 근거를 마련하고 있다. 불교에서도 '동업중생(同業衆生)'의 정신을 가지고 이주민에 대한 인식을, 보살핌의 대상으로도 이해하고 있다.

원불교는 인간과 만물의 생존 근거는 상호 은혜의 관계에서 비롯

---

1) 김우선, 「다문화사회와 한국교회의 역할」, 『신학전망』 167, 2009, 19쪽.

된다고 설명한다. 인간은 천지 우주 만물의 상생 조화의 소산이며, 부모가 낳고 기르고 교육한 결과이자 모든 주위 사람과의 상호 관계 속에서, 관습과 법률의 질서와 제도 속에서 삶을 영위할 수 있는 것이기 때문에, 원불교에서는 인간의 삶을 천지, 부모, 동포, 법률의 사은(四恩)의 산물로 규정한다. 따라서 참된 삶의 도리는 사은의 은혜에 보은하는 길이며 보은의 방법은 사은의 도리에 따르는 것이라 하였다. 또한 우리 사회를 이러한 보은의 사회관계로 개혁하기 위한 덕목으로 자력양성, 지자본위, 타자녀 교육, 공도자 숭배의 네 가지를 사요(四要)로 제시하고 이의 실천을 강조하고 있다.

셋째, 동화적 대상으로서의 인식이다. 개신교와 천주교에서 이주민을 선교적 대상으로 삼아 선교 전략을 구체화하는 것을 다문화 선교 또는 이주민 목회, 환대사목이라고 할 수 있다. 기독교 선교라는 것 자체가 궁극적으로 개종을 목표로 한다는 점에서, 다문화 선교와 환대사목이 아무리 보편적 인간, 보살핌의 대상으로 이주민을 인식하여 인권과 복지 등에서 다문화주의를 실천적으로 수행한다고 해도, 내재적 또는 궁극적인 동화주의와의 모순은 피할 수 없어 보인다. 기독교는 이주민들이 선교적 대상에 포함될 수 없는 상황이 나타날 때, 적대적 대상으로 그들의 지위를 전환시켜 인식한다.

넷째, 적대적 대상으로서의 인식이다. 이주민 중 이슬람에 대한 적대적인 인식은 천주교도 개신교와 거의 유사하다. 그리고 이주민 이전에 존재했던 사회적 소수자인 성적 소수자나 양심적 병역거부자에 대해서도 기독교에서는 적대적으로 인식하며, 자신들의 종교 정체성을 위협하는 존재로 받아들이고 있다.

2. 종교계의 대응 영역

다문화사회에 대한 대응 방식도 크게 네 가지 세부 영역으로 분류된다. 첫째, 인권·복지·공동체의 영역이다. 천주교는 서울대교구, 광주대교구, 수원교구, 대전교구, 의정부교구 등에서 이주사목 활동을 전개하고 있다. 서울대교구의 이주사목 활동은 서울대교구 노동사목위원회 산하에서 이뤄지고 있다. 1971년 도시산업사목연구회라는 이름으로 설립돼, 1980년 노동사목위원회로 개칭한 서울 노동사목위원회는 1992년 국내 체류 중인 이주노동자를 위한 상담실을 개설함으로써 이주사목 활동을 시작했다. 2002년 9월부터는 이주민을 위한 국가, 민족별 공동체를 형성해 사목적 배려를 하고 있으며, 2007년 2월 결혼이민자 여성을 위한 성북구다문화가족지원센터를 개원해 다문화가족 지원에도 노력하고 있다. 원불교에서 설립한 한울안운동 단체는 '우리 모두가 한 울타리 안에 사는 한 식구'라는 뜻을 가지고 있다. 이 단체는 비록 원불교에서 설립한 단체이긴 하나, 범 종단 시민운동을 위한 취지로 설립됐다고 한다. 이에 종단 내에서 하는 자선 활동보다는 그 범위를 넓혀 공익 활동을 주 사업으로 삼는다고 한다.

둘째, 선교·의례의 영역이다. 다문화 현상에 따른 한국교회의 대응은 선교 전략에서 가장 먼저 나타났다. 최근까지 한국교회의 선교 전략은 자국 내에서 타 문화권을 선교하는 인도, 나이지리아, 브라질, 미얀마 등 다른 선교국 교회들과는 다른 모습을 보여 왔다. 현재 한국 사회는 국제적인 인적 교류의 확대, 국제결혼의 증가 등에 따라 이주민과 다문화가정이 증가하고 있으며, 2000년대에 들어서고 이들 사이에서 태어난 자녀가 초등학교에 입학하기 시작하여 다문화사회로 급속히 전환하고 있다. 불교에서는 인연설에 기초해서 이주민을 인식하는 것과 함께 자비심의 발현으로 이주민을 인식하는 경향도 동시에 나타나고 있다. 자비심의 발현으로 나타나는 포교 형태는 주로 시혜적인 차원에서 마련되고 있다.

셋째, 축제·이벤트의 영역이다. 다문화사회에 대한 한국교회의 대응 양상은 의도적인 변동 형태로 실현되고 있다. 바꿔 말해, 선교 전략의 변화를 통해서 신자들로 하여금 보다 가까이에 있는 대상인 이주민들에게 헌신하게끔 동기를 부여하고 있으며, 조직의 변화를 통해서 신자들이 가진 다양한 재능을 활용하게끔 헌신의 기회를 제공하고 있다. 그뿐만 아니라, 예배와 같은 의례의 변화를 통해서 한국 신자들에겐 보다 다양한 민족과 국가에 미리 헌신하게끔 도와주면서도, 이주민 신자들을 본국으로 파송될 예비 선교사로 양성하는 계기를 만들고 있다는 것이다.

넷째, 교육의 영역이다. 다문화사회에 대응 차원에서 실시하는 교육의 방향은 주로 이주민에게 맞추어져 있다. 이들에게 필요한 한국어, 컴퓨터, 노동법 등이 주된 내용이며, 다문화교육이란 프로그램으로 한국의 전통문화와 예절, 다도 등도 교육하고 있다. 가톨릭 의정부교구는 이주민을 위해 의정부, 구리, 남양주, 파주, 양주, 동두천 등에서 다양한 이주사목 지원 사업을 펼치고 있다. 엑소더스(EXODUS)라고 이름 붙인 경기 동부, 북부, 서부 세 곳의 이주민센터에서는 포괄적인 다문화가정 지원 사업과 이주노동 상담 지원 사업을 진행 중이다. 이주센터 엑소더스 경기 동부의 경우, 이주노동자를 위한 지원 사업과 더불어 다문화가정 자녀의 방과 후 프로그램, 한글 교육 등 교육 영역으로도 대응하고 있다.

3. 다문화사회의 쟁점

다문화사회의 쟁점은 권리와 정체성의 대립 형태로 나타나고 있다고 할 수 있다. 예컨대, 정치적 쟁점에서는 시민권과 국적의 내용으로, 사회·경제적 쟁점에서는 평등권과 역차별의 내용으로, 문화·종교적 쟁점에서는 자유권과 동화의 내용으로 드러나고 있다.

이주민은 한국 사회에 정착하면서 정치적 권리, 사회·경제적 권리, 그리고 문화적 권리를 순차적으로, 경우에 따라서는 동시에 획득할 수도 있을 것이다. 그러나 이에 따른 한국 주류사회의 편입에 대한 요구는 대한민국 국민으로서의 정체성에 대한 강요로 나타나고 있다. 현재 정부 주도로 진행되고 있는 다문화정책과 사업들은 이주민을 일방적인 수혜의 대상으로 규정짓는 경향이 짙다. 이러한 정책적 방향은 이주민의 권리를 인정하는 것보다 이들에게 한국인으로서의 정체성을 강요하는 것으로 사회 분위기를 조성하고 있다.

이주민 인식의 양상

1. 보편적 인간

　　　　　　　　개신교에서는 이주민을 보편적 인간으
로서 인식하려는 경향이 있었다. 이주노동자가 한국 사회에 유입되
면서 개신교에서는 한국 사회에서 겪는 어려움과 갈등을 해결해 주
고자 인권적 차원에서 접근하였다. 이주노동자와 더불어 결혼이주
자가 늘어나면서 다문화가정이 형성되었고, 이들을 위한 지원 노력
도 다양한 차원에서 생겨났는데, 이때 이주민을 인식하게 된 처음
의 동기는 동등한 인간으로서의 돌봄이었다.

한국염 목사는 2009년 가을 한국기독교학회에서 발표한 논문에서,

> 창세기 1장 26절은 '하나님께서 사람을 만드시되 자기의 형상을
> 따라 만드셨고 남자와 여자로 만드셨다'고 선언하고 있다. 이 말
> 이 뜻하고 있는 바는 모든 사람이 하나님의 형상으로서 존엄성을
> 갖고 있다는 것으로서, '모든 인간은 평등하다'는 유엔인권선언
> 제1조의 기초가 된 사상이다.

라고 성서의 구절을 인용해 보편적 인간으로서 이주민에 대한 인식 근거를 찾아야 한다고 주장한다. 물론 기독교적 창조 세계관에 따른 보편적 인간이긴 하지만, 신 앞에서 또는 신을 제외한 모든 인간은 동등하다는 차원에서 본다면 개신교의 이주민에 대한 인식은 보편적 인간으로서 인식의 근거를 제공한다고 볼 수 있겠다.

천주교에서도 이주민을 보편적 인간으로서 인식하려는 경향이 있었으며, 그 인식 근거를 문서를 통해 마련하고 있다. 교황청에서는 「특정 지역 이민들을 위한 사제직에 관한 교령」(1914)과 「특정 지역 이민들을 위한 성직자들에 관한 교령」(1918)을 발표했었고, 교황 비오 12세가 처음으로 「피난 가정」(1953)이라는 문헌을 발표하였다. 그 이후 2004년 교황청 이주사목평의회가 「이민들을 향한 그리스도의 사랑」이라는 훈령을 발표했다. 천주교는 이 인식 근거들을 통해서 사회적 소수자인 이주민을 이해하는데, 이민자의 통합과 함께 문화적, 종교적 차이에 대한 관용을 강조하고 있다. 김우선은 천주교의 이러한 인식을 사회 교리에서 강조하는 인간의 존엄성, 사회정의, 자본에 대한 노동의 우위라는 원칙들에 입각하여, 이주의 문제를 사회적 불평등과 통제되지 않은 세계화의 위험이란 맥락[2]으로 분석하기도 하였다.

교황청 이주사목평의회가 발표한 「이민들을 향한 그리스도의 사랑」이라는 훈령은 "서구에서 이슬람 이민자의 증가와 테러에 대한 우려로 반이슬람 정서가 커가고 있는 상황에서 이민자의 통합과 함께 문화적·종교적 차이에 대한 관용을 강조하였다."[3]라는 평가를

---

2) 위의 글, 19쪽.
3) 위의 글, 18-19쪽.

받고 있다. 이 훈령은 1부에서 이민을 시대의 징표이자 관심사로 보고 성경, 전통에서 관심의 전거를 찾으며, 교회가 이민자들에게 관심을 가져왔던 역사를 개관한다. 제2부에서는 '이민과 환대사목'이라는 제목 아래 이민자들에 대한 사목적 관심이 바탕을 두어야 할 신학적 원리, 여러 유형의 이민자들에 대해 교회가 취해야 할 사목적 배려 방안을 다룬다. 제3부와 제4부에서는 이러한 사목에 참여하는 사람들이 담당해야 할 과제와 취해야 할 자세, 그리고 이를 실현하는 교회 구조를 다루고 있다.4)

훈령 1항은 이민 현상을 "대부분, 사람들을 이민으로 내모는 지역적 또는 세계적 차원의 사회 경제적 불균형을 보여주는 명백한 지표"로 보고 있다. 그리고 이민을 통한 문화적 다양성을, "이민은 새로운 성장과 부요를 가져다주었다. 또 어떤 경우, 지역민과 이민들은 문화적으로 분리되어 있었지만, 서로 존중하고 관습의 다양성을 받아 주거나 용인함으로써, 함께 살아갈 수 있다는 것을 보여주었다."라고 보고 있다. 박문수는 가톨릭교회의 특성상 이러한 보편적 지침에 근거하여 활동을 전개하므로, 이 훈령이 이주사목 활동과 연구의 기준이 되고 있음을 밝히고 있다.5)

천주교가 보편적 인간으로서 이주민을 인식하는 근거는, 훈령 제1부 13항목에서 확인된다.

> 이러한 시각은 우리가 이민 문제를 한 민족의 탄생, 곧 차별도 국
> 경도 없고, 모든 민족에게 주시는 하느님 선물의 보고이며, 인간
> 의 영원한 부르심으로 열려 있는 한 민족의 탄생을 향한 인류의

---

4) 박문수, 앞의 글, 74쪽.
5) 위의 글, 74쪽.

ооооо
한국 다문화사회와 종교

힘든 여정의 단계를 나타내는 성경의 사건들에 비추어 접근하게 해준다. 신앙은 그러한 사건들을 통해, 약속을 믿고 미래의 본향으로 나아가는 교부들의 여정과 이집트를 탈출해 홍해를 건너 노예 생활에서 해방되어 계약의 백성을 이룬 히브리인들의 여정을 꿰뚫어 보게 한다. 어떤 의미에서 신앙은 이민에서, 이루려는 모든 목적이 사실상 상대적인 유배 생활을 발견하며, 차별과 억압, 추방, 이산, 박해를 하느님의 계획에 위배되는 것으로 비난하는 예언자들의 보편적 메시지를 재발견한다. 그와 동시에 예언자들은 모든 사람을 위한 구원을 선포하며, 인간 역사의 혼돈스럽고 모순된 사건들 안에서도 하느님께서는 모든 것이 그리스도 안에서 하나가 될 때까지 당신의 구원 계획을 계속해서 실현시키고 계시다는 것을 증언한다.

훈령에 따르면, 이주민의 이동은 단순한 개인적, 집단적 이동의 의미보다 하느님의 구원 역사로 묘사되고 있다. 따라서 이주민은 단순히 나그네가 아니라, 하느님의 구원 계획 아래 이동하는 인간으로 모습을 보여준다는 점에서 보편적 인간의 모습을 상징한다고 할 수 있다.

제가 사는 시골까지 베트남 등 지구촌 여성들이 들어와 사는 모습을 보며 '세상이 참 많이 변하는구나.'라는 생각을 했습니다. 정말 지구촌, 글로벌이라는 말이 실감이 났습니다. 그 사람들이, 젊은이들이 떠나간 농촌에서 살아가는 모습이 참으로 대견했습니다. 말도 잘 통하지 않고, 모든 것이 낯선 이국땅에서 터전을 삼고 살아가는 모습이 눈물겨웠습니다. 불교에서는 인연이라는 것이 있습니다. 그분들이 먼 이국땅에 와서 생활하는 것도, 또 우리의 이웃이 되고, 우리의 아들딸을 낳고 사는 것도 수많은 억겁의 연이 있었기 때문이라는 생각이 듭니다. 그 연이 이어져 오늘 우리는 서로 섞이어 살게 된 것 같습니다. 이미 우리는 이전에도 여러 사람들이 섞이고 섞이어 살아왔던 역사가 있습니다. 가야에서는 인도에서 온 허황옥이라는 김수로 왕비가 있었지 않습니까? 이렇듯 우리는 이전부터 많은 이민족, 또는 외국인들과 어우러져 살아왔습니다. 우리가 열린 마음으로 그들과 함께할 때, 그들은 이미 우리입니다. 중요한 것은 우리 마음입니다. 우리 맘이 열릴 때 그들은 함께 우리가 되고, 그러면 그들이 자란 모국과 함께하는 것이 되고, 대한민국은 더 큰 나라가 되는 것이라고 생각합니다. 어찌 보면 그들은 대한민국에게 엄청난 복덩이입니다.6)

천태종 총무부장이자 명락사의 주지인 무원 스님도 이주민을 인연설에 입각해 이주민을 보편적 인간으로서 이해해야 함을 역설하고 있다.

머나먼 나라에서 와 여기서 살게 된 것도 다 억겁의 인연이라고 할 수 있습니다. 제가 다문화 가정을 위해 여러 일을 하는 것도 엄청난 인연입니다. 아주 작은 인연이라도 소홀히 하면 안 됩니다. 그래서 불자들이 더 적극적으로 나서 그들을 감싸주고 그들이 잘 적응해 정착하도록 도와줘야 합니다.7)

그는 "여러 갈래의 개천이 강을 이루고, 이 강이나 저 강이나 이름이 달라도 강이 바다에 이르면 바다라는 한 이름으로 부른다."라며, "인종과 국경이 다 달라도 세계일화 차원에서 모두가 한 중생이니 편을 가르고 나누면 안 된다."라고 다문화를 보는 불교의 관점을 설명했다. 무원 스님은 아울러 다문화가 어느 정도 기틀을 잡았기에 이제는 복지 쪽으로 눈을 돌려야 한다고 지적했다.

이주민과 더불어 살자면 자국민으로 대해야 하고 그러자면 똑같이 복지 혜택을 줘야 합니다. 그런 뜻에서 '명락빌리지' 문을 연 것이고, 적응에 실패한 외국인에 대해서는 먼 미래를 내다보고 보완적인 복지 시책도 마련돼야 합니다.

---

6) 한국다문화센터(www.cmck.kr/sub1b.php), 2010.12.10. 검색.
7) 『연합뉴스』, 2010.1.3.

고대만은 이주민에 대한 불교의 인식을 '무아와 연기 사상'으로 다루고 있다. 그는 논문에서 다문화주의를 '동적 균형으로서의 문화, 유동적인 정체성'으로서 논하면서, 불교의 무아(無我)와 무상(無常)으로 타 문화와 이주민을 이해해야 한다고 한다.

> 문화는 고정된 실체가 아니다. 문화는 항상적인 구성과 해체, 재구성의 과정에 노출되어 있을 뿐만 아니라 '과정' 그 자체의 표상이라고 할 수 있다. (중략) 문화는 명사라기보다는 동사이며, 시기를 한정한다면 '동적 균형'이라고 할 수 있다. 즉 특정의 단위문화는 하나의 체제로서 지속성과 안정성을 가지면서도 끊임없이 변화하는 과정에 있다.[8]

> 무아는 '비실체성'을 먼저 생각나게 하고, 연기라는 개념은 '상호의존성'을 부각시킨다. (중략) 그러므로 '나'는 '나' 아닌 것이 있음으로 해서 그 존재가 비로소 형성되며, '나' 아닌 것이 있음으로 해서 비로소 그 생명이 지속될 수 있다. 이것이 생명체에서의 상의상대적인 존재 양식이다. (중략) 모든 존재는 존재론적으로 불이(不二)적으로, 즉 비이원론적으로 존재하는 것이 실상인데, 인간의 그릇된 사유에 의해 모든 존재를 구분지음으로써 배타적인 태도를 취한다는 것이 연기론이 전달하고자 하는 메시지이다.[9]

원불교는 이주민에 대한 인식의 근거를 삼동윤리를 통해서 찾고 있다. 삼동윤리는 원불교 2대 종법사인 정산종사에 의해서 1961년 제창된 동원도리(同源道理), 동기연계(同氣連契), 동척사업(同拓事業)의 윤리강령이다. 동원도리는 종교 간에 공공 소통하는 윤리이고, 동기연계는 인류 간에 공공 소통하는 윤리이며, 동척사업은 사업 간에 공공 소통하는 윤리이다. 이 중 동기연계 윤리가 이주민에

---

8) 고대만, 「불교의 무아·연기 사상에 비추어 본 다문화주의」, 『윤리연구』 79, 2010, 198쪽.
9) 위의 글, 199-200쪽.

대한 인식 근거가 될 수 있다. 이것은 모든 인종과 생령은 근본이 같은 한 기운에서 연계된 동포인 것을 알고 서로 공공 소통하자는 것이다. 이 세상의 인종 중에는 여러 민족이 있고, 같은 민족 중에도 여러 씨족이 각각 살고 있다. 그 근본을 추구해 본다면 근본 되는 기운은 다 '한' 기운으로 연하여 있는 것이므로, 천지를 부모 삼고 우주를 한집 삼는 자리에서 바라보면 모든 사람이 다 같은 부모·형제이며, 인류뿐 아니라 금수 곤충까지도 본래 '한' 기운으로 공공 소통하는 존재이다. 따라서 인류 생명을 '한'으로 보아 평등으로 공공하자는 내용이다.10)

2. 보살핌의 대상

개신교에서는 성서의 기록에서 사회적 소수자의 기원을 찾으려는 시도가 있었다. 최초의 유랑·이민·탈주의 역사를 가인(창세기 4:16)과 노아(창세기 7:1-24), 바벨탑 사건(창세기 11:1-9), 룻 이야기(룻기)에서 찾는다거나, 바울의 아레오바고 연설(사도행전 17:16-34)에서 이주민에 대한 인식의 근거를 찾는 것11)은 한국교회의 다문화 현상에 대한 긍정적인 인식의 전환을 보여준다. '안산이주민센터'의 박천응 목사는 구약성서에서 이주노동자를 뜻하는 용어 '게르(Ger)'12)와 신약성서에서 이주노동자를 뜻하는 용어 '프로세르토

---

10) 『정산종사법어』 「도운편」 36.

11) 차정식 외, 「특집: 다문화시대의 신학」, 『기독교사상』 606, 2009, 19-74쪽.

12) 박천응, 『이주민 신학과 국경없는마을 실천』, 국경없는마을, 2006, 63-64쪽: "히브리어에서 장기 체류자를 의미하는 '게르'는 이스라엘 사람들에게 중요한 신학적인 용어로 사용되었다. 모세가 미디안 땅으로 도망하여 이드로의 사위가 되어 첫아들을 낳아 그 이름을 '게르솜'이라 불렀는데 그 뜻이 '타국에서 객이 되었다'이다. 게르는 땅을 소유할 수 없으며, 이스라엘 사람들에게 품을 파는 일을 하였다. 이스라엘 땅에서 게르는 이스라엘 사람들 밑에서 살았던 가나안

(Prosertos)'13)를 현대적인 이주민으로 해석하여, 그들의 인권을 위해 대안공동체를 만들게 되었다. 이때 인식의 대상은 보편적 인간으로서도 이해되지만, 상황적으로는 보살핌의 대상으로 파악할 수 있다.

천주교에서도 「이민들을 향한 그리스도의 사랑」이라는 훈령의 서론 3 항목에서 연민의 대상으로 이주민을 인식하는 근거를 마련하고 있다.

> 오늘날의 이민은 경제, 사회, 정치, 보건, 문화, 안보 등 여러 다양한 영역들과 연관되어 있기 때문에 우리는 어려운 도전에 직면해 있다. 모든 그리스도인이 이러한 도전에 대처하여야 한다. 그것은 단순히 선의나 소수의 개인적 은사로 해결될 문제가 아니기 때문이다. 그러나 우리는, 이민으로 야기되는 무수한 사람들의 고통을 보면서 강제 이민이든 자발적인 이민이든 이민들의 권리를 위하여 또 그들을 옹호하고자 싸우는 수많은 사람과 단체, 기구의 헌신적인 노력을 잊어서는 안 된다. 그들의 노력은 무엇보다도 착한 사마리아인이신 예수님의 연민의 마음을 본받은 것일 수 있다. 성령께서는 모든 곳에, 선의의 모든 사람의 마음에, 특히 그 창립자이신 하느님의 신비, 삶과 죽음의 신비를 다시 한번 되살리는 교회 안에서 그러한 연민의 마음을 심어 주신다. 또한 주님께서 당신 교회에 맡기신 하느님 말씀을 선포할 임무는 시초부터 그리스도인들의 이민 역사와 얽혀 있었다.14)

이와 같이 이주민에 대한 보살핌의 대상은 선교적 대상과 직간접

사람들, 북 왕국이 망한 다음 피난 온 사람들, 전쟁 포로들 그리고 시대가 지나면서 점차적으로 하나님께 귀의한 개종자들이었다."

13) 위의 책, 65쪽: "헬라어 구약성경 70인 역에서 '게르'는 '프로세르토'로 번역된다. 이 단어는 헬라어 신약 성경에서 그 의미가 상당히 축소된 '유대교 개종자'의 의미로 사용되었다. 유대는 이미 로마제국의 식민지로 있었기 때문에 이방인이란 용어를 자유롭게 사용하지 못하였다. 이방인이란 용어 '프로세르토'는 이러한 의미에서 종교적 의미로 전환되었다. 나라를 빼앗긴 사람들은 점령군을 가리켜 외국인이라 부를 수도 없었기 때문이다."

14) 교황청 이주사목위원회 훈령, 『이민들을 향한 그리스도의 사랑』, 한국천주교중앙협의회, 2006.

적으로 연관되어 나타난다. 따라서 인식의 유형으로서는 나뉠 수 있지만, 실제 대응 방식에서는 그 경계가 모호하게 나타난다. 심지어는 은폐되어 나타나기도 한다. 이 지점에서 종교계의 이주민에 대한 인식에 문제가 발생한다.

천태종 명락사는 다문화 모자 가족 보호 자립 시설인 명락빌리지를 운영하면서, '다문화 선도사찰'로서 다문화가정과 지역 주민이 함께하는 축제를 마련하는 등 다문화가정 지원 사업에 적극적으로 참여하고 있다. 주지 무원 스님은 2010년 연합뉴스오의 신년인터뷰에서 "명락사가 다문화 가정을 위한 지역 아동센터와 직업 재활센터 개설 등 다문화 사업 영역을 지속적으로 넓혀갈 것"이라며 "특히 동사무소나 경찰, 여성단체 등 지역의 여러 기관이 힘을 합쳐 협조할 수 있도록 힘쓸 것"이라고 말했다. 아울러 불교 국가에서 온 이주민이 제 나라의 부처님 모습을 닮은 불상을 모신 다문화 법당을 비롯해 다문화교육관 조성도 추진할 것이라고 덧붙였다. 특히 음식을 만드는 일과 관련한 다문화 사업을 벌이는 일도 구상 중이라고 설명했다. 그는 "한국 사람들도 떡은 많이 사 먹지만 실제로 만드는 방법을 아는 이가 드물다."라며 "한국 음식의 문화, 특히 전통 음식인 된장이나 김치 등을 만드는 방법을 이주민뿐만 아니라 한국인에게도 알리는 이벤트를 열 계획이라고 밝히면서",[15] 보살핌의 대상으로서 이주민에 대한 인식의 근거를 보여주고 있다.

2009년 4월 23일 조계종 진법회관에서 열린 '불교계 이주민 관련 대담'에서 보림 스님은 "불교는 동업중생(同業衆生)의 정신을 가지고 있다. 우리는 그들과 같은 업을 가지고 살고 있는 것이다."

---

15) 『연합뉴스』, 2010.1.3.

라고 말하면서, "불교계에서 '저소득·실직가장을 위한 자비 나눔' 행사를 진행하고 있는 것처럼 사회 약자들을 위한 활동을 전개하는 것은 고무적인 현상이다."라고 밝히기도 했다.

3. 동화적 대상

앞서 살핀 보편적 인간, 보살핌의 대상으로서 이주민에 대한 인식은 한국 종교가 그들을 자연인으로서 인식하는 측면을 보여주었다면, 동화적 대상과 적대적 대상으로서의 인식은 그들을 종교인으로서 인식함으로써 비롯된 현상일 수 있다. 채수일은 「다문화와 그리스도교 신앙」이라는 글에서 한국교회가 다문화 현상을 인식해야 하는 외재적 상황을 다음과 같이 언급하고 있다.

> '차이'가 '차별'의 근거였던 시대는 지나갔습니다. '타자성'이 '정체성'을 위협하는 것이 아니라, 오히려 '정체성' 발견의 근거이고, '정체성'을 더욱 풍요롭게 합니다. 한국사회도 '다문화 사회'가 되었습니다. 혈통과 언어의 동질성에 근거해 '단일민족'이니 '백의민족'이니 하는 민족의식도 더 이상 구속력이 없습니다. 세계화, 노동력의 자유로운 이동, 여행의 자유화 등이 문화 다양성에 기여하고 있습니다. 그런데 문제는 이런 문화 다양성이 '껍데기 다원주의'일 뿐, 그 밑바닥에는 '문화 획일주의', 곧 신자유주의적 시장경제체제가 만들어내는 '유니 컬처'가 자리 잡고 있다는 것입니다. 오늘의 그리스도교는 다문화에 의해 도전받는 것이 아니라, 신자유주의적 시장경제체제의 획일적 문화와 대결해야 할 과제에 직면해 있습니다.[16]

채수일에 의하면, 다문화사회는 기독교의 정체성을 위협하는 것

---

16) 채수일, 「다문화와 그리스도교 신앙」, 『기독교사상』 606, 2009, 20쪽.

이 아니라 정체성을 발견하고 더욱 풍요롭게 하는 데 기여하는 것이다. 기독교의 다문화 현상에 대한 내재적 인식의 변화는 한국 사회의 구성원으로서 시민 윤리적 덕목을 강요받는 데서 비롯되기도 했다. 서구 사회에서 다문화주의가 전면화하는 상황적 변수는 크게 다섯 가지였다. 첫째, 인구학적으로 사회적 소수가 빠르게 증가하고 있는 점. 둘째, 사회 구성원의 권리를 향한 자각이 진행되고 있다는 점. 셋째, 민주주의 증진에 따라 평등 의식이 고양되고 있다는 점. 넷째, 평화의 증진에 따라 내부의 소수가 국가 안보를 위협할 것이라는 불안이 해소되었다는 점. 다섯째, 사회적 다수도 자유민주주의적 합의에 따른 소수의 인권 보호를 중요한 덕목으로 간주하게 되었다는 점이다.[17]

개신교가 이주민을 동화적 대상으로 삼아 활동하는 것을 '다문화 선교'라고 한다. 이 다문화 선교를 수행하기 위한 인식의 유형은 세 가지로 나눌 수 있다.

첫 번째 유형은 다문화 현상을 동화주의로 접근하여 인식하는 유형인데, 이들은 다문화 현상을 현실로 인식하고 있지만, 여전히 선교의 한 방법으로 이주민을 지원하는 단체들에서 찾아볼 수 있다. 이 단체들은 '이주민선교를 위한 한국교회 네트워크'라는 연합회에 가입되어 있으며, 주로 보수 진영 교단에 속한 교회 부속 단체이거나 독립의 지원 단체들이다. '이선한네트워크'는 이주자 사역 단체들의 자발적인 연합 모임으로 시작되었으며 이주자예배학교, 이주자선교학교, 이주자선교엑스포대회, 이주자선교실무연합수련회 등을 통하여 선교사역의 노하우와 자원을 공유하고 있다. 이 연합회

---

17) 김남국, 앞의 글, 353-354쪽.

의 목표는 모든 이주자가 복음을 들을 수 있도록 하며, 10%의 이주자가 복음을 받아들이도록 하고, 10만 명의 현지인 선교사를 파송하고, 2,000명의 이주자 선교사역자를 세우는 것이라는 점[18]을 보면, 이주민들에 대한 이들의 지원은 목적이 아니라 수단으로 보인다. 이들에게는 다문화사회의 주체가 종교 단체이기에, 현재 동화주의를 모델로 삼고 있는 정부의 인식과 유사하다고 볼 수 있다.

두 번째 유형은 광의의 이상주의적 지평에서 다문화 현상을 "상이한 국적, 체류 자격, 인종, 문화적 배경, 성, 연령, 계층적 귀속감 등에 관계없이, 모든 인간이 인간으로서의 보편적 권리를 향유하고, 각각의 특수한 삶의 방식을 존중하며 공존할 수 있는, 다원주의적인 사회·문화·제도·정서적 인프라를 만들어내기 위한 집합적인 노력"[19]으로 본다. 이 유형의 대표적인 단체는 국경없는마을의 '안산이주민센터'이다. 이 센터는 비교적 보수 진영인 장로교 통합 측 교단을 배경으로 삼고 있지만, 첫 번째 유형에서 보이는 직접적 선교와 같은 것을 목표로 삼지는 않는 것으로 보인다. 안산이주민센터는 '행복한 세상 만들기'를 목표로 '국경없는 평화: 신인간운동', '국경없는 공동체: 국경없는마을', '국경없는 인권: 국경없는 시민권', '국경없는 노동: 노동의 축제'를 전개하고 있다. 이 센터에서 다문화사회의 주체는 이주민이기에, 정부의 지원 정책과 첫 번째 유형의 단체와 갈등의 소지를 안고 있다고 볼 수 있다.

세 번째 유형은 '한국외국인근로자지원센터'를 운영하는 지구촌 사랑나눔으로, 이 센터는 첫 번째 유형과 두 번째 유형의 중간 형

---

18) 이선한네트워크(www.mmnk.kr/bbs/board.php?bo_table=z1_2), 2009.12.2. 검색.

19) 오경석 외, 앞의 책, 26쪽.

태를 취하고 있다. 첫 번째 유형이 직접적인 선교를 지향한다면 두 번째 유형은 간접적 선교를 지향한다. 이에 비해 세 번째 유형은 두 가지를 절충하여 균형을 잡으려는 입장으로 보인다. 김혜성 목사가 대표로 있는 지구촌사랑나눔은 한국 땅에 와 일하고 있는 외국인노동자들과 중국 동포를 위한 상담 및 지원을 통하여 고난받은 이들을 위한 새 생명 살리기 운동을 전개함으로써 은혜로운 사회 실현에 기여함을 목적으로 설립되었다고 한다.[20] 이 유형의 단체는 인권 운동과 같은 간접적인 선교 방법에서 시작됐지만, 나중에는 필요에 의해서 직접적 선교의 방법인 '교회'를 설립하여 나름의 균형을 유지하고 있는 유형이다. 이 단체는 정부에 대해 인권과 같은 문제에서는 갈등을 보이지만, 노동부에서 재정적 지원을 받고 있으며 한국산업인력공단과도 관련이 있어서 상황에 따라 유연하게 대처하는 것으로 보인다.

한편, 선교적 대상으로 이주민을 인식하는 양상은 지역별로도 차이가 나타난다. '이선한네트워크'에 가입된 단체들의 통계를 보면, 236개 센터 중 183개가 서울을 비롯한 광역시와 수도권에 위치한다.[21] 이주민지원센터의 이러한 분포는 이주민의 상당수가 이주노동자이기 때문에 나타나는 현상이다. 왜냐하면, 이주노동자들은 대체로 산업단지가 밀집해 있는 도시나 수도권 지역에 거주하고 있기 때문이다.

천주교에서는 훈령 39와 41 항목에서 이주민을 위한 환대사목에 대해 언급하고 있다. 환대사목은 이주민을 보살핌의 대상으로 인식하는 데 그치지 말고 사목적 차원에서도 접근해야 함을 강조한 것이다.

---

20) 지구촌사랑나눔(www.g4w.net), 2009.12.2. 검색.

21) 이선한네트워크(www.mmnk.kr/bbs/write.php?bo_table=z2_9), 2009.12.2. 검색.

그러므로 이민은 인간의 종교적 차원과도 관계되며, 가톨릭 이민들에게는 모든 지역적 개별성을 초월하여 보편 교회에 대한 소속감을 가질 수 있는, 힘들지만 좋은 기회가 된다. 그러기 위해서 중요한 것은, 공동체들이 이민들에게 단순히 형제적 도움을 주거나, 외국인인 그들의 정체성을 존중하면서 사회 안에서 그들의 합당한 지위를 보장해 주는 법률을 지지함으로써 이민들에 대한 의무를 다했다고 생각해서는 안 된다는 것이다. 그리스도인들은 이민들의 참된 인간적 가치는 물론이고, 서로 다른 사람들과 함께 살아감으로써 생기는 각종 문제점들도 받아들일 수 있는 진정한 환대의 문화를 발전시켜야 한다.

이러한 까닭은 이민을 받아들이는 나라의 교회 전체는 이민 문제에 관련되어 있고 관여되어 있음을 느껴야 한다. 말하자면, 지역 교회들이 사목을 다시 생각하고, 오늘날과 같은 다문화적 다종교적인 새로운 상황에서 신자들이 자신들의 신앙을 참되게 실천하도록 도와주는 방향으로 사목 계획을 세워야 한다. 사회사업가들과 사목 종사자들의 도움을 받아, 지역 주민들에게 복잡한 이민 문제와 외국인에 대한 근거 없는 의심과 적대적 편견에 맞설 필요성을 인식시켜야 한다.22)

개신교와 천주교에서 이주민을 선교적 대상으로 삼아 선교 전략을 구체화하는 것을 '다문화 선교' 또는 '이주민 목회', '환대사목'이라고 할 수 있다. 궁극적으로 개종을 목표로 한다는 점에서, 아무리 이주민을 보편적 인간, 보살핌의 대상으로 인식하여 인권과 복지 등에서 다문화주의를 실천적으로 수행한다고 하지만, 다문화 선교와 환대사목은 내재적 또는 궁극적인 동화주의와의 모순을 피할 수 없어 보인다.

2009년 6월 30일 '이주민 120만 시대의 불교계의 역할'이란 주제로 불교계에서 이주민 정책 토론회가 열렸다. 이혜숙은 이주민

---

22) 교황청 이주사목위원회 훈령, 앞의 책, 2006.

지원 사업을 포교와 직결된 문제라고 규정했다. "사찰은 지역 주민들이 생활하면서 필요로 하는 서비스에 대한 의견 수렴의 장이 될 수 있는 동시에 지역 공공기관의 정책을 홍보하고 서비스를 알선하는 장이 될 수 있다."라면서 "사찰이 이주민에 대한 지속적으로 관심을 갖는다면 사찰이라는 또 하나의 공공기관을 중심으로 독창적인 서비스 정책을 제안하거나 구현할 수 있을 것"이라고 전망했다. 이와 함께 종단에 대해서도 "실무자들의 활동을 계속적으로 보장하는 거시적 역할자로서의 지원"을 주문하면서, 불교가 이주민 포교에 적극적으로 나서야 함을 강조했다.[23]

통일교에서는 인류를 타락한 존재로서 모두 똑같은 존재로 인식하기에, 이주민에 대한 인식도 크게 다르지 않다. 통일교 교리에 따르면, "인류의 시조가 사랑 문제를 중심으로 타락했기 때문에 남녀가 하나 되어 아담, 하와가 타락한 문제를 극복"할 필요가 있다고 한다. 특히 오늘날 세계는 서로 반목하고 있는데, "원수 관계와 적대 관계를 근본적으로 청산하는 길은 국제축복결혼을 통하여 함께 살면서 사랑으로 극복하는 길밖에" 없다고 한다. 이때 국제축복결혼은 "세계를 구하기 위한 것"이며, 국제결혼을 통해 "전 세계의 인종이 하나 됨"으로써 "새로운 하나님의 백성이 편성"된다고[24] 보았다.

---

23) 『불교신문』, 2010.7.7.

24) 세계평화통일가정연합 엮음, 『문선명선생말씀 주제별정선1: 축복과 이상가정』, 성화출판사, 1998, 600쪽.

4. 적대적 대상

이주민에 대한 적대적 대상으로서의 인식은 현재 개신교와 천주교에서 주로 관찰되고 있다. 개신교는 다문화사회를 형성하는 이주민 중 무슬림 또는 이슬람에 대해 배타적인 인식을 갖고 있다. 이러한 인식은 이슬람포비아라는 현상으로 나타났는데, 이슬람에 대한 혐오와 공포라는 것으로 유포된 적이 있었다. 이와 관련된 내용은 다음과 같다.

> 이슬람권에서 온 학생들은 대부분 정부 장학금으로 온다. 왜 국비를 투자하면서까지 유학생들을 한국으로 보내겠는가? 사우디 정부에서는 노골적으로 수천 명을 보내겠다고 말한다. (중략) 벌써 서울대학교에 120명의 이슬람 정부 장학금으로 온 유학생들이 열심히 포교활동을 하고 있다. 그들은 학업을 마쳐도 고국에 돌아가지 않을 것이다. (중략) 장기체류를 하고 정부의 중책을 맡아 한국의 법을 이슬람에게 유리하도록 고치려고 할지도 모를 일이다.
> 오일 달러가 들어오면 (중략) 이자를 받지 않는 이슬람 은행들의 정책에 따라 한국의 무슬림들은 엄청난 자금을 대출받아 지방마다 최고급 시설의 유치원과 학교, 대규모의 모스크를 지을 것이다. (중략) 막대한 오일 달러를 풀어 서방의 원어민 교사를 채용하여 유치원과 학교를 운영하면 한국의 부모들은 너도 나도 자녀들을 등록시킬 것이다. 그들은 자연스럽게 이슬람을 배우며 무슬림으로 자랄 것이다.[25]

이주민 중 이슬람에 대한 적대적인 인식은 천주교도 개신교와 거의 유사하다. 그리고 이주민 이전에 존재했던 사회적 소수자인 성적 소수자나 양심적 병역거부자에 대해서도 기독교에서는 적대적으

---

25) 이만석, 「이만석 칼럼: 이슬람의 한국내 활동」, 『크리스천투데이』, 2008.9.18.

로 인식하며, 자신들의 종교 정체성을 위협하는 존재로 받아들이고 있다.

다문화 현상이란 일반적으로 '어떤 단일한 사회나 집단 속에서 복수의 문화가 공존하는 상태'를 일컫는 말로, 다문화 현상은 한국 종교문화에서 '종교백화점' 또는 다종교 상황과 비슷한 맥락으로 설명될 수도 있다. 하지만, 다문화 현상은 보다 포괄적인 현상으로 종교뿐만 아니라 정치, 경제와 같은 이슈를 내포하고 있다. 우리 사회는 일찍부터 다문화 현상을 경험해왔으며, 현재도 다양한 문화가 얽혀 주류문화와 하위문화 또는 반문화를 형성하고 있다. 개신교는 한국 사회에 전래된 이래 다른 종교문화와 경쟁과 공존을 반복하다가 현재에 이르러 한국 사회에서 주류 종교문화의 하나로서 자리매김하고 있다. 최근까지 한국개신교의 보수 진영 교단은 다문화 현상을 개신교 정체성에 대한 도전으로 인식하여, 이방인에 대한 배타적 전략을 취했었지만, 현재는 이러한 부정적 인식이 조금씩 변화하기 시작하고 있다. 물론 진보 진영 교단은 처음부터 다문화 현상에 수용적 입장을 취했지만, 보수 진영 교단에 변화가 나타났다는 점에서 이전의 인식과 조금 다른 현상들이 나타나고 있다.

보수 진영 교단은 다문화 현상을 대체로 종교다원주의의 연장선에서 파악했기 때문에, 종교다원주의와 마찬가지로 다문화 현상 역시 개신교에 대한 도전으로 인식하고 있었다. 이러한 부정적 인식의 주된 근거는 십계명의 제1계명인 "너희는 내 앞에 다른 신을 있게 하지 말라."(출애굽기 20:3)는 조항과 예수가 제자들에게 남긴 "너희는 가서 모든 족속으로 제자를 삼아 아버지와 아들과 성령의 이름으로 세례를 주고 내가 너희에게 분부한 모든 것을 가르쳐 지키게 하라."(마태복음 28:19-20)는 마지막 사명이었다. 이에 반해 진보 진영 교단은 '하나님의 선교(Missio Dei)'라는 차원에서 다문화 현상을 인식해왔다. '하나님의 선교'란 선교의 주체는 하나님이며, 하나님의 뜻을 이루는 것이 곧 선교라고 보는 것이다. 따라서 하나님의 선교는 복수형 'missions'가 아니라 단수형 'mission'으로 표현된다.26) 보수 진영 교단에서는 선교의 주체를 교회로 보았기 때문에 하나님의 선교 개념에 대해 비판적이었다고 볼 수 있다.

천주교에서는 2004년 교황청 이주사목평의회를 통해 「이민들을 향한 그리스도의 사랑」이라는 훈령을 발표하여 이주민 사목의 보편적 지침을 제시함으로써, 이주를 통한 다문화 현상에 대해 인식의 틀을 갖는다. 가톨릭에서는 다문화사회를 직접 인식의 대상으로 삼지 않고, 다문화사회 형성의 원인인 이주와 이주민에 대한 관심을 표명해왔다. 교황청에서는 「특정 지역 이민들을 위한 사제직에 관한 교령」(Ethnografica studia, 1914)과 「특정 지역 이민들을 위한 성직자들에 관한 교령」(Magni semper, 1918)의 발표를 통하여, 교황으로서는 비오 12세가 처음으로 「피난 가정」(Exsul Familia, 1953)이라는 문헌을 발표하면서 관심을 표명하기 시작했다.27)

---

26) 전호진, 「하나님의 선교와 교회의 선교」, 『성경과 신학』 2, 1984, 232쪽.

27) 박문수, 「다문화 사회의 도전에 직면한 한국 천주교회의 진로」, 『다문화사회의 종교를 묻는다』, 한국종교문화연구소·한국학중앙연구원 종교문화연구소 심포지엄, 2010, 72쪽.

제3장

종교계의 영역별 대응

|

1. 인권·복지·공동체

천주교는 서울대교구, 광주대교구, 수원교구, 대전교구, 의정부교구 등에서 이주사목 활동을 전개하고 있다. 서울대교구의 이주사목 활동은 서울대교구 노동사목위원회 산하에서 이뤄지고 있다. 1971년 3월 24일 '도시산업사목연구회'라는 이름으로 설립돼, 1980년 6월 '노동사목위원회'로 개칭한 서울 노동사목위원회는 1992년 8월 27일, 국내 체류 중인 이주노동자를 위한 상담실을 개설함으로써 이주사목 활동을 시작했다. 2002년 9월부터는 이주민을 위한 국가, 민족별 공동체를 형성해 사목적 배려를 하고 있으며, 2007년 2월 결혼이민자 여성을 위한 성북구다문화가족지원센터를 개원해 다문화가족 지원에도 노력하고 있다.

이주민을 위한 쉼터나 공동체로서 베다니의 집(외국인 산재 노동자 쉼터), 베들레헴 어린이집(다문화가정 영유아들을 위한 24시간 보육 및 교육시설), 벗들의 집(성매매 및 다문화가정 피해 여성 자녀 쉼터) 등을 운영하고 있으며, 현재 서울이주노동자상담실과 신풍 이주노동자의 집에서 이주노동자들의 제반 문제를 해결하기 위한 상담 업무를 진행하고 있다. 최근 이주여성들의 진정한 자립을 위한 다문화 모자가정 자활센터 '마리공동체'를 개소하여 인권·복지·공동체의 영역에서 적극 대응하고 있다.[28]

광주대교구의 이주민사목부는 "내가 나그네였을 때 따뜻이 맞아들였다."(마태 25:35)라는 인식에 기초해 2002년 이주민사목센터를 개소해 광주 지역사회 내 많은 이주민과 함께하고 있다. 수원교구는 수원, 안산, 용인, 화성, 평택, 안양, 광주 등 공장이 밀집해 있는 지역을 교구로 삼고 있다. 이 지역은 국내 체류 외국인 숫자의 29.7%에 이른다(2009년 5월 행정안전부 통계자료). 이 때문에 수원교구는 넓은 지역에 분포하고 있는 외국인들을 위한 지원 사업을 효율적으로 진행하기 위해서 센터를 분산 설치했다. 엠마오로 가고 있는 두 제자에게 나타나 그들의 이야기에 귀를 기울였던 부활하신 예수님의 모습에서 이름을 딴 상담소 '엠마우스'는 현재 수원, 안산, 광주, 평택, 왕림, 안양에 설치돼 있다. 용인에 '용인이주민 인권센터', 광주에 '이주사목센터', 안산에 '갈릴래아 안산이주사목센터'를 운영하고 있으며, 이주여성과 남성 쉼터, 다문화가정 자녀를 위한 유아방도 마련하는 등 이주민들을 위한 다각적인 노력을 기울이고 있다. 그리고 인종차별 없이 모두가 함께 더불어 살아가는 공동체 건설을 위한 '만남', 국제화 시대에 모두가 하느님 안에서 한 형제자매임을 증거하는 정신적 물질적 '나눔', 가장 소외 받는 이들에게 한 것이 나에게 한 것이란 그리스도의 말씀을 구체적으로 실

---

28) 『가톨릭 뉴스』, 2010.1.9.

천하는 '사랑'이란 세 가지 목적 아래 이주사목을 진행하고 있다고 한다.29)

　2009년 조계종사회복지재단이 내건 올해의 슬로건은 "대한민국의 복지리더!"였다. 2009년 한 해 동안 한국의 복지를 이끌 수 있는 역량을 갖추어 나가겠다는 의지의 표현이었다. 조계종사회복지재단은 2009년 이후 가장 역점을 두고 있는 사업이 이주노동자, 결혼이민자 등 다문화가족을 위한 복지 사업이라고 한다. 상임이사 대오 스님은 "일부 농촌 지역의 경우 이미 40%에 육박하는 가정이 외국인 여성과 결혼한 가정"이라며 "이들 여성들의 교육은 물론 외국인 여성과 결혼한 한국인 남성과 가족 등에 대한 문화교육을 통해 가족사회 통합 지원책이 시급하다."라고 지적했다. 이를 위해 조계종사회복지재단은 정부가 2009년부터 위탁 사업으로 운영하는 '다문화가족지원센터'를 지역 사찰에서 적극 유치하도록 지원하고 있다. 이를 통해 다문화 복지 인프라를 구축하고, 산발적으로 이루어지던 다문화가정 복지 사업을 종단 차원에서 연계해나간다는 계획인 것이다.

　2010년 9월, 오산시 다문화가족지원센터에서 정호 스님이 방문했을 때의 일이라고 한다.

　　회색, 적색, 오렌지색, 갈색의 알록달록 다른 색 법복을 입은 55명 스님들, 동남아, 동북아, 서양 스님들은 피부색도 제각각이다. 이주민센터 소개가 진행되자, 작은 교육관에 서로 다른 언어들이 소리를 내기 시작했다. 한국어가 영어로 통역되고, 다문화센터에서 일하고 있는 베트남어 통역사와 중국어 통역사가 베트남어와 중국어로 통역을 했다. 다문화센터라는 말이 실감 나는 순간이었다. 외국인

---

29) 『가톨릭 뉴스』, 2010.3.4.

ooooo
한국 다문화사회와 종교

스님들은 모두 한국의 이주민 문제에 관심이 많았고, 한국에 나와 고생하고 있는 자국민들을 돕고 싶어 했다. 센터 활동가가 센터의 설립목적과 사업에 대해 설명하자 진지하게 경청했다. 스님들이 센터에서 하는 구체적인 활동에 대해 알고 싶어 하자, 이주민센터를 공동 설립한 백발의 김 보원각 보살이 나와서 이해를 도왔다.[30)]

제가 죽기 전에 꼭 이루고 싶은 소원이 하나 있었습니다. 스님을 도와 많은 사람들이 함께 모여 설법 듣고 기도하는 반듯한 포교원 법당을 건립하는 것이었습니다. 그런데 스님께서 이주민들을 위한 센터를 만드신다기에 조금 서운하게 생각하고 이 건물을 보시했는데, 이주민센터 그대로가 법당이라는 것을 알게 되었습니다. 어렵고 힘든 이주노동자들이 주말이면 쉬었다 가는 쉼터가 되고, 결혼이민자들이 한국말, 컴퓨터, 요리도 배우는 배움터가 되고, 타향살이 고됨과 설움을 알아주는 상담소가 되어줍니다. 요즘엔 스님께서 이주여성들이 낳는 아이들 이름을 무료로 지어주셔서 작명소로도 소문이 나버렸습니다.

우리 신도들은 이것이 부처님 자비를 실천하는 진짜 올바른 길이라 생각하면서, 이주민센터에 나와 결혼이민자가 수업하는 동안 이주민 아이들을 돌봐주고, 한국말도 가르쳐주면서 신행생활을 자원봉사로 회향하고 있습니다.

외국인 스님들이 노보살의 말에 일제히 박수를 보내주었다. 그렇게 행사가 진행되는 동안 여러 나라 말로 통역을 하고 있다는 생각도 잊혀지고, 스님들이 외국인이라는 사실도 잊혀지고, 스님과 신도라는 구분도 잊혀졌다. 확인된 것은, 우리 모두가 불교라는 고귀한 가르침의 끈으로 연결된 하나의 공동체, 진정한 상가(승가)일 뿐이라는 사실이었다. 외국인 스님들은 "한국의 불자님들이 타국에서 어려운 생활을 하는 외국인들을 위해 헌신하는 모습에서 한국불교의 힘을 보았다."라며 불교계 이주민 단체에 감사드린다는 인사를

---

30) 『불교신문』, 2010.10.6.

남기고 떠났다.[31]

원불교에서 설립한 한울안운동 단체는 '우리 모두가 한 울타리 안에 사는 한 식구'라는 뜻을 가지고 있다. 이 단체는 비록 원불교에서 설립한 단체이긴 하나, 범 종단 시민운동을 위한 취지로 설립됐다고 한다. 이에 종단 내에서 하는 자선 활동보다는 그 범위를 넓혀 공익 활동을 주 사업으로 삼는다고 한다.

우리나라 사람들은 대게 식당 아주머니를 '이모'라고 부른다. 피한 방울 섞이지 않았지만 왠지 모를 친근함에 아주머니는 공깃밥한 그릇을 푸짐히 퍼주는 게 우리나라의 대표적인 미덕이다. 이런 풍조를 한껏 살린 한울안운동은 5년 전부터 광주를 중심으로 제주·전주·나주 등지에서 '이모되기 운동'을 펼치고 있다. 한울안운동 임원들은 멀리 이국에서 건너와 한국에서 시집살이하는 여성들에게 사회성을 심어주고 한국의 문화를 알리고자 자진해서 다문화가정의 '이모'가 됐다. 전국에는 120여 개 다문화가정 지원센터가 있지만 정작 지원이 필요한 이주민 여성들은 이곳에 발을 들이지 못하고 있는 게 현실이다. 가사 일손의 부족, 말이 통하지 않거나 산골짝에 시집을 오면서 지원센터를 모르는 경우 등이 이유다. 이런 실정을 안 한울안운동은 어디 가서 하소연할 데 없이 혼자서 속을 앓는 이주여성들에게 실질적인 후원자가 되고자 '찾아가는 맞춤형 지원'을 추진하고 있다.

2000년 6.15 남북공동선언을 하기 전, 당대 사회 전반에는 북한을 도와주면 빨갱이로 오인당하는 경우가 많았을 때였다. 하지만 당시 한울안운동 주 멤버는 어머니들이 많았기에 어머니의 심정으로 북한

---

31) 불교신문(www.ibulgyo.com), 2010.10.2.

○ ○ ○ ○ ○
한국 다문화사회와 종교

아기에게 '분유 보내기 운동'을 시도했다. 어머니들은 "빨갱이 애들이라고 안 먹일 수 있느냐?"며 동포 아기들이 굶어서 죽는 것을 보고만 있을 수 없었다고 한다. 그래서 추진한 분유 보내기 운동에는 지원금이 필요했는데 우려했던 것과는 달리 많은 시민이 큰 호응을 보이면서 무사히 지원할 수 있었다고 한다. 이렇게 한울안운동은 제도적인 측면에서 공익사업을 시범 사업으로 펼치고 있다.32)

원불교는 남원시 다문화센터 및 지역별 각 교당에서 운영 중인 다문화가족센터와 외국인노동자센터가 있어 개별지원하고 있으며, 여성회에서 한글날 기념 결혼이민자 여성 우리말 대회 개최, 그리고 원광보건대학의 다문화복지과 개설, 새터민을 위한 한겨레중고등학교 소개 등을 진행했다. 이어 유아교육에서 이중언어 교육의 필요성과 다문화청소년센터 설립 제안, 다문화 어린이집, 다문화가정 자녀들의 학업을 돕는 다솜학교 등도 추진하고 있다.

2. 축제·이벤트

이주민을 위한 천주교의 대응 영역에서 축제·이벤트 영역은 이주민이 상대적으로 많은 수원교구, 의정부교구, 대전교구 등에서 나타난다.

수원교구 북수동성당에서는 수원 엠마우스가 준비하는 작은 '다문화축제'가 매년 열리고 있다. 다문화 여성들과 이주노동자들을 위한 기금을 마련하기 위해 2007년 열었던 '일일찻집'에 여러 나라의 멋과 맛을 체험할 수 있는 '축제'를 더한 형태이다. 중국, 방글

---

32) 『천지일보』, 2011.11.17.

라데시, 아프리카, 베트남, 우즈베키스탄, 태국, 필리핀 등 나라별로 음식 부스를 마련하고, 직접 의상을 입어볼 수 있는 체험 부스도 설치한다. 한방 무료 진료, 한지공예와 북아트를 체험해 볼 수 있는 공간도 마련된다.

의정부교구에서는 구리시 여성 주간을 맞아 구리시가 주최하고 의정부교구 사회사목국 경기동부 이주센터 엑소더스가 주관한 다문화 축제를 개최했다. 지역사회와 국제결혼 이주여성들이 함께하는 가운데 서로의 문화를 더 잘 이해하도록 돕고자 '아내의 나라, 엄마의 나라'라는 주제로 마련한 축제라고 한다. 허재석 신부는 다문화가정 여성들만의 행사가 아니라 지역사회와 연계해서 지역 주민들과 함께하는 축제라는 점이 의미 있다며, 이주여성들에게는 자신들의 문화를 알리고 또 지역민들은 다른 나라 문화를 접함으로써 차별이 아닌 차이를 이해하고 더불어 살아갈 수 있는 계기가 될 것이라고 한다.[33]

천안에 있는 대전교구 소속 신부동성당에는 다양한 국적의 이주민들을 위한 모이세 어울림 축제가 열렸다. 주로 필리핀과 태국, 말레이시아, 중국, 몽골 등지에서 온 이주여성들이었으며, 천안시, 온양시 등 인근 지역 이주민 300여 명이 참석했다. 이날 축제는 이주민들과 함께 사랑을 나누고 이들을 위로하며 이들이 한국 사회에서 기쁘고 즐겁게 정착할 수 있도록 이끌기 위한 취지로 마련된 다문화 축제였다고 한다. 특히 천안 지역 천주교회 공동체와 이주민 간 문화 이해의 폭을 넓히고 각별한 관계를 다져나가는 한편, 다양한 각국 문화를 우리 문화의 한 부분으로 흡수함으로써 하나가 되도록

---

33) 『가톨릭뉴스』, 2009.11.5.

○○○○○
한국 다문화사회와 종교

이끄는 밑거름이 되려는 의도로 기획되었다고 한다. 축제에 앞서 신부동 본당과 천안 모이세는 주한 교황대사 오스발도 파딜랴 대주교 주례와 대전교구장 유흥식 주교 및 교구 사제단 공동집전으로 다문화 어울림 축제 개막 미사를 봉헌했다.

축제는 천주교회 공동체와 이주민들이 각각 선보인 연주와 노래, 춤의 무대였다. 이주민들로 이뤄진 천안 모이세 밴드의 '그대 사랑의 힘으로' 연주와 노래로 막을 올렸고, 천안 모이세 '꿈·이·평화' 공동체가 덩리쥔(鄧麗君)의 '달빛이 내 마음을 대신하네' 노래를 공연하며 분위기가 달아올랐다. 신부동 본당 김영란(가타리나, 10, 초등학교 4) 양 등 본당 주일학교 학생 10명은 밸리 댄스로 흥을 돋웠다. 사제 간인 김정수 주임신부와 플루티스트 허정인(안젤라) 충남대 교수는 플루트 2중주로 드보르작의 '새로운 세상'과 정두영 곡 '사랑'을 연주해 공동체의 박수갈채를 한 몸에 받았다. 허교수는 조운파 곡 '칠갑산'을 플루트로 연주해 청중의 심금을 울렸다. 또 천안 모이세 '오카리나 향'의 '고요한 대지', '놀라우신 은총' 등 연주를 비롯해 그룹 댄스와 드라마 주제곡 연주, 포크 댄스, 연주, 노래 등이 이어져 무대를 풍성하게 꾸몄다.[34]

대구대교구에서는 전국의 필리핀 노동자·다문화가정 공동체들이 2009년 9월 27일 대구가톨릭대학교 남산동캠퍼스 내 성 김대건 기념관 및 운동장에서 '제1회 한마음 축제'를 열었다. 대구가톨릭근로자회관과 대구 필리핀 노동자 공동체가 주관한 이번 대회에는 서울, 대구, 광주, 인천, 목포, 구미, 왜관 등 전국 7개 도시에서 모인 필리핀 이주노동자들과 다문화가족 500여 명이 참석해 성황을

---

34) 『가톨릭뉴스』, 2009.11.5.

이뤘다. 배구, 농구, 배드민턴, 달리기, 다트 등 운동경기로 진행된 이 날 축제에서 참가자들은 지역을 넘어 서로 하나 되는 시간을 가졌다.

대회를 준비한 대구 필리핀 공동체 총무 앨리스 씨는 전국에 이렇게 많은 고향 사람들이 꿋꿋하게 살아가고 있다는 것을 깨닫고 서로 화합하는 시간을 만들고 싶었다며, 앞으로 각 도시를 순회하며 매년 이 축제를 계속할 예정이라고 말했다. 특히 이날 대회에는 루이스 티 크루스 주한 필리핀 대사가 참석해 가족들과 떨어져 타지에서 외로움과 어려움을 겪지만, 그 속에서도 친교와 화합으로 힘을 얻는 필리핀 노동자들을 보며 큰 기쁨을 느꼈다며, 필리핀 공동체와 신앙 안에서 하나 되는 사목적 배려를 아끼지 않는 한국교회에 진심으로 감사드린다고 말했다.[35)]

명락사는 '다문화가족과 함께하는 전통자수 배우기 작품 전시회'도 개최했다. 이 전시회에서는 다문화 이주여성들이 만든 전통자수 작품을 전시·판매했는데, 명락사는 2010년 6월부터 '다문화가족과 함께하는 한국전통자수 배우기' 강좌를 운영해오고 있다고 한다. 그리고 2010년 11월에는 '다문화가족과 함께하는 한국 전통음식문화 체험' 행사를 개최하였는데, 결혼이주여성이 한국의 전통 음식인 김치를 담그고, 전을 부치는 시간을 등을 가졌다. 또 다문화가족이 참여하는 노래자랑이 열리고, 캄보디아, 필리핀 등의 나라의 음식을 맛볼 수 있는 다문화 음식 축제도 마련하였다.[36)]

조계종사회복지재단은 '아름다운 소통, 함께하는 문화'를 주제로

---

35) 『가톨릭뉴스』, 2009.10.6.

36) 불교포커스(www.bulgyofocus.net), 2010.11.2.

ooooo

한국 다문화사회와 종교

제1회 다문화가족대축제를 개최했다. 세계의 의·식·주 및 놀이문화를 체험할 수 있는 부스가 운영되었고, 기념식에서는 앞서 진행된 글쓰기 대회와 사전 공모전 수상자들에 대한 시상식도 이루어졌으며, 다문화가족의 한국 문화 이해를 돕기 위한 '우리 가족 퀴즈왕'도 진행되었다. 재단은 "결혼이민자 가구 18만여 명이 함께 공존하는 다문화사회를 맞아 부처님의 평등사상을 실천하고 다문화가족의 안정적 정착을 지원하기 위해 행사를 기획하게 됐다."[37]라고 한다.

한편, 조계종 중앙신도회 부설 불교생활의례문화연구원은 추석 때 이주노동자·다문화가정, 동남아 출신 스님 등을 초청해 수유리 화계사에서 추석 합동 차례를 지내기도 했으며,[38] 석왕사에서는 미얀마와 파키스탄, 태국 중국 등 국가별 부스를 마련해 각국의 전통문화를 소개하는 한편 각국의 전통의상과 전통놀이 등을 체험해 볼 수 있는 축제도 열었다.

조계종 중앙신도회 부설 불교생활의례문화연구원은 추석 명절을 맞아 이주노동자·다문화가정, 동남아 출신 스님 등을 초청해 19일 오후 수유리 화계사에서 추석 합동 차례를 지냈다. 합동 차례에는 이주노동자·다문화가정 가족 50명과 화계사 주지 수암 스님과 화계사 스님들, 마하이주민지원단체협의회 회장 지관 스님, 스리랑카와 몽골 출신 스님들, 생활의례봉사단, 중앙신도회 직원 등 150여 명이 동참했다. 화계사 경내에 있는 넓은 평상에서 참가자들이 한데 어우러진 가운데 송편을 빚었고, 이주노동자와 다문화가정 가족들에게 추석 선물도 주었다. 또 화계사 주차장에서는 상모돌리기, 설장

---

37) 불교포커스(www.bulgyofocus.net), 2010.9.26.
38) 불교포커스(www.bulgyofocus.net), 2010.9.19.

구, 널뛰기, 제기차기, 윷놀이 등을 하는 민속놀이마당이 펼쳐졌고, 저녁에는 5곡 비빔밥과 명절 음식을 나눠 먹는 시간도 가졌다.[39]

석왕사 경내에 미얀마와 파키스탄, 태국 중국 등 국가별 부스를 마련해 각국의 전통문화를 소개하는 한편 각국의 전통의상과 전통놀이 등을 체험해 볼 수 있도록 하고 있다. 태국의 전통 혼례 시연, 필리핀의 대나무춤 체험, 미얀마의 전통 공놀이인 친롱 체험 등 특화된 프로그램도 선보였다.[40] 이주노동자들의 정신적 귀의처 부천 석왕사가 부처님오신날을 맞아 '다문화 가정 어린이를 위한 축제'와 '스리랑카 부처님 봉안법회'를 봉행했다. 석왕사는 이주노동자 2세들이 다양한 문화환경 체험을 통해 서로에 대한 이해와 다양성을 배우는 자리를 마련했다. 국내에 거주하고 있는 아시아 각국의 주부들이 준비한 전통 음식을 함께 만들어 보는 것은 물론 전통공예품, 놀이 등에 대한 체험의 시간을 가진다. 또한 그들이 태어나 자라고 있는 한국전통문화에 대해 경험할 수 있는 시간도 함께 제공하고 있다. '다문화 가정 어린이를 위한 축제 한마당'은 재단법인 한국방정환재단이 주최하고 부천외국인노동자의집이 주관하는 행사로 불교방송과 석왕사가 후원한다.

사회복지법인룸비니의 최자운 국장은 "우리나라도 10년 후면 인구 1백 명당 5명이 외국 출신인 다민족국가로 변한다."라며 "미래사회의 주역이 될 어린이들에게 다양한 문화를 체험하게 하는 것은 우리의 미래를 밝게 하는 일이 될 것"이라고 행사의 의미를 설명했다. 이주노동자 지원 활동에 대한 감사의 마음을 담아 스리랑카 정

---

39) 불교포커스(www.bulgyofocus.net/news), 2010.9.19.

40) 불교포커스(www.bulgyofocus.net/news), 2009.4.17.

ooooo

한국 다문화사회와 종교

부가 지난 4월 19일 기증한 부처님 불상 봉안식에는 석왕사조실 고산 스님을 비롯해 케헬리어 람부꾸왈레 스리랑카외교부장관, 아시타 페레라 주한스리랑카 대사를 비롯해 스리랑카 이주노동자들이 참석할 예정이다. 특히 한국에서 수행하고 있는 스리랑카 스님들이 봉안식 전날부터 스리랑카의 전통 불교 의식을 거행할 계획이어서 색다른 불교 의식을 경험하는 기회도 될 것으로 보인다.41)

동지를 일주일 앞둔 12월 13일 서울 관악구 명락사에서는 결혼 이주여성 등 다문화가족이 함께하는 '한국전통음식문화 체험' 행사가 열렸다. '다문화사찰'을 지향하고 있는 천태종 명락사(주지 무원 스님)가 마련한 이번 행사는 다문화가족이 명락사 신도, 자원봉사자들과 함께 김장을 하고 인절미를 맛보는 축제로 마련됐다. 명락사 주지 무원 스님은 행사에 앞서 열린 법회에서 다문화가정을 머리로만 이해하기보다 직접 만나 이야기 나누며 친구가 되어야 한다고 강조했다. 행사에 아기와 함께 참석한 베트남 이주여성 트윅은 "한국에 온 지 2년 만에 김장을 처음 담가봤다.", "직접 담근 김치가 맵지만 맛있다."라며 웃었다. 이날 담근 김장김치는 관악구청을 통해 소외된 이웃과 다문화가족에게 전달했다.

축제와 이벤트는 다문화가정뿐만 아니라 이주노동자도 가장 적극적으로 참여하는 분야이다. 원불교 경남교구 봉공회는 결혼이민자 여성 문화 기행을 기획하여 마산시 내서읍의 다문화한글학교 수강생인 결혼이주여성 27명을 대상으로 경주박물관과 불국사 등 신라 시대 문화를 체험했다. 그런데 봉공회에서 처음 계획한 것은 영산성지와 익산성지 등 백제문화유적지를 탐방하는 것이었다고 한

---

41) 석왕사(www.seokwangsa.com), 2010.6.12.

ㅇㅇㅇㅇㅇ

Ⅲ 한국 다문화사회에 대한 종교계의 대응

다. 결혼이주여성의 특성상 많은 시간을 할애할 수 없기에 가까운 경주 코스로 계획이 변경되었다는 것이다. 또한 무주다문화가족지원센터에서도 담양 죽녹원 등을 둘러보면서 '다문화가족 문화탐방'을 연 2회 진행하고 있다. 이를 통해 알 수 있는 것은 종교 단체의 다문화 축제나 이벤트도 다른 대응 방식과 마찬가지로 선교 또는 교화의 목적성을 띄고 있다는 점이다. 이러한 점은 정도의 차이가 있지만 모든 한국 종교에서 공통으로 발견된다.

원불교의 남원시 다문화가족지원센터는 2010년 10월 30일 남원시 제1회 다문화축제를 개최했다. 나라별 민속무용, 시민 노래자랑, 가족사진 콘테스트 등이 진행되어 다문화가정과 비 다문화가정에 화합의 장을 목표로 축제를 기획했다고 한다. 남원시 다문화가족지원센터 양희연 사회복지사는 "대한민국은 지금 다문화사회로 급격한 탈바꿈을 하고 있다. 하지만 지역 주민과 함께 진행한 프로그램은 활성화 되지 않고 있다."라며, "이번 축제가 지역민의 관심과 사회통합을 이룰 수 있는 행사가 될 것이다."라고 말했다.[42]

익산시에 있는 영등교당. 매주 금요일이면 결혼이민자를 대상으로 '다문화가정 뜨개질 교실'이 열린다. 결혼이민자 여성의 한국 생활을 돕고 원불교를 알리기 위해 교당에서 직접 나선 것이다. 처음엔 6명으로 시작한 모임은 이제 20여 명의 결혼이민자들이 함께하고 있다. 두 달의 짧은 기간에 이런 정기적인 모임으로 이뤄질 수 있었던 것은 이희원 교도의 공이 크다. 이 교도가 운영하는 표구사의 한 직원이 국제결혼을 통해 베트남 여성을 맞아들였다. 한국 생활에 서툰 직원의 아내를 도우며 알게 된 10여 명의 결혼이민자 여

---

42) 『원불교신문』, 2010.10.15.

성들은 이 교도를 친엄마처럼 따랐다. 그 후 이들에게 힘이 될 수 있는 것을 찾던 중 교당의 문을 두드렸다. 요즘과 같은 다문화사회에 결혼이민자 여성들에게 따뜻한 정을 느낄 수 있고 원불교도 알리고 싶었다며 결혼이민자 여성들에 각별한 애정을 나타냈다.

그래서 시작한 것이 뜨개질 교실이다. 결혼이민자 여성들에게 생소했던 뜨개질은 시간이 지날수록 인기는 뜨거워졌다. 매주 금요일이면 자원봉사로 뜨개질을 가르쳐 주는 영등원광어린이집 조명희 원장은 처음 뜨개질을 가르쳐 주러 왔을 때는 이렇게 재미있어할지는 몰랐다. 실생활에 도움이 되니 더 좋아하는 것 같다며 요즘은 이들이 자신을 더 찾는다고 전했다.

지난달에는 '뜨개질 교실'의 경사가 있었다고 한다. 쩐김느언이 결혼식을 하게 된 것이다. 한국에 와 여러 사정으로 결혼식을 하지 못했지만, 원광대학교 원불교 동아리 원심회의 도움으로 전통 혼례식을 올렸다. 이는 곧 입교로 이어져 쩐김느언의 식구들은 모두 영등교당에 입교한 원불교도이다. 뜨개질 교실 운영에 일조를 하고 있는 영등교당 이성도 교무는 "뜨개질 교실을 통해 이들에게 조금씩 원불교를 알게 하는 계기가 되고 있다. 이를 기반으로 다문화가정 교화에 물꼬를 트고 싶다."라며 작은 소망을 내비쳤다.

'다문화가정 뜨개질 교실'과 함께 '한국노래 배우기', '한글 교실' 등을 운영하고 있는 영등교당에 8월부터 익산시 다문화가족지원센터에서 한글 교실 강사를 파견하기로 해 좀 더 체계적인 수업을 진행할 수 있게 됐다. 교당에는 전문 인력이 없어 한글 교실 운영의 어려움을 겪던 중 영등교당 교도인 익산시 다문화가족지원센터의 송복희 국장의 도움으로 이뤄진 것이다.

2008년 '제1회 결혼이주민여성 우리말 대회'에서 한 가족이 한국어 동요를 부르고 있다. "한국 사람이라면 '나의 살던 고향' 모르는 사람 있나요? 먼 이국에서 이 노래만 부르면 절로 어깨동무를 하는 게 한국 사람이에요." 하지만 한 대표이사는 이주민 여성들에게 이주민 여성들의 모국어에도 자부심을 가져야 한다며 한국 전래동요를 모국어로도 부르게 하고 자녀들에게도 자신의 모국어를 꼭 가르치라고 당부한다.

현재 다문화사회로 인해 교단에서도 다문화가정 교화가 화두로 제기되는 시점에 영등교당의 '다문화가정 뜨개질교실'은 교도의 제안과 교당의 도움으로 이뤄졌다는 점이 더욱 의미가 크다. 이는 교당 자체의 자력으로 이뤄낸 결과이다. 또한 교단의 다문화가정 교화에 신선한 바람으로 작용할 것이다.[43]

원불교는 다문화사회에 대응하기 위해서 외국인 교당인 원불교 서울외국인센터를 조직하여 운영하고 있다. 이 센터는 강서구 화곡 7동에 위치한 외국인노동자를 위한 선교소이다. 2005년 8월 16일 선교서 인가를 받고 10월 28일에 봉불식을 올렸지만, 2004년 4월부터 파주교당 부지에서 1기 한국어 교실을 열었다고 한다. 포항공대 공학박사 출신인 최서연 교무는 노동자 교화의 의의에 대해 "한국에 대해 갖게 된 상극의 기운을 상생의 기운으로 돌리게 하며, 일원대도에 발심하는 계기를 만들어 자국에 돌아가 교화하게 하는 것이 효율적이고 바람직한 해외교화방안의 하나가 될 수 있다."라고 강조한다. 또한 그 방안으로 "자립자조 상부상조의 생활을 해나갈 수 있도록 사요정신에 바탕해 전개해야 한다."라며 "자선적 측

---

43) 『원불교신문』, 2010.7.16.

면, 교육적 측면, 교당 교화적 측면을 제시할 수 있다. 이 가운데 서울외국인센터는 한국어 교실을 주 사업으로 하고 있다."라고 밝히고 있다. "이들에게 우리말을 가르치는 것이 자력을 세울 수 있는 길이며 효율적인 교화방편이 될 수 있다."라고 생각했단다. 이를 위해 한국어 교사 연구 과정을 밟은 후, 파주·전곡·의정부교당으로 옮겨 다니며 한국어 교실을 운영해왔다. 한국어 교실은 매주 일요일 오후 1시부터 3시까지 진행된다. 1기당 15주 코스로 운영되고 있다.

3. 선교·의례

종교에서 제의가 지니는 중요성은 사회생활에서 수행적 행위가 지니는 중요성과 비슷할 뿐만 아니라,[44] 문화적 지속성을 유지하면서 얼마간의 변화를 차용하는 수단이기도 하다. 따라서 의례 자체는 서로 다른 문화에서나 서로 다른 역사적 시기에서는 각각 다소 다르게 이해될 수 있다.[45] 따라서 다문화사회에서 한국교회의 의례가 변하는 것에 놀랄 필요는 없다. 그런데 의례의 변동은 정체성의 문제와 관련되므로 중요한 분석 대상이 될 수 있다.

현재까지 파악되는 의례의 변화에서 가장 먼저 발견할 수 있는 것은 다양한 언어로 예배가 수행된다는 것이다. 이러한 움직임은 1990년대 초부터 일부 대형 교회를 중심으로 시작되었지만, 최근에는 교회뿐만 아니라 규모가 큰 이주민지원센터와 같은 곳에서도 이

---

44) 니니안 스마트, 『현대 종교학』(강돈구 옮김), 청년사, 1986, 173쪽.
45) 캐서린 벨, 『의례의 이해』(류성민 옮김), 한신대학교출판부, 2007, 489-490쪽.

주민을 위해 그 나라 언어로의 예배가 수행되고 있다. '이선한네트 워크'는 이주민 지원 단체들의 연합 모임이므로 정기적인 예배 모임은 없다. 하지만 정기적인 '이주자선교 Expo'나 '이주자예배학교 찬양사역훈련'을 통해서 예배가 수행되기도 한다. 그뿐만 아니라 이 연합 모임에 가입한 중·대형 교회들은 대체로 몇 개국의 언어로 예배를 수행한다. 예를 들면, 현재 온누리교회에서는 이주민을 위한 '온누리미션'을 조직하여 9개국 언어로 예배를 수행하고 있으며,46) '안산이주민센터'는 '다문화교회'에서 5개국 언어로 예배를 수행하고 있다. 그러나 한국교회의 예배 전통과 같이 매일 새벽, 수요일 저녁, 금요일 심야 때의 예배는 확인되지 않는다.

예배의 변화에서 설교자의 변화도 나타나고 있다. 이전에는 한국 출신의 목사나 선교사가 해당 언어로 예배를 수행했었다. 그러면서 주로 영어와 중국어 정도의 예배가 한국 출신의 목사나 선교사에 의해 수행되었는데, 최근에는 해당 언어의 출신국 목사나 선교사가 직접 예배를 수행하면서 "새로운 나라 예배가 개척되고 있다."라고 한다. 한국교회의 예배 전통에서 설교자의 영향력은 매우 중요했으므로, 이와 같은 설교자의 변화는 이후 한국교회 전통에서 당회장 중심의 설교권이나 설교 스타일에 영향을 줄 수 있을 것이다. 이외에도 설교의 주제와 내용 면에서 이주민의 생활과 관련된 것들이 많아지거나 해당 언어로 된 성가가 만들어지는 것들도 예배의 변화로 나타나고 있다.

천주교에서 2010년 새해에 이주사목 담당자들이 신년좌담회를 가졌다. 주교회의 국내이주사목위 총무인 허윤진 신부는 "교회의

---

46) 온누리미션(www.cgntv.net/vi/onnurimission.htm), 2009.12.2. 검색.

최종목적은 공동선이다. 함께 살아가는 방법을 찾아나가야 한다. 서로 혐오감이 없도록, 한 형제로서 함께 행복해지기 위한 노력을 해나가야 할 것이다. 그것이 자활 등 복지 사업의 형태로 나타나는 들 다양하게 프로그램화되고 있는 것이다. 그러나 다양한 프로그램 자체가 목적이 될 수 없다. 너와 내가 더불어 살아가는 것, 하느님의 나라를 구현하는 것이 최종목적이다. 즉 우리의 최종 종착점은 '사목'이고 '선교'이며 '신앙'이다. 'FOR'의 영성이 아니라 'WITH'의 영성이다."라고 주장했다.47)

다문화 현상에 따른 한국교회의 대응은 선교 전략에서 가장 먼저 나타났다. 최근까지 한국교회의 선교 전략은 자국 내에서 타 문화권을 선교하는 인도, 나이지리아, 브라질, 미얀마 등 다른 선교국 교회들과는 다른 모습을 보여 왔다. 현재 한국 사회는 국제적으로 인적 교류의 확대, 국제결혼의 증가 등에 따라 이주민과 다문화가정 등이 증가하고 있으며, 2000년대에 들어서면서 이들 사이에서 태어난 자녀가 초등학교에 입학하기 시작하여 다문화사회로 급속히 전환하고 있다.

이에 대응하여 선교 지향적인 한국교회는 이주민 개개인과 집단, 그리고 다문화 현상에 따른 정책의 변화(사회구조의 변화)를 변동의 표적으로 삼으면서 이주민 선교를 추진하고 있다. 선교 전략은 앞서 살핀 인식의 양상처럼 크게 세 가지 유형으로 전개되고 있다. 예컨대, '이선한네트워크'에 의하면 국내 이주민들의 국적은 203개국으로,48) 이선한네트워크는 이주민 120만 명을 현지인 선교사로

---

47) 「다문화 시대, 교회는 지금」, 『가톨릭 뉴스』, 2010.1.4.

48) 출입국·외국인정책본부가 발표한 『통계월보』에 따르면, 2009년 10월 31일 현재 체류 외국인 국적별 현황은 중국, 미국, 베트남, 필리핀, 일본, 타이, 몽골, 타이완, 인도네시아, 우즈베키스

서 명명하여 이주민 개인을 변동의 표적으로 삼고 있다.[49] 그러나 '안산이주민센터'는 개인보다도 '국경없는마을'이라는 대안공동체를 지향함으로써 집단을 변동의 표적으로 삼고 있다.[50] 그리고 '한국외국인근로자지원센터'는 김해성 목사가 센터 소개에서 "한국 정부가 여러분들과 함께하는 센터"임을 강조하면서 "진정한 '연대'와 '지구촌 한 가족'을 실현해 가자."라고 밝힌 것처럼, 개인과 집단보다는 연대를 통한 정책의 변화를 강조하는 인상이 짙다.

그런데 이러한 사회 변동은 이주민 지원 단체가 이주민들에게 무엇을 기획·강요함으로써 발생하는가, 아니면 관련된 모두가 참여함으로써 발생하는가? 개신교 이주민 지원 단체에서 변동의 수행자는 지원센터와 이주민 모두라 할 수 있다. 왜냐하면, 이주민지원센터가 변화를 기획할지라도 이주민이 함께 참여할 때 그 기획의 목적을 달성할 수 있기 때문이다. 그런데 현장에서는 변동의 수행자가 교회 부속의 이주민지원센터로서 한쪽 부분으로만 이해되고 있기에, 이주민의 주체성이 변동의 주체에서 소외되고 있다.

한국교회가 변동의 방법으로 사용하고 있는 전략은 선교 전략이다. 이전에 지역을 강조했던 해외 선교의 전략을, 현재는 지역이 아닌 문화로 접근하여 국내 타 문화권의 선교에 점차 눈을 돌리고 있다. 최근까지 해외 선교에 비해서 국내 타 문화권의 선교가 소홀했던 원인은 한국교회의 과시적인 선교 방법에서 비롯되었다. 하지만

탄, 캐나다, 스리랑카, 방글라데시, 파키스탄, 러시아, 캄보디아, 네팔, 인도, 호주, 영국, 미얀마, 독일 순으로 체류자가 많으며, 22개국을 제외한 그 밖의 국가들을 기타로 처리하고 있어서 국적의 정확한 수를 확인하기는 어려웠다. 따라서 이선한네트워크의 자료가 정확하다면, 203개국에서 22개국을 빼면 181개국에 달하는 이주민들이 기타로 분류되고 있다고 할 수 있겠다.

49) 이선한네트워크(www.mmnk.kr/bbs/board.php?bo_table=z1_2), 2009.12.2. 검색.

50) 안산이주민센터(www.migrant.or.kr/zbxe/intro), 2009.12 2. 검색.

ooooo

한국 다문화사회와 종교

국내 이주민이 증가함에 따라 해외 선교에서 얻을 수 있는 교회의 위상을 이주민 선교에서 비슷하게 찾으려는 움직임이 나타나고 있다. 요컨대, 한국교회는 해외 선교에서 획득한 권력을 국내 이주민 선교에서도 똑같은 권력을 획득하기 위해서 이주민들을 적극적으로 개종시키려는 전략을 취하고 있다.

그러나 동시에 이주민을 대하던 이전의 방관적 태도에서 벗어나 질적으로 고양된 태도 전략을 취하기도 한다. 보쉬(David Bosch)는 변화하는 선교의 의미를 언급하면서, 선교의 의미와 내용에 대해 "그리스도의 성육신, 그의 십자가상의 죽음, 그의 부활, 그의 승천, 오순절 성령 강림과 재림"[51]과 같은 요소로 윤곽을 제시하였다. 그런데 한국교회가 이주민 선교 전략에 이러한 요소들을 담아내는 방식에 따라 개신교 내 이주민 지원 단체 간의 내부 갈등이 나타나면서 '폭력 대 비폭력' 전략이 보이기도 한다.

다문화사회에서 다종교적 상황은 앞으로 가속화될 것인데, 이러한 현상은 한국교회의 개교회주의적 성격을 고취하는 데 한몫을 할 수도 있다. 왜냐하면, 한국 사회라는 종교 시장에서 각 종교의 경쟁은 더욱 심화될 것이며, 더욱이 개신교 교파나 개별 교회까지도 더욱 치열하게 경쟁할 것이기 때문이다. 그뿐만 아니라 종교 인구의 비율이 어느 한계선을 넘게 되면 이러한 경쟁에서 심각한 갈등이 표면화될 수 있기에,[52] 이주민지원센터들의 조직에 대한 분석은 다문화사회에 대응하는 한국교회의 변동뿐만 아니라 향후 한국 종교의 변동을 살피는 데에도 중요한 지표 역할을 할 수 있을 것이다.

51) 데이비드 J. 보쉬, 『변화하고 있는 선교』(김병길·장훈태 옮김), 기독교문서선교회, 2000, 753쪽.
52) 노치준, 「한국교회의 개교회주의」, 『한국교회와 사회』(이원규 편저), 나단, 1996, 39-73쪽.

Ⅲ 한국 다문화사회에 대한 종교계의 대응

종교 조직은 만들어져서 그냥 있게 되는 게 아니라, 지속적으로 내적 신진대사 작용과 외부 사회에 구조적으로 연관되는 상호작용이 일어나서 조직적 형식이 창출되는 것이라고 한다.53) 다문화 현상에 따른 선교 전략의 변화는 조직의 변화도 가져왔다. 해외 선교를 지원했던 조직이 '선교국'이었다면, 다문화사회에 대응하기 위한 조직은 '이주민지원센터'이다. 앞서 살핀 바와 같이 2009년 12월 현재 한국교회가 현재까지 조직한 이주민지원센터 또는 그와 비슷한 성격의 조직은 전국적으로 500여 개가 넘는다. 이는 정부가 이주민을 위해 위탁 운영하고 있는 171개의 '다문화가족지원센터'54)보다 3배 이상 많은 조직이다. 물론 이주민지원센터의 상당수가 재정적으로 넉넉하지 못한 상황에서 운영되고 있긴 하지만, 단체의 양적 측면에서는 영향력이 점점 커지고 있다. 한국교회가 조직한 이주민지원센터들의 구조는 대부분이 교회를 중심으로 형성되어 있으며, 교회가 소속된 교단에 따라서 조직의 성격이 좌우된다.

그렇다면 이주민지원센터는 어떤 구조 속에서 조직을 유지하고 있을까? 파슨스는 사회구조가 사회 속에 잔존하기 위해서 네 가지 요소가 필요하다고 제시했는데, 이것은 종교 조직에도 적용 가능하다. 요컨대, 모든 종교 조직은 내적으로는 동기화와 입장 표명의 기

---

53) 김종서, 『종교사회학』, 서울대학교출판부, 2005, 79쪽.

54) 정부가 운영을 위탁하여 지원하고 있는 다문화가족지원센터는 2006년에 21개소, 2007년에 38개소, 2008년에 80개소, 2009년에 100개소였던 것이 2010년 6월 현재 전국 232개 시군구 중에서 171개소가 설치되어 있다(전국다문화가족사업지원단 홈페이지[mfsc.familynet.or.kr] 참조). 센터를 지역별로 살펴보면, 서울에 20개소, 부산에 7개소, 대구에 6개소, 인천에 7개소, 광주에 3개소, 대전에 2개소, 울산에 3개소, 경기에 24개소, 강원에 12개소, 충북에 10개소, 충남에 15개소, 전북에 14개소, 전남에 16개소, 경북에 16개소, 경남에 14개소, 제주에 2개소가 있다. 센터를 설립재단별로 살펴보면, 약 2/3 이상이 사회복지센터나 시민단체 또는 대학 부설 기관이며, 나머지는 개신교, 가톨릭, 불교, 통일교, 원불교, 성공회, 제7일안식일예수재림교 등의 종교 단체이다.

능이 있어야 하며, 또 외적으로는 신도 모집과 그의 훈련 기능이 필수적으로 요구된다는 것이다.55) 이것을 이주민지원센터의 세 가지 유형에 적용해보면 다음과 같다.

첫째, '이선한네트워크'의 조직을 보면, 이 단체는 2009년 말까지 확인된 가입 단체의 수가 236개로 여러 교단이 연합한 단체이다. 따라서 '안산이주민센터'나 '한국외국인근로자지원센터'와는 달리 이주민을 직접 개종하여 종교 조직에 참여시키지는 않아 보인다. 다만, 이 연합단체는 선교 전략의 변동 방법과 노선을 같이하는 개교회들 또는 교회 부속 이주민지원센터를 이 연합조직에 동참시키려 노력하고 있다. 또한, 신도의 훈련과 같은 '이주자선교 Expo' 와 '이주자선교학교', '이주자예배학교 찬양사역훈련', '이주자선교사 케어프로그램' 등의 훈련을 통해서 조직을 운영하고 있다. 내적으로 이 연합단체는 언어권별, 전문사역별, 지역별 연합 선교 활동과 같은 역할로 나누어 입장을 표명하고 있다. 이 조직의 임원은 공동대표 2인과 운영위원 4인, 조직 총무, 행정 총무, 기도사역, 인터넷 사역 각각 1인, 실행위원 7인, 총무 5인 등으로 교회나 교단 조직과 비슷한 조직으로 구성되어 있어서, 기존의 선교 조직과 큰 차이가 없어 보인다. 그리고 조직 구성원들에게 동기를 부여하는 것으로 정기적인 의례는 없으나, '이주자선교단체실무자 연합수련회'를 개최하고 있다.

둘째, '안산이주민센터'는 '다문화교회'를 통해서 신도를 모아 개종시키기도 하고 훈련시켜 종교 조직에 참여할 수 있는 구조를 갖고 있다. 그러나 '이선한네트워크'에 소속된 교회나 이주민지원센

---

55) 위의 책, 90쪽.

터보다는 덜 강조하는 경향이 있다. '안산이주민센터'는 이사장을 비롯한 이사회와 3개의 영역으로 조직되어 있다. 이 센터는 예장 통합 교단의 서울서남노회 소속이지만, '이선한네트워크'와 다르게 실제 이주민을 지원하는 업무 위주로 조직이 구성되어 있다. 예컨대, 사무국에는 국경없는마을, 중국동포연합회, 다문화가족협회가 있고, 이주여성상담소(BLink)에는 노동 상담, 다문화 공방, 여성 쉼터 '솟샘'이 있고, 코시안의 집에는 영유아 지원, 방과 후 교실 등으로 나누어져 입장을 표명하고 있다. 그리고 국경없는마을의 "사회개혁은 인간혁명과 더불어 이루어짐을 고백하는 신인간 운동의 전개"를 통해서 동기를 부여하는 것으로 나타난다.

셋째, '한국외국인근로자지원센터'는 지구촌사랑나눔의 산하 기관이다. 이 센터에서 운영하는 '중국동포의집', '외국인노동자의집'에서 개종과 관련된 직접적인 선교 활동과 신도의 훈련이 이루어지는 것으로 보인다. 그리고 이 센터는 노동부의 지원을 받으면서 지구촌사랑나눔이 운영하므로 위 두 개의 단체와는 다른 조직적 특성을 갖는데, 운영팀과 상담팀, 미디어팀으로 구성된 조직은 기업이나 기관의 조직처럼 보인다. 이 센터의 조직에서 가장 많이 알려진 활동으로서 무료진료사업과 나라별 상담 및 인터넷 방송을 운영하며 각각의 입장을 표명한다. 여기서 보이는 동기부여는 첫 번째와 두 번째 유형의 혼합된 형태로 나타난다.

한국 천주교회에서는 최근 새터민, 이주민, 다문화가족이 증가함에 따라, 통일을 염원하고 다문화 상황에 대한 수용 차원에서 특별한 교구별 위령미사를 지냈다. 원주교구 민족화해위원회 이주사목위원회는 원주 시내 거주 새터민 120여 명과 외국인 근로자, 다문화가족 60여 명을 원주 아모르 컨벤션 웨딩홀로 초청해 합동 위령미사를 드렸다. 의정부 교구는 오두산 통일전망대 4층에서 이기헌 주교 집전으로 '추석맞이 이산가족 위령미사'를 봉헌했다. 부산교구 가톨릭 이주노동자센터는 부산 가톨릭센터에서 베트남과 필리핀 출신 이주민들이 함께하는 합동 위령미사와 한국어 노래자랑을 했다. 광주대교구 이주민 쉼터 '안셀모의 집'은 인도네시아, 동티모르 출신 이주민을 대상으로 한가위 피정을 개최했다. 피정에서는 이주노동자를 위한 귀국 준비와 모국 재적응에 대한 강의를 인도네시아 출신 선교 사제 피델리스 신부가 인도네시아어로 진행했다. 수원교구 이주사목부 엠마우스 공동체는 수원 고등동성당에서 이주민들의 출신 지역과 언어권을 모두 아우르는 연합미사를 봉헌했다.

한국천주교는 선조에 대한 효, 가족 공동체의 화목과 유대를 이루는 의식이라는 점에서 전통 제례를 금지하지는 않지만, 표현 양식은 시대와 교회 정신에 맞게 개선하도록 권장하고 있다. 또한 신자 가정에서는 명절이나 탈상, 기일 등 선조를 특별히 기억해야 하는 날에는 가정의 제례보다 위령미사를 우선 봉헌하도록 하고 있다.[56]

불교에서는 인연설에 기초해서 이주민을 인식하는 것과 함께 자비심의 발현으로 이주민을 인식하는 경향도 동시에 나타나고 있다. 자비심의 발현으로 나타나는 포교 형태는 주로 시혜적인 차원에서 마련되고 있다. 예컨대, 2009년 10월 천태종 명락사에서는 '명락빌리지'를 개원하였다. 천태종 총무원장 정산 스님과 주지 무원 스님은 각각 법어와 개회식사에서 다문화사회를 위한 천태종의 포교 전략에 대해 언급하였다.

---

56) 「한국 천주교 사목 지침서」 제134-135조.

명락빌리지 조성을 위해 주지 무원 스님과 신도회 간부를 비롯한 전 신도들이 많은 노력을 기였었다. (중략) 모든 불자들이 동참해 다문화가정을 격려하고 보살피자. (중략) 나아가 소외된 이웃에게 희망을 줄 수 있는 마음을 항상 가져주길 바란다.

명락사는 지난봄부터 외국인 노동자와 이주여성, 새터민 등 다문화가정을 품에 안는 사찰이 되고자 노력을 기울여왔다. (중략) 명락빌리지를 시작으로 다문화 지원을 위한 사업을 더욱더 적극적으로 전개해 나갈 계획이다. (중략) 우리 사회가 진정으로 성숙한 다문화사회로 나아갈 수 있도록 함께 노력할 것을 당부한다.[57]

명락빌리지는 국내 첫 다문화 결손가정의 자립·재활을 위한 공동생활 시설로, 결혼이주여성들이 자립할 수 있도록 법적인 문제와 보육 문제에 관심을 기울이는 한편 직업 알선 및 직업교육 등 다양한 지원 활동을 펼치고 있다. 현재 이곳에는 중국·몽골·베트남 등 8세대 14명을 가족이 거주하고 있다고 한다. 명락사는 시설 조성을 위해 다문화 기원 만등불사를 펼쳐 모금한 불사금으로 총 14개의 방을 만들었다고 한다.

서울 관악구 청룡동 명락사는 '다문화가족과 함께하는 한글 배우기 묘법연화경 사경대회'를 개최하여, 다문화가족 70여 명을 초청, 한글로 번역된 묘법연화경 사경책 5권을 나누어 준 뒤, 향후 한 달간 경전을 손으로 직접 쓰는 형식의 이벤트를 마련했다. 명락사 주지 무원 스님은 경전을 사경하면서 부처님의 말씀을 스스로 체득하는 것은 물론 한글을 익힐 수 있어, 불교 국가 출신이 대부분인 한국의 다문화인들에게 좋은 기회가 될 것이라고 했는데,[58] 이는 그 행사가 단순한 이벤트이기보다 간접적 포교 전략으로 기획되었음을 보여준다.

---

57) 천태종(www.cheontae.org), 2010.6.10. 검색.
58) 불교포커스(www.bulgyofocus.net), 2010.6.10. 검색.

'108 산사 순례단'으로 널리 알려진 혜자 스님은 국내에 거주하는 여성 이민자의 어려움에 대해 "언어 소통이 안 되고 문화가 다르고 주위에 의논할 만한 사람은 없고 그저 일만 하니 얼마나 답답하고 외롭겠는가."라며, "우리나라의 미래를 짊어질 2세를 낳거나, 낳을 어머니들이니 사랑의 자비심으로 이들을 포용해야 하고, 이민 여성을 보살펴 한국 생활에 잘 적응하도록 도와야 한다."라고 말한다. 혜자 스님은 2010년 8월 만해대상의 올해 포교 부문 상을 받았다.

국제결혼을 종교적으로 활용한 최초의 집단은 통일교이다. 한국 남성과 외국인 여성 간의 결혼은 통일교가 필리핀 여성과 농촌 지역 한국 남성 간의 국제결혼을 종교적 행사로 추진하면서 본격적으로 가시화되었다. 통일교는 진정한 가정을 이루는 것이 중요한 종교적 실천이라고 강조하면서 신자 간의 결혼을 적극 권장했다. 특히 한국과 일본의 평화 구축을 위해 일본과 한국 신자 간의 결혼을 적극 추진했다. 통일교는 대규모 결혼 행사를 공개적으로 실시하여, 1988년에 6,500명의 한국 남성이 일본인 여성과 합동으로 결혼식을 올렸다.

통일교는 일본 여성뿐만 아니라 필리핀 신도, 일반인에게도 결혼을 권장하면서 한국 사회에서 국제결혼을 대중화시키는 데 중요한 전기를 마련했다. 필리핀의 통일부 지부는 1992년부터 2005년까지 열 차례의 합동결혼식을 통해 4,924명의 필리핀 여성이 한국인과 결혼한 것으로 집계했다.[59]

2010년 2월 17일 7,000쌍이 참여한 통일교 국제합동축복결혼식이 경기 일산 킨텍스에서 하객 등 2만여 명이 참석한 가운데 개최

---

59) 한건수·설동훈, 『결혼중개업체 실태 및 관리방안 연구』, 보건복지부, 2006, 106쪽.

Ⅲ 한국 다문화사회에 대한 종교계의 대응

됐다. 통일교 문선명 총재의 주례로 열린 이 날 국제합동축복결혼식은 한국, 미국, 일본 등 유럽, 아시아, 아프리카, 오세아니아, 북남미 20여 개국에서 온 신랑·신부가 참여했다. 지난해 10월 14일 선문대에서 열린 축복결혼식에 이어 4개월 만에 열린 이번 축복식은 문선명 총재 탄생 90주년 및 성혼 50주년을 기념해 개최됐다. 현장에 참석하지 못한 194개국 43,000쌍은 인터넷 생중계를 통해 축복식에 동참했다.[60]

석준호 통일교 한국회장의 사회로 열린 이 날 축복결혼식은 문형진 통일교 세계회장의 해방실천문 봉독 및 예식사, 각 종교 대표의 축원에 이어 성수의식, 성혼문답, 축도, 예물교환, 성혼 선포, 축가, 신랑·신부 인사 등 순으로 진행됐다. 문형진 세계회장은 예식사를 통해 "하나님께서는 부처, 공자, 무함마드, 예수를 보내어 세상을 구원하도록 했는데, 우리의 예수께서는 십자가에 매달려 일찍 돌아가시어 참가정의 이상을 보여주지 못했다."라면서 "신앙의 조국에 오신 신랑·신부들은 참사랑을 중심으로 하나님 아래 한 형제를 이루는 귀한 축복가정이 돼 달라"고 당부했다.

1961년 36쌍 합동결혼식을 시작으로 한일 가정 15,000여 쌍, 한·필리핀 가정 5,000여 쌍 등 국경과 인종을 초월한 평화 세계 구현에 힘써온 문 총재는 주례사를 통해 "통일교회를 중심으로 이뤄지는 합동결혼식은 통일교회에만 한정되는 행사가 아니라 인류가 거쳐 가야 할 노정"이라면서 "인류의 시조가 사랑 문제를 중심으로 타락했기 때문에 우리는 남녀가 하나 되어 아담·해와가 타락한 문제를 극복해가야 한다."라고 말했다.

---

60) 『세계일보』, 2010.2.17.

ⓞⓞⓞⓞⓞ

한국 다문화사회와 종교

이날 특별히 축사를 맡은 해밀턴 그린 가이아나 전 총리는 가이아나에서도 문 총재님의 가르침에 따라 참사랑 운동을 펼치고 있다는 메시지로 장내 곳곳에서 환호와 박수를 이끌어내며 분위기를 돋우었다. 그는 국제축복결혼식은 이곳에 온 여러분뿐만 아니라 국제사회의 관심을 끌고 있다면서, 결혼의 신성한 가치와 선을 회복시키는 문 총재의 가르침은 이 시대의 가장 큰 비극인 가정 붕괴 문제를 해결하는 열쇠이기에 축복식이야말로 세계사적인 축복이라고 축하했다.

통일교에서 거행되는 축복의식은 단순한 결혼식 이상의 의미를 담고 있다. 『원리강론』에 따르면 처음 해와가 타락할 때 사탄을 중심으로 영적인 타락을 하였기 때문에, 그것을 복귀시키기 위해서는 완전히 복귀된 아담을 맞이하여 영적으로 하나가 되는 의식을 거쳐야 한다. 그래서 여자는 완전히 복귀된 아담과 하나가 되어서 하나님에게로 돌아간 여자가 되어 실체로서 자신의 상대인 남자를 복귀하는 것이 바로 결혼식이라고 하며, 이것을 축복식이라고 한다. 요컨대, 축복의식은 타락한 인간을 영과 육이 더불어서 탕감할 수 있게 하는 의식이다.[61]

축복의식은 약혼식, 성주식, 축복식, 탕감봉 행사, 40일 성별(聖別) 기간과 그 이후의 삼일 행사, 마지막으로 3년 노정으로 구성된다. 이러한 의식들은 완전히 복귀된 아담과 해와에 의해서 다시 태어난다는 조건을 세우는 탕감 의식이며, 인간 조상의 타락을 상징적으로 재현하여 탕감시키는 행사이다.[62] 이 중 축복결혼식의 절차를 살펴보면 아래와 같다.

---

61) 이경화, 「세계평화통일가정연합의 축복의식에 대한 연구」, 『선문대학교 신학대학논문집』, 선문대학교 신학대학, 2000, 8쪽.
62) 통일신학교 말씀연구회, 『통일교회사 연구가이드』, 성화사, 1986, 78쪽.

<표 2> 통일교의 축복의식 절차

개식선언	· · · · · · · · · · · · · · · ·	사회자
국민의례	· · · · · · · · · · · · · · · ·	
기도	· · · · · · · · · · · · · · · ·	
예식사	· · · · · · · · · · · · · · · ·	
축원	· · · · · · · · · · · · · · · ·	세계종단 대표
들러리 입장	· · · · · · · · · · · · · · · ·	24쌍의 부부
주례 입장	· · · · · · · · · · · · · · · ·	참부모님
성수의식	· · · · · · · · · · · · · · · ·	주례
성혼문답	· · · · · · · · · · · · · · · ·	주례와 신랑·신부
축도	· · · · · · · · · · · · · · · ·	주례
예물교환	· · · · · · · · · · · · · · · ·	신랑·신부
성혼선포	· · · · · · · · · · · · · · · ·	주례
축사	· · · · · · · · · · · · · · · ·	
축가	· · · · · · · · · · · · · · · ·	
꽃다발 봉정	· · · · · · · · · · · · · · · ·	신랑·신부
대표	· · · · · · · · · · · · · · · ·	
기념품 봉정	· · · · · · · · · · · · · · · ·	신랑·신부
대표	· · · · · · · · · · · · · · · ·	
신랑·신부 인사	· · · · · · · · · · · · · · · ·	신랑·신부
만세 3창	· · · · · · · · · · · · · · · ·	주례
주례 퇴장	· · · · · · · · · · · · · · · ·	
폐식 선언	· · · · · · · · · · · · · · · ·	사회자

출처 : 이경화, 「세계평화통일가정연합의 축복의식에 대한 연구」, 『선문대학교 신학대학논문집』, 선문대학교 신학대학, 2000, 15-16쪽.

한편, 윤형숙은 필리핀 이주여성이 통일교를 통해서 국제결혼을 하는 과정을 다음과 같이 살폈다.

결혼 전에 여성들은 통일교의 '이상적인 가정'에 대한 세미나에 며칠에 걸쳐서 참석해야 한다. 이후 한국 남성들과 맞선을 보게 된다. 원칙적으로는 마음에 들지 않는 상대를 거부할 수 있지만, 실제로는 목사의 권고를 거슬러서 상대를 거절하기란 쉽지 않다.

맞선이 끝나면 필리핀 현지교회에서 합동결혼식을 치른다. 남편이 먼저 한국에 입국하고 서류 절차를 밟은 후 몇 달 후에 여성이 입국한다. 입국한 후에 바로 결혼생활에 들어가는 것은 아니며, 대략 40일 정도 통일교 센터나 교회에서 생활하고 통일교에서 준비한 한국 사회와 이성적 결혼생활에 관한 교육에 참여해야 한다. 이렇게 일정한 '적응 기간'이 끝나면 남편의 집으로 가서 결혼생활을 시작하게 된다.63)

통일교의 축복의식은 현재 많이 간소화되고 있으며, 일본 여성 중심에서 필리핀과 태국, 베트남 등 동남아시아 여성으로 점차 늘어나고 있다.

원불교 남원교당에서 운영하는 '남원시 다문화가족지원센터'의 경우도 한국어 교육 및 상담, 문화 체험, 예절교육, 취업 지원 활동 등을 펼치고 있다. 또 법성교당의 경우 다문화 쉼터를 운영하며 요리 교실, 노래 교실, 집단상담, 남편 자조집단상담, 지역아동센터 직원들의 봉사활동 등의 서비스를 제공하고 있다. 재가 단체로는 원불교여성회가 결혼이민자 여성과 여성회원들의 결연사업인 '친정엄마 및 이모되기' 운동을 전개하고 있으며, 그 산하 단체인 한울안운동에서 '한글날 기념 전국 결혼이민자 여성 우리말 대회'를 개최하고 있다. 원불교 서울외국인센터의 경우 한국어 교실과 상담 등의 프로그램은 다른 종단 및 교당의 프로그램과 유사하지만 '다문화 알리미 활동'과 '연대 활동'이 있다는 점이 눈에 띈다. 이에 대해 최서연 교무는 다문화가족이 주체가 된 다문화 활동이 되도록 해야 한다며, 외국인 이주노동자와 그 가족도 소중한 인연임을 정부와 사회에 제기해 다문화에 대한 국민적 의식 변화를 유도해야

---

63) 윤형숙, 「국제결혼 배우자의 갈등과 적응」, 『한국의 소수자, 실태와 전망』(최협 외 엮음), 한울아카데미, 2004, 327쪽.

ⅠⅠⅠ 한국 다문화사회에 대한 종교계의 대응

한다고 설명했다.

그는 또 "모든 이주민 이웃과 다문화가족은 나눠서 봐야 하는 특별한 대상이 아니다."라며 "우리와 같은 인권을 가진 우리의 정다운 이웃이며 친구이자 가족이라는 점"을 강조하면서 "이러한 관점에서 다문화가족을 별도로 지원하는 것보다 국민에게 적용하는 사회복지 제도에 편입시켜 평등한 권리가 보장되도록 해야 한다."라는 점도 분명히 했다. 결국 다문화가정 및 그 구성원에 대한 동정의 시선과 일방적인 지원보다는 그들을 당당한 우리 사회의 구성원으로 인정하고 평등권적 차원에서 복지제도를 적용해야 한다는 것이다.

최 교무가 전하길, "이주민들 역시 '특별한 대접을 원하는 것이 아니라 부족하면 부족한 대로 우리 국민이 누리는 권리를 동등하게 누리고 싶다'고 말한다." 더불어 다문화가정 지원과 관련한 종교의 역할도 주문했다. 그가 종교에 대해 주문한 첫 번째 역할은 바로 '기도와 불공'이다. 모든 종교 활동의 근간이 되는 기도와 불공을 통해 다문화가정의 구성원들을 섬기자는 것이다. 최 교무는 이와 동시에 "국내의 차별 문제 해결에도 앞장서야 하는데 가부장적인 인식과 성 인종차별적인 사회 분위기를 바꾸기 위해 종단 내 캠페인 및 교도 교육 등이 선행되어야 한다."라고 지적했다. 내부의 변화 없이는 외부의 변화를 이끌어낼 수 없다는 뜻이다.

이 밖에도 정부 정책과 지원 활동이 결혼이민자들의 종교 및 문화적 정체성을 존중하도록 안내하고 감시해야 한다는 제안도 덧붙여졌다. 그는 이러한 종교의 역할의 근거를 교리적 측면에서 제시했다. 최 교무는 원불교에는 '처처불상 사사불공'이라는 신앙 표어가 있는데 이는 모든 만물을 부처와 같이 모시고 모든 일에 불공을 드리라는 뜻이라며, 우리 주위에 있는 이주여성과 그 가족 하나하나가 모두 부처이며 이들을 대할 때 불공하는 마음으로 대해야 한다고 주장했다. 또 강자 약자 진화상 요법에 밝혀져 있듯 우리가 강의 자리에 있을 때 약자를 강자의 길로 이끄는 것이 진정한 강자의 길이요 영원한 강자의 길이 될 것이라고 한다.

이상으로 살펴본 바와 같이, 다문화사회에 대한 한국교회의 대응 양상은 의도적인 변동 형태로 실현되고 있다. 바꿔 말해, 선교 전략의 변화를 통해서 신자들로 하여금 보다 가까이에 있는 대상들에게 헌신하게끔 동기를 부여하고 있으며, 조직의 변화를 통해서 신자들이 가진 다양한 재능을 활용하게끔 헌신의 기회를 제공하고 있다. 그뿐만 아니라, 예배와 같은 의례의 변화를 통해서 한국 신자들에겐 보다 다양한 민족과 국가에 미리 헌신하게끔 도와주면서도, 이주민 신자들을 본국으로 파송될 예비 선교사로 양성하는 계기를 만들고 있다는 것이다.

4. 교육

다문화사회에 대응 차원에서 실시하는 교육의 방향은 주로 이주민에 맞추어져 있다. 이들에게 필요한 한국어, 컴퓨터, 노동법 등이 주된 내용이며, 다문화교육이란 프로그램으로 한국의 전통문화와 예절, 다도 등에 대해서도 교육되고 있다. 가톨릭 의정부교구는 이주민을 위해 의정부, 구리, 남양주, 파주, 양주, 동두천 등에서 다양한 이주사목 지원 사업을 펼치고 있다. 엑소더스라고 이름 붙인 경기 동부, 북부, 서부 3곳의 이주민센터에서는 포괄적인 다문화가정

지원 사업과 이주노동 상담 지원 사업을 진행 중이다. 이주센터 엑소더스 경기 동부의 경우, 이주노동자를 위한 지원 사업과 더불어 다문화가정 자녀의 방과 후 프로그램, 한글 교육 등 교육 영역으로도 대응하고 있다.[64]

대치동 동광교회에서는 2007년부터 '담쟁이의 꿈' 음악 콘서트를 개최하여 기금을 마련, 그간 기지촌 여성을 위한 쉼터 '두레방'과 조총련계 재일 한국인 학교 '우리학교'의 설립을 지원했다. 최근 몽골 노동자 자녀를 위한 교육기관인 재한몽골학교에 기숙사를 짓는 기금을 마련하기 위해 콘서트를 열었다. 현재 이 학교에서는 83명의 몽골 아이들이 공부하고 있다. 2005년에 서울시 교육청에 정식 교육기관으로 등록했지만, 정기적 지원을 받지 못했다. 행사를 주관하는 장빈 목사는 "정복주의적 선교 자세가 동시대인들에게 상처를 주고 반감을 샀기에 위기를 맞고 있다."라며, "하나님의 선교 신학에 따라 사회에서 소외된 이웃을 만나는 것이 이번 행사의 취지"라고 밝히고 있다.

수원교구 이주민사목위원회 '엠마우스'는 종교를 떠나 무료 진료소 운영뿐 아니라 한국어 교실, 컴퓨터 교실, 자격증 취득 강좌, 각종 문화 강좌 등 다양한 프로그램을 진행하고 있다. 또한 부부 관계 향상 교육, 이혼 예방 교육, 다문화가정 교육을 통한 상담도 제공하고 있다. 결혼이민자가족지원센터, 다문화가정 아동교육센터, 이주민을 위한 사랑의 국수집 등을 운영하고 있다.

불교에서는 교육 영역에 대한 대응은 비교적 적다. 이러한 가운데 인천시교육청이 국내에서 처음으로 공립 '다문화 대안학교'를

---

64) 『가톨릭 뉴스』, 2010.4.10.

건립하겠다고 밝혔는데, 한국다문화센터가 설립 중단을 촉구하고 나섰다. 한국다문화센터는 19일 성명을 통해 "광주와 인천 등 일부 시교육청이 추진하는 다문화 정규학교는 이주민 가정을 사회적으로 격리시킬 뿐 아니라 학생의 학력 저하 현상 등 많은 문제를 파생시킨다."라며 "공립 다문화 대안학교 추진은 중단되어야 한다."라고 주장했다.

성명에서는 "다문화 대안학교 인근이 이주민 집단 거주지로 변하고 이는 결국 다문화가정과 자녀는 한국 사회로부터 격리시키는 결과를 가져올 수 있다."라고 지적하면서, "인천시가 일반 시민 여론조사와 외국 사례 연구를 하지 않은 것은 국민 여론과 외국사례에서 발생하는 문제들을 외면한 것"이라고 지적했다. 이어 한국다문화센터는 "국고를 280억씩 들여가면서 '학력미달학교' '우범지대'라는 인식을 고착화시키고, 함께 어울려 살아야 할 이주민을 격리시키는 일을 해서는 안 된다."라고 밝혔다.[65]

한국다문화센터는 국내 최초로 다문화가정 자녀로 구성된 '레인보우코리아합창단'이 5일 창단 공연을 열고 본격적인 활동을 펼치고 있다. 사단법인 한국다문화센터(공동대표 보선·김의정)는 창립 1주년을 맞아 5일 오후 3시 서강대학교 메리홀 대극장에서 기념식을 겸한 합창단 창단 공연을 개최한다. 결혼이주민 가정의 자녀들로 구성된 레인보우합창단은 국내 최초의 다문화 어린이 합창단으로, 그간 2009 추석특집 KBS 사랑나눔콘서트 등에서 공연을 선보인 바 있다. 합창단은 이날 창단 공연을 갖고 본격적인 활동을 시작한다. 한국다문화센터는 "내년도에는 전국 다문화어린이합창대회

---

65) 불교포커스(www.bulgyofocus.net/news), 2010.11.19. 검색.

와 다문화가정 자녀 1:1 온라인 멘토링, 다문화가정 생활협동조합 사업 등을 펼칠 예정"이라고 밝혔다.[66]

김천시 다문화가족지원센터는 불교계 지원 단체 중에서 활발한 다문화가정 한국어 교육과 아동 양육 교육을 활발히 진행하고 있다. 현재 21명의 방문교육지도사가 지원 대상 가정 중 한국어 교육 56개 가정, 부모 교육 가정 28개 가정을 찾아 교육을 진행하고 있다. 방문교육 사업은 이주여성과 자녀들을 대상으로 한국어 교육을 진행하며 만 12세 이하의 자녀를 양육하는 결혼이민자를 대상으로 '부모교육서비스'를 진행한다. 그리고 만 3-12세 이하의 다문화가족 자녀를 대상으로 하는 자녀생활서비스도 진행하고 있다.

2000년부터 불교의 이주노동자 및 다문화가정 지원 현황을 정리하면 다음과 같다. 불교에서는 2000년부터 '구미보현의 집(현 마하붓다센터)'의 설립으로 이주노동자 지원 사업을 시작하였다. 이후 이주민 지원 사업은 크게 네 차원에서 형성되고 있다. 첫째, 조계종 총무원 사회부에서는 이주노동자 상담실 쉼터 개·보수비 지원, 이주민 문화 체험 프로그램 지원, 이주민 공동체 외국인 스님 활동비 지원 등을 하고 있다. 둘째, 대한불교조계종 사회복지재단에서는 다문화가족지원센터 위탁 운영, 산하 시설 복지관 내 다문화가정 프로그램 지원 등을 하고 있다. 셋째, 마하이주민지원단체협의회에서는 25개 불교계 운영 이주민지원단체의 연합을 도모하고 있다. 넷째, 개별 사찰 및 개인은 이주노동자 템플스테이, 다문화가족 템플스테이 등을 하고 있다.

2009년 8월 기준 불교계가 운영하는 다문화가족지원센터는 4개

---

66) 불교포커스(www.bulgyofocus.net/news), 2009.12.3. 검색.

소이며, 각각 서울 영등포다문화가족지원센터, 경북 김천시 다문화
가족지원센터, 대구 남구다문화가족지원센터, 강원 원주다문화가족
지원센터이다. 가장 활발하게 운영되고 있는 김천시 다문화가족지
원센터 진오 스님의 이주민 지원 사업을 살펴보면 다음과 같다.

<표 3> 불교의 이주민 지원 사업 프로그램: 진오 스님의 활동

시설명	지역	특징	운영주체	설립	사업 내용
금오종합사회복지관	구미	종합사회복지관	조계종사회복지재단	1999. 2.1.	-한국어교실, 요리교실, 문화답사 -다문화가정 대학생 Mento사업 -구미다문화공동체방송
마하붓다센터	경북지역대상	이주노동자	비영리민간단체 꿈을이루는사람들	2000. 4.1.	-이주노동자 상담, 24시간쉼터 제공 -이주여성노동자 임신, 출산 지원 -연등축제, 체육대회, 송년행사 등
김천시다문화가족지원센터	김천, 성주, 칠곡	다문화가족 900세대	조계종사회복지재단	2008. 2.15.	-김천, 성주, 칠곡: 300, 200, 120세대 -한국어 및 문화, 요리, 컴퓨터 교실
김천시다문화가족지원센터	김천, 성주, 칠곡	다문화가족 900세대	조계종사회복지재단	2008. 2.15.	-찾아가는 서비스(한글지도사, 아동양육지도사 파견) -합동결혼식, 3세대 행복여행, 송년 사랑과 감사의 밤 -배우자 모임(다행복회, 회원 25명) -인식개선 캠페인사업 -문화사업: 나빌레라 전통예술단 활동 -아이돌보미 사업
죽향쉼터	전국대상	가정폭력피해외국인보호시설 (20명)	사단법인꿈을이루는사람들	2008. 8.18.	-가정폭력 피해 이주여성과 동반아동의 긴급, 단기, 장기 보호와 무료 숙식 제공 -심리치료, 병원, 한의원연계, 법률지원
대나무교실	구미	다문화아동복지시설	사단법인꿈을이루는사람들	2008. 11.9.	-다문화 아동과 학대 아동, 저소득 아동 -인성교육, 예절, 문화체험, 학습지도

출처: 『불교사회복지연구』 제7호, 70쪽.

진오 스님은 상구보리 하화중생(上求菩提 下化衆生)을 재해석하
여 다문화사회에서 불교의 실천 방안을 열 가지로 제시한다.67) 첫

---

67) 진오 스님, 「다문화가정을 위한 불교계의 대응과 역할모색」, 『불교사회복지연구』7, 불교사회
복지연구소, 2009, 81-85쪽.

째, 잘 할 수 있는 소임 영역을 찾아라. 단체 성격, 관심도, 열정, 추진력, 개인 성격, 적성, 신심 등에 맞도록, 출가공동체의 존재 의미와 재가불자의 신행 방향을 고려해서 찾으라는 것이다. 둘째, 철학과 사상, 신념을 바탕으로 실행하라. 자비는 '고통을 제거하고 즐거움을 주는 것'이다. '慈(maitr-i)'와 '悲(karuna)'의 실천으로써 이주민 지원 사업을 하라는 것이다.

셋째, 지역사회에 대해서 분석하라. 자기가 속한 지역에 어떤 어려움을 가진 사람들이 있는가 돌아보라. 아동, 청소년, 노인, 장애인, 한부모가족, 조손 세대, 이주노동자, 이주여성, 성적 소수자, 북한이주민 등 사회적 약자를 돌아보라는 것이다. 넷째, 분발심이 자원이다. 현재 이주민, 지역사회 등 사회활동에 대한 불교계의 참여가 부족하다. 준비도 없고, 연구도 없고, 사찰 안에서의 관례화된 모임은 사회 흐름에 둔감하기에, 그들의 입장에서 무엇을 원하는지 찾아 나서라는 것이다.

다섯째, 활동 공간의 확보, 홍보, 네트워크를 구축하라. 공간을 구입하거나 지자체의 협조를 통해 활동 공간을 확보하고, 자원봉사자나 후원회를 조직하여 네트워크를 조직하고, 실무자의 역량을 향상시키라는 것이다. 여섯째, 정보를 찾아라. 이주노동자 자조 모임 공간, 종교실, 컴퓨터실 등을 제공하고, 지자체 사회복지과, 노동복지과, 경찰서 외사계 담당자와 정보를 교류하라는 것이다. 일곱째, 일상생활의 어려움부터 도와주면서 인연을 맺자. 대다수 다문화가족은 언어, 문화의 차이와 경제적 어려움, 사회적 편견 등으로 가족 간 갈등과 사회적 소외를 경험한다. 따라서 이들의 어려움을 나누기 위해 나라별 인사말 배우기, 음식 나눠 먹기, 역사 탐방, 체육

ooooo

대회, 김치 담그기, 된장 담그기, 부부 대화법, 사랑 표현법, 가족 초청 영화 보기 등으로 다가가라는 것이다.

여덟째, 비영리단체 또는 법인을 설립하라. 이 단체를 통해서 사업을 구상하고, 추진위를 만들고, 홍보와 활동을 시작하라는 것이다. 아홉째, 사찰에서 가능한 지원 사업을 구상하라. 예를 들어, 다문화 자녀 장학금 불사, 다문화가정 자비의 쌀, 연탄, 난방류 지원 불사, 전통 사찰 음식 초대전, 초파일 한국노래자랑대회, 불자 결혼상담실 운영, 의료, 법률, 상담, 연대 활동 지원 등을 사찰의 규모에 맞게 시도하라는 것이다. 열째, 국내 거주 외국인 승려를 활용하라. 이주노동자의 종교 활동(불교권, 이슬람권)을 지원하고, 외국인 승려에 대한 정서적 호감과 기대감을 갖게 하여 참신한 활동을 하라는 것이다.

원불교에서 설립한 한울안운동 단체는 3년째 '다문화가정 우리말 대회'를 진행하고 있다. 이 행사는 ① 3분간 한국어로 자기소개하기 ② 다문화가족과 함께 한국 전래동요 부르기 ③ 전래동화 구연하기로 나누어져 있다. 한국 전래동요를 부르게 하는 것은 한국인과 정서적으로 동질감을 느끼게 하기 위해서라고 한다.

다문화 청소년은 두 가지 이상의 문화권에 걸쳐 성장하고 생활한다. 다른 나라에서 살다가 현재 사는 곳으로 이주한 경우, 이주민 부모 사이에서 태어난 경우, 국제결혼 등으로 서로 다른 문화권의 부모 사이에 태어난 것 등이 이에 속한다. 이러한 다문화 청소년의 증가로 인해 유독 부각되고 있는 것은 교육 문제이다. 그중 다문화 청소년 유아교육의 중요성이 더욱 강조되고 있다. 그 이유는 유아들조차도 타인을 탐색하는 과정을 통해 인종, 민족성, 사회적 계층에 대한 편견이나 고정관념을 접하게 되기 때문이다. 이는 유아들

117

의 자아 정체감 형성에 큰 영향을 미친다. 유아기에 습득한 편견이나 고정관념은 변하기 어렵다. 그러므로 정확한 지식을 줄 수 있는 다문화교육의 실시는 필수적이다.

　유아들은 다문화교육 활동을 통해서 타인과 서로 돕고, 협력하고, 타협하는 방법을 배운다. 이와 같은 과정이 유아의 조망수용능력에 긍정적인 영향을 미친다. 대부분 중요한 문화적 이해는 유아기에 일어나므로 다문화교육 프로그램은 편견이나 고정관념이 생기지 않도록 해야 한다. 유아기에 학교와 가정에서 의도적인 다문화교육이 필요하다. 다문화교육은 유아로 하여금 다양한 문화를 경험하게 한다. 나만이 아닌 다른 사람의 생각이나 문화를 이해하게 도움으로써 세상에 대해 보다 객관적이고 폭넓은 시각을 형성할 수 있다. 다문화교육 프로그램은 주류문화에서 소외된 소수민족이나 일부의 문화실조 아동들에게만 효과가 있는 것이 아니라 주류 집단 유아에게도 효과가 있음을 알 수 있다.

　김계순 솜리원광어린이집 원장은 "보건복지부 2009년 자료에 의하면 6세 이하의 다문화가정 미취학아동의 숫자는 61,700여 명으로 다문화 청소년 전체의 약 60%에 달한다."라며, "이 시기의 다문화 아동교육이 앞으로 다문화사회의 청사진을 제시할 수밖에 없다는 사실을 방증해준다."라고 다문화 아동교육의 중요성을 이야기했다. 우리나라는 단일민족이라는 강한 자부심으로 다른 나라나 민족에 대하여 매우 편견적인 태도와 사고를 해 온 것이 사실이다. 그만큼 다른 문화를 접하고 이해하고 수용해야 할 기회와 필요가 적었다. 그럴수록 다문화적 교육의 접근이 필요하다. 다문화 아동교육은 선택이 아닌 필연적 과제이다.[68]

원불교에서는 다문화특성화중학교 설립을 추진 중이다. 2010년 법무부에 등록된 외국인 중 7-18세 취학 연령에 속하는 학생은 약 17,000명이라고 한다. 이들 중 약 8천 명은 학교에 다니지 못하는 실정이며, 미등록 외국인의 자녀를 포함한다면 취학 연령대의 학생들은 더 많을 것이다. 하지만 다문화 학교의 개교에서 가장 큰 문제는 정원의 확보인데, 지역적 한계와 일반 대안학교와 달리 다문화 학교가 갖는 메리트를 어떻게 극복할지가 관건일 것이다.

---

68) 원불교뉴스(www.wonnews.co.kr), 2011.5.6. 검색.

IV

한국 종교계의 대응과
다문화 종교교육의 관점

제1장

종교계의 이주민 인식 유형

1. 포용적·다원적 인식

　　　　　　포용적·다원적 인식은 이주민을 보편
적 인간, 보살핌의 대상으로 인식하여, 인권·복지·공동체, 축제와
이벤트 영역에서 접근하는 방식을 말한다. 이러한 태도는 한국 종
교 모두에서 나타나고 있음을 앞서 확인했다. 한국 종교에서 포용
적 태도는 이주민이 가진 종교에서 또 다른 보편성을 찾고, 이 보
편성을 토대로 자신들의 종교적 신앙으로 그들을 재해석하는 입장
이다. 요컨대, 이 입장에서는 본질적인 내용보다 실존적이거나 형
식적인 성격을 지닌 보편주의적인 태도를 취한다. 하지만 이러한
태도도 궁극적으로 자신들만이 다문화사회에서 모든 것을 포용할
수 있다는 우월의식과 관용을 베풀어 줄 수 있다고 하는 이데올로
기적 측면을 숨기고 있다. 다문화사회에서 이러한 태도는 사회적
소수자를 시혜적 대상으로 파악하여 주체적으로 행동할 수 없게 만
드는 부작용을 낳는다.

　이러한 태도는 모든 종교에서 나타나지만, 앞서 다문화사회에서

의 불교의 쟁점에서 살폈듯이 불교에서 쟁점화될 수 있다. 불교에서는 사회적 소수자에 대한 인식을 '인연' 개념과 '자비' 개념에 근거하고 있기 때문이다. 따라서 불교에서는 인식적 기반을 하나로 정해 전략적으로 강조하는 것이 필요하다. 두 가지 개념으로 접근하다 보면, 사회적으로 좋은 일을 하면서도 관용의 이데올로기에 도사린 역설에 빠질 수도 있기 때문이다.

개신교에서는 다른 종교에 비해 상대적으로 다문화사회에 일찍 대응하였으며, 초창기에는 이러한 태도로서 이주민을 지원하였다. 상대적으로 늦게 다문화사회에 대응했던 신종교 또한 이러한 태도를 보이면서 다양한 이벤트를 기획하여 축제를 개최하고 있다.

다원적 태도는 소수자를 보편적 인간으로 인식하여, 인권이나 복지, 공동체의 영역으로 대응하는 방식이다. 이러한 태도도 포용적인 태도와 비슷하게 한국 종교 모두에서 찾아볼 수 있었다. 한국 종교들은 인권과 복지, 공동체와 같은 사회적 소수자의 가장 기본적인 문제에 대응하면서, 그들과 자연스럽게 라포(rapport)를 형성할 수 있었다. 하지만 이러한 태도라고 하더라도 전략적 선교 또는 교화의 방식으로 나타날 수도 있다. 본래 다원적 태도는 사회적 소수자를 보편적, 동등한 인간으로 인식하여 다문화사회를 형성하는 주체로서 대등하게 대우하는 방식이다. 하지만 이에 걸맞은 대우를 받게 하기 위해서 제반 조치를 취하는 태도까지도 다원적 태도로 분류할 수 있다.

신종교의 다문화사회에 대한 쟁점으로 볼 때 신종교가 다원적 태도에 보다 적극적이다. 원불교의 삼동윤리 개념과 통일교의 참가정의 개념을 통해서 이러한 태도는 구체화되고 있다. 이러한 태도는 다문화사회에서 급진적 다문화주의로 번역될 수 있기에, 한국 종교가 다원적 태도를 취할 때 참고하여 대응할 수 있겠다.

그러나 다원적 태도는 자신의 정체성이 희석되어 없어질 수도 있다는 위협감으로 느껴질 수도 있다. 개신교와 같은 배타적 정체성을 지닌 종교는 다원적 태도를 부정적 또는 위험한 태도로 보고 있다. 그런데 종교적 정체성이란 과연 무엇인가에 대한 물음이 대두된다.

종교에서 해석적인 주제들은 분명하게 증명되는 경우가 드물다. 그 자체가 이미 하나의 해석적인 상징이다. 우리가 만일 사실의 영역으로부터 시작하여 의미의 영역으로 옮겨 간다면, 주제가 되는 것은 증명 가능성의 문제가 아니라 관점의 문제이다. 이는 대상의 존재를 입증하는 일에 대한 질문이 아니라, 그것이 무엇을 의미하는지를 확인하는 일에 대한 질문인 것이다. 종교 해석에서의 충돌은 각각 이질적인 사실들의 결과라기보다는 각각 이질적인 관점들의 결과이다.[1]

종교는 우리의 서술과는 관계없이 접근할 수 있는 대상이 아니라, 이미 우리의 정의에 의해 형성된 대상이다. 종교에 대한 해석 가운데 어떤 해석이 올바르냐 하는 질문은 자신의 해석적인 틀이 은연중에 담고 있는 권위에 의지하지 않고서는 대답할 수 없다. 다른 사람의 관점을 거부하는 일은 흔히 자신의 것만 보호하거나, 자신의 것만을 주장할 필요성 때문에 나타난다. 나 자신의 진리가 다른 사람의 진리 속에서 인정되지 않는 것으로 보일 때, 우리는 다른 사람

---

1) 윌리엄 페이든, 『종교를 읽는 여러 가지 방법: 성스러움의 해석』(이민용 옮김), 청년사, 2005, 221쪽.

○○○○○

의 관점을 거부한다. 한 장님은 코끼리가 나무와 같다고 믿고, 또 다른 장님은 코끼리가 벽과 같다고 믿는 경우, 그들이 논쟁을 벌이는 이유는 대안적인 설명을 이해하고 그것들을 거절하기 때문이 아니라, 각각이 지닌 자신의 믿음을 변호하기 위해서이다. 장님들은 상대방의 다른 경험에 대해 아는 것이 아무것도 없다. 이 장님들은 상대방이 코끼리에 대해 어떻게 말하고 있는지에 관해서나 상대방이 왜 그렇게 주장하는지에 관해서는 전혀 생각하지 않는다.[2]

종교는 특정한 최종적 형태를 지니고서 명백하게 합의된 대상이 아니다. 종교는 우리가 세계의 퍼즐 조각들을 그냥 꿰맞추기만 하면 모두 똑같이 보게 되는 그런 하나의 형태가 아니다. 우리는 모든 조각을 맞추기 위한 안내서로서 상자에 그려진 완성된 퍼즐 그림을 갖고 있지 않다.[3]

2. 배타적 인식

소수자를 적대적인 대상으로 인식하여, 적극 개종시키는 방식을 취하는 배타적 태도는 개신교에서 주로 찾아볼 수 있다. 이러한 태도는 타자에 대한 편협함과 경멸, 교만의 독단적 요소를 담고 있다. 왜냐하면, 기독교는 "우리가 진리의 편에 속해 있다."라고 주장하기 때문이다. 이러한 대응 방식이 극단적으로 표면화된 현상이 '이슬람포비아'로 나타났으며, 개신교에서는 선교적 전략과 교회 내의 신자들을 결집시키는 효과를 거두고 있기도 하다. 이러한 태도는

---

2) 위의 책, 222-223쪽.
3) 위의 책, 230쪽.

서구의 제국주의적 선교 방식을 한국식 오리엔탈리즘으로 재구성하고 있다는 비판을 받기도 한다. 이진구는 한국개신교의 이슬람포비아 현상을 "한국 선교계의 위기의식과 밀접한 관계" 속에서 파악하여, "한국 선교계의 일부 세력이 상실된 '선교의 동력'을 회복하기 위한 방안의 하나"4)로 보았다. 천주교에서도 이주민에게 취했던 포용적 자세와 달리, 또 다른 사회적 소수자인 성적 소수자와 양심적 병역거부자에 대한 태도는 배타적인 방식을 취하고 있다.

이러한 배타적 태도는 다문화사회에서 동화주의 방식과 비슷하게 나타날 수 있다. 이주민의 문화와 종교를 있는 그대로 인정하지 않은 채, 이주민을 지원하는 종교 단체의 입장을 강요하여 최종적으로 개종시키려는 입장은, 상대로 하여금 지원 단체에 대한 불신과 또 다른 혐오로 주체 간 배타적 태도의 악순환이 반복될 수 있다. 따라서 다문화사회에서 이러한 태도는 지양하는 방향으로 나가야 한다.

---

4) 이진구, 「다문화 시대 한국 개신교의 이슬람 인식: 이슬람포비아를 중심으로」, 『다문화사회의 종교를 묻는다』, 한국종교문화연구소·한중연 종교문화연구소 공동 주관 심포지엄, 2010, 100-101쪽.

ＯＯＯＯＯ

IV 한국 종교계의 대응과 다문화 종교교육의 관점

종교계의 대응 유형

1. 개별적 대응

다문화사회에 대한 개별적 차원의 대응은 성직자 개인이나 이주민지원센터와 같은 개별 기관으로 대응하는 경우로 나타난다. 대응 방식의 세부 항목으로는 인권·복지·공동체, 선교·의례, 축제·이벤트, 교육 등의 영역으로 살펴볼 수 있다.

첫째, 인권·복지·공동체의 영역에서 대응하는 방식이다. 개별 종교 단체에서는 상담 활동 등을 통해서 이주민에 대한 정체성을 함양시키고 있으며, 인권 침해 예방을 위한 활동을 전개하고 있다. 무료 의료 활동이나 쉼터 등을 운영함으로써 인권이나 복지 등의 영역에서 대응하고 있다. 다문화가족지원센터의 운영 프로그램에서는 인권과 노동 관련의 상담, 공동체 구성 및 지원, 의료보험증 발급 등으로 나타나고 있다.

둘째, 선교·의례의 영역에서 대응하는 방식이다. 종교 단체가 운영하는 다문화가족지원센터는 이주민을 인권·복지·공동체와 같은 보편적 인간으로 인식하는 한편, 동화적 대상으로도 인식하기에, 선교적 노력을 병행하고 있다. 예를 들어, 경남이주노동자상담소의 경우, 교육과 상담, 의료, 복지, 문화 사업을 하는 동시에 '선한사마리아인교회'의 운영을 통해서 선교와 예배 활동을 펼치고 있다.

셋째, 축제·이벤트의 영역에서 대응하는 방식이다. 이 영역은 '행사'적인 특성으로 인해서 일회적으로 시행되거나 정기적인 주기가 길다. 한국문화 체험이나 문화재 관람, 역사 탐방과 같은 문화 행사나, 김장김치 담그기, 체육대회, 나라별 축제 등과 같은 일회성 사업이 주된 내용이다.

넷째, 교육의 영역에서 대응하는 방식이다. 개별적 대응에서 다문화교육은 한글 교육, 한국 문화, 문화 이해, 정체성, 인권 등의 내용으로 구성되고 있다. 프로그램의 기획 및 운영의 주체는 개별 종교 단체로서 이주민들의 편안한 한국 생활을 위해 다문화교육 관련 활동을 하는 시민단체이며, 독립적이지만 프로그램의 특성에 따라 외부 운영자 및 유관 기관들과 함께 운영되기도 한다. 프로그램의 형식에서 참여 대상은 이주민과 기존 거주민이며, 프로그램이 시행되는 횟수 또는 기간은 프로그램에 따라 다르다. 매주 정해진 요일에 시행되는 프로그램은 연중 지속해서 나타나기도 한다. 프로그램의 내용은 가장 기본적인 한국어 교육과 직업교육, 컴퓨터 교육, 이·미용이나 제과·제빵 등의 전문 교육이 시행되고 있으며, 여러 문화 행사를 통해서 다양성을 나누고 있다. 하지만 이러한 문화 프로그램은 '행사'적인 특성으로 인해 일회적으로 끝나는 경우가 많고, 주기도 1년 단위이기에 연계성이 부족한 편이다.

2. 집단적 대응

다문화사회에 대한 종교계의 집단적인 대응은 개별 교회 또는 사찰 단위 이상인 교단이나 종단, 그리고 연합회 형태로 나타나는 대응 방식이다. 이에 대한 대응 방식은 조직과 관련해서 살필 수 있으며, 조직의 체계와 특징을 통해서 집단적 대응을 살피고자 한다.

첫째, 개신교는 개교회적 성격이 강해서 다문화사회에 대응하는 조직을 따로 교단이나 종단 차원에서 설치하고 있지 않으며, 선교의 차원에서 다문화 선교에 대응하는 것으로 나타난다. 대표적으로 '이주민선교를 위한 한국교회 네트워크'가 있다. 이선한네트워크는 2008년 10월 6명의 활동가가 준비 모임 형태로 출발하여 2011년 현재 서울시 광진구에 사무실을 두고 있으며, 20여 명이 이주자예배학교, 이주자선교학교, 이주자선교엑스포대회, 이주자선교실무연합수련회 등을 진행하고 있다. 이선한네트워크는 국내 이주자 선교단체의 자발적인 연합 모임으로 시작되어 현재 236개의 이주민 선교 단체가 참여하고 있다.[5] 이 연합 모임에 가입한 단체들은 개교회에 소속된 단체도 있으며, 독립된 선교 단체도 있다. 주목되는 것은 대형 교회에 소속된 선교 단체가 모두 가입된 것은 아니며, 대형 교회들은 자체적인 조직을 통해 선교 역량을 과시하는 형태로 나타나기도 한다는 것이다.

교단 차원에서 이주민 선교에 대해 적극적인 교단은 성결교단으로 파악된다.

---

5) 2011년 5월 현재 이선한네트워크에 서울특별시와 광역시에서 104곳, 경기도와 강원도에서 79곳, 충청도에서 14곳, 경상도에서 28곳, 전라도와 제주도에서 11곳의 이주민 선교 단체가 회원으로 가입하고 있다.

ㅇㅇㅇㅇㅇ

한국 다문화사회와 종교

둘째, 불교의 이주민에 대한 종단 차원(조계종)의 대응은 주로 사회복지 영역에서 나타나고 있다. 최근 불교계에서는 조계종을 중심으로 한 사회복지재단과 한국다문화센터를 통해서 정책의 방향이 설정되는 분위기가 형성되고 있다. 한국다문화센터는 2008년 12월에 창립되어 다문화사회에 대한 불교계의 조직적 대응을 응집하는 기관으로 자리매김하고 있다. 이 단체의 사업 내용은 다문화가정 자녀 멘토링, 다문화자녀 대안교육, 다문화 어린이합창단(레인보우), 다문화 포럼, 다문화 방송 제작, 다문화 축제 등이다. 이 단체에서는 이주민 중에서 다문화가정에 초점을 맞추고 있는 경향이 강하게 나타나고 있다.

조계종의 사회복지재단은 복지 분야에서 이주민에 대응하고 있다.

셋째, 천주교는 '이주사목위원회'라는 기구를 통해 대응하고 있다. 그러나 교구 차원에서 마련된 이주사목위원회는 이주사목에 대한 방향을 제시하고 있지만, 실제 현장에서의 대응은 특정 성당을 중심으로 나타난다. 서울대교구의 혜화동 성당은 필리핀 이주노동자를 위한 이주사목으로 잘 알려져 있다.

제3장

다문화사회의 쟁점과 다문화 종교교육의 관점

|

1. 다문화사회의 쟁점

지금까지 한국 종교가 다문화사회에 대
응하는 것을 이주민에 대한 인식과 그에 따른 대응 양상으로 살펴보
았다. 각 종교에서 발견되는 쟁점들은 이주민에 대한 인식에서 비
롯되고 있다. 보편적 인간으로서 인식하여 생기는 자기 정체성의 위
태로움, 적대적 대상으로서 인식하여 발생하는 제국주의적 폭력성,
보살핌의 대상으로서 인식하여 생겨나는 은폐된 동화 전략 등을 통
해서 한국 종교는 이주민과의 관계 속에서 권리와 정체성이라는 양
태의 쟁점들을 만들어내고 있었다.

다문화사회에서 한국 종교가 이주민을 인식할 때의 인식 유형에
는 그들도 종교인일 수 있다는 사실과 자연인으로서 똑같은 인간이
라는 사실이 이분법적으로 구분되어 사용되고 있다. 그렇기에 종교
인으로 인식할 경우 동화적 또는 적대적 인식이 표출되며, 자연인으
로 인식할 경우 보편적 인간과 보살핌의 대상으로 표출되어 나타난

다. 유엔인권선언 제1조는 인종적, 민족적, 종교적, 성적, 문화적 차이로 인간을 차별해서는 안 된다고 선언하고 있다. 따라서 한국 종교는 이주민에 대한 이분법적 대응을 극복할 수 있는, 극복해야 하는 대안으로서 인식의 전환과 실천적 방법을 강구해야 할 것이다.

앞서 살핀 다문화사회의 쟁점들은 다문화교육을 통해서 그 합의점과 대안이 모색되고 있다. 따라서 다문화사회의 쟁점은 다문화교육과 함께 논해질 수 있겠다. 다문화교육의 개념은 아직도 형성되고 있는 인종, 문화, 언어, 사회 계층, 젠더 및 장애를 포함하는 광의의 개념이다. 이는 다양한 양상으로 전개되었으며,[6] 다양한 의미로 사용되고 있고 국가별로도 상이하게 사용되고 있다.

미국 사회에서는 민주주의의 신념과 가치에 기초를 두고, 상호의 존성이 높은 세계, 문화적으로 다양한 사회 안에서 문화다원주의를 지지하는 교수-학습법[7]으로 다문화교육의 개념이 사용되고 있다. 호주에서는 모든 학생이 문화적으로 다양한 사회에서 성공적으로 참여하도록 하는 데 필요한 지식과 기능·가치를 갖출 수 있도록 학교를 개혁하는 프로그램으로 다문화교육이 실시되고 있다.[8] 일본에서는 다원주의, 다문화주의에 입각하여 하나의 문화를 절대적으로 파악하기보다는 복수의 문화를 상대적으로 파악해 여러 민족이 공존하는 것으로, 소수·다수 민족 집단의 공존을 촉진시키기 위해 교육 내용과 방법, 교육환경을 전반적으로 개선하고자 하는 광범위한 활동이며, 다민족 집단 간의 공존을 위한 장애 극복과 공존조건의 촉진을 아이들에 대한 교육, 그 생육 과정을 통해 실현하는 것[9]

---

6) 구정화 외, 『다문화교육 이해』, 동문사, 2009, 136쪽.

7) Christine I. Bennett, 『다문화교육: 이론과 실제』(김옥순 외 옮김), 학지사, 2009, 23쪽.

8) 최일 외, 『다문화교육의 이론과 실제』, 학지사, 2009, 46-47쪽.

으로 주로 '다문화공생교육'이란 용어로 사용되고 있다.

우리나라에서는 교육과학기술부에서 다문화교육 정책과 방향을, '다원주의 가치·개성·창의 존중의 인재 육성'이라는 비전 아래 다문화가정 학생의 교육격차 해소 및 사회통합, 일반 학생의 다문화 감수성 및 이해 제고, 다문화가정 학생을 글로벌 인재로 육성하는 것[10]으로 제시하고 있으며, '2007년 개정 교육과정' 준비 과정에서 다문화교육이 국제이해 교육, 인권교육, 통일교육 등과 함께 범교과의 주제로 선정되어 초중등학교 교육과정 총론에 포함됐다. 교육과학기술부는 다문화교육과 관련이 많은 사회, 도덕, 국어 등의 개정 교육과정에 타 문화 이해, 존중, 편견 극복 및 관용과 관련된 교육 목표를 반영할 것을 고시하였다.[11] 고병철은 다문화교육의 교과 반영 조짐이 1997년부터 시작되었다고 보며, 제7차 교육과정의 국민공통기본교육과정에 재량활동, 다시 재량활동에 창의적 재량활동, 다시 창의적 재량활동에 범교과학습이 포함되었기 때문이라고 지적한 바 있다.[12]

현재 다문화교육과 관련한 정책 및 프로그램을 실시하는 중앙 부처는 교육과학기술부, 농림수산식품부, 문화체육관광부, 보건복지부, 법무부, 여성가족부가 대표적이다. 교육과학기술부의 경우 중앙 부처와 시·도 교육청, 단위 학교의 연계 체제가 비교적 원활하다. 또한 다문화교육센터를 지정·설치하여 정책 방향을 연구하고 교재 및 프로그램을 개발·보급하며, 담당 교원 양성·연수 및 정책연구

---

9) 김윤정, 『다문화교육과 공생의 실현: 재일한국인을 통해 본 다문화시대의 교육』, 일조각, 2010, 42쪽.
10) 교육과학기술부, 『2008년도 다문화가정 학생 교육 지원계획』, 2008, 3-6쪽.
11) 박천웅, 앞의 책, 217-219쪽.
12) 고병철, 「국가 교육과정 내의 다문화교육과 '종교'교과교육」, 『종교연구』 61, 2010, 117쪽.

학교를 운영하는 등 다양한 활동들이 비교적 일관된 방향성을 가지고 지속적으로 이루어지고 있다. 하지만 다문화 관련 교육의 지원 대상이 주로 학교에 다니는 학생과 학부모들에 제한되어 있으며, 일반인을 대상으로 다문화 이해 확대와 문화적 편견 극복을 위한 프로그램은 많지 않다. 지금까지 일반인을 대상으로 한 프로그램은 '다문화가정 자녀들과 함께하는 즐거운 여름방학 캠프', '엄마와 함께하는 다문화학교 및 캠프', '더불어 함께하는 체험교실' 정도인데, 대다수가 일회성이거나 단기적인 프로그램들이다.

농림수산식품부에서는 농어촌 지역 국제결혼 가정의 안정적 생활 영위를 위한 지원 및 교육을 주로 진행하고 있다. 농림수산식품부의 정책 및 프로그램은 현실적으로 이주민들의 힘든 부분들을 채워주는 방향에서 계획되고 실시된다는 점에서 의의가 있다.

문화체육관광부에서는 2007년 12월, 문화정책국 산하 다문화정책팀을 신설하고, 다문화가정을 위한 축제와 문화 체험 등을 매년 시행하고 있다. '다문화포럼', '이주민 지역생활문화제', '이주민과 함께하는 다문화축제' 등과 같은 크고 작은 축제를 문화체육관광부에서 지원하고 있다. 축제를 통해 일반인들의 다문화에 대한 이해와 접근성을 높이고 친근감을 높이는 것은 그 자체만으로도 의의가 있지만, 1년에 한 번 정도의 이벤트 형식으로 우리 사회의 다문화 인식 재고라는 궁극적인 목표를 성취할 수 있을지 의문이 든다.

법무부는 일차적으로 한국 사회에서 살아가는 데 필요한 능력을 위한 법적 지원과 국가 단위의 정부 주도적 다문화 지원을 위한 법적 지원 등의 측면에서 다문화정책을 시행하고 있다. 그런데 법적 제도와 정책들은 가장 강력한 정책 수단이기 때문에 제도의 시행에 있어 많은 요인을 심층적으로 고려해야 할 필요가 있겠다.

보건복지부는 다문화 역량 강화를 주요 과제로 설정한 2007년 이후, 다문화가정과 관련한 많은 정책과 프로그램들을 기획하여 추진하고 있다. 특히 다문화가족 생애주기별 맞춤형 서비스와 같은 종합적인 프로그램들을 제시하였다. 하지만 이렇게 넓게 설정한 프로그램들이 단일 부처의 역량으로 시행될 수 있을지 충분한 검토가 필요하겠다.

여성가족부는 2006년 12개 부처와 함께 결혼이민자가족 사회통합 지원 대책을 수립한 이후, 그 주관 부처로서 적극적으로 다문화와 관련한 정책과 프로그램을 추진해왔다. 결혼이주여성을 위한 한국어 교재의 개발과 보급, 찾아가는 서비스, 아동 양육 지원 사업 등을 실시하고, '다문화가족지원센터'를 통해 각 지역 현장에서 다양한 다문화교육을 실시하고 있다. 또한 가정폭력피해 외국인 여성 핫라인을 설치하여, 6개 국어로 24시간 지원하고 있고, 외국인 전용 쉼터를 설치·운영하는 등 다문화사회에 가장 적극적으로 대응하고 있다. 그러나 여성가족부 역시 교육 및 지원 프로그램이 절실한 이주민 및 다문화가정 대상자들의 입장을 더 고려할 필요가 있으며, 타 부서와의 공동 논의를 기반으로 현실적으로 실행 가능한 정책 및 프로그램을 개발할 필요가 있겠다.

모경환은 현재 다문화교육의 과제를 대상의 측면에서 두 가지로 지적한 바 있다. 우선 다문화가정이 급증함에 따라 다문화가정 자녀 교육을 위한 지원 대책을 확대해야 할 측면이 있다. 다음으로 다문화가정 자녀와 함께 살아가는 다수자 자녀들의 시민적 자질 육성을 위한 교육을 체계적으로 실시해야 할 측면이다. 다시 말해, 다문화적 사회의 구성원들이 주체적이고 능동적으로 살아갈 수 있도록 하는 시민교육이 새로운 교육적 과제라는 것이다. 이러한 시민교육 또는 다문화교육은 이주민에게만 필요한 것이 아니라, 주류사회의 시민과 그 자녀들에게 더욱 필요하다. 왜냐하면 다문화적 환경에 대한 대처 방식은 변화하는 환경에 대한 우리 사회 구성원들의 인식과 가치관에 영향을 받기 때문이다.[13]

요컨대, 다문화교육은 사회의 주류 다수자들이 소수문화를 이해하고 포용하는 관용과 공존의 측면을 강조하는 것, 그리고 소수민족 집단이 사회에 적응하고 자신의 정체성을 확립하도록 돕는 것을 포함해야 한다. 이러한 역할을 수행하는 다문화교육은 평등과 정의, 反편견, 상호의존적 세계에 대한 인식 및 차이와 다양성에 대한 긍정적인 태도를 다루어야 한다고 할 수 있겠다.[14] 이러한 다문화교육은 학교 교육에만 국한되지 않는 내국인 및 이주민 대상의 다양한 교육 프로그램 사례들을 함께 고찰해야 한다. 여기서는 다문화교육의 사례를 안산 원곡동의 국경없는마을과 정부의 프로그램으로 살펴보겠다.

국경없는마을의 다문화교육 프로그램을 보면, 다문화교육의 대상에 이주민과 더불어 지역민이 포함되어 있다. 주요 교육 내용은 국제이해교육 교사들을 위한 직무교육 실시, 이주민이 강사로 참여하는 내국인 청소년 대상의 이주노동자의 인권과 그들의 문화교육, 이주민과 지역민이 함께 할 수 있는 각국 음식문화 체험, 자기표현과 놀이, 초등학교에 다문화 인권교육 강사의 파견 등이 있다. 국경

---

13) 모경환, 「다문화교육의 개념과 필요성」, 『다문화교육의 이해』, 양서원, 2010, 43쪽.
14) 위의 책, 43-44쪽.

없는마을은 안산이주민센터의 부속 기관인데, 이 센터는 개신교 예장 통합 측 교단에서 설립한 단체이다. 따라서 종교 기관으로서 정체성도 갖고 있기에, 일요일에는 3층 교회에서 다국어 예배를 드린다. 이 센터에서 종교교육은 신앙교육을 의미하며, 일요일 이외의 시간에는 종교의례가 거의 진행되지 않는다는 점이 특징이다.

국경없는마을은 '국경없는마을 운동'으로 시작하여 2006년 문화체육관광부로부터 법인설립 허가를 받아, 지역사회에서 '국경없는마을 RPG(Role-Playing Game)'와 '판도라의 상자', 그리고 '찾아가는 다문화 체험교실' 등 다양한 다문화교육 프로그램을 운영하고 있다. '국경없는마을 RPG'는 RPG 온라인 게임의 특성인 미션 수행, 아이템 줍기, 맵(map)상의 공간에서 벌어지는 일련의 수행 과정, 여기에서 벌어지는 일들(누군가와 만나는 것, 대화, 상황을 헤쳐나가는 기지, 방법) 등을 활용한 공간 혹은 지역 기반형 체험 프로그램이다. 이 프로그램의 대상은 고등학생이었으며, 미디어와 청소년 지역 운동, 그리고 다문화 체험 등으로 진행되었다.[15]

'판도라의 상자'는 결혼이주여성과 다문화가정을 대상으로 하여, 한국 문화로의 일방적인 동화주의의 입장을 넘어 문화다원주의에 기초한 문화 다양성의 존중, 문화향유권 확대의 방향으로 기획되었다고 한다.[16] 이 프로그램은 다문화교육 프로그램과 이주민이 직접 제작한 판화 등의 결과물 판매, 수익금의 배분 등 이주민의 문화예술적 방법을 통한 자생성의 확보 프로그램으로 운영되고 있다.[17]

'찾아가는 다문화 체험교실'의 강사는 몽고, 스리랑카, 필리핀,

---

15) 박천응, 앞의 책, 523쪽.
16) 위의 책, 523쪽.
17) 위의 책, 524쪽.

중국 출신의 이주민으로 구성되었으며, 대상은 연합고사와 대학수학능력평가를 치른 중3과 고3 수험생이었다. 수업의 내용은 강사가 자신의 나라와 문화, 그리고 역사에 대한 교육과 음식, 의상, 놀이 등의 다양한 체험학습으로 이루어졌다.[18] 그런데 현재 '찾아가는 다문화 체험교실'은 하나의 문화를 집중적으로 소개하는 형식이므로, 다문화교육이라기보다는 '국제이해 교육'의 성격이 더 강하다고 볼 수 있겠다.

한편 정부의 다문화교육은 부처별로 주관 부서의 특성을 살려 프로그램을 운영하고 있다. 대체로 다문화가정을 대상으로 하고 있으며 교육의 내용도 한국어 교육의 비중이 가장 높게 나타나고 있다. 앞서 살핀 바와 같이, 교육과학기술부나 법무부에서는 다문화 인식의 제고를 위해서 인권교육 프로그램을 운영하고 있으며, 여성부와 복지부에서는 다문화가족지원센터와 건강가정지원센터를 거점으로 다문화가정의 결혼이주여성과 자녀를 한국 사회의 일원으로 통합시키기 위한 프로그램을 운영하고 있다.

현재 우리나라의 다문화정책은 직업교육, 법 제도적 지원 등의 실질적 지원의 수준까지 대처하지 못하고 있다. 외국의 사례를 통해 알 수 있듯이, 다문화사회의 문제는 단순한 문화적 차이로 인한 갈등이 아니라, 계층적 갈등의 성격을 띠고 있다.[19] 따라서 우리나라의 다문화교육 정책도 정책의 계층적 성격을 반영하여, 보다 실질적인 도움과 통합적인 방향으로 조정될 필요가 있다.

2000년에 이주민 관련 시민단체에 관한 조사 보고서에 의하면,

---

18) 위의 책, 524쪽.

19) 박성혁 외, 『다문화교육정책 국제 비교연구』, 교육과학기술부, 2008, 343쪽.

이주민과 관련된 시민단체 90개 중 종교 단체가 79개로 나타났었다.[20] 2011년 현재 다문화교육을 실시하고 있는 종교 단체는 주로 다문화가족지원센터를 위탁 운영하는 단체들로, 이 경우 다른 시민 단체와의 차이가 뚜렷하게 나타나진 않는다. 다만 프로그램에 종교 행사가 포함되거나 개별 종교교육이 간혹 이루어진다는 점에서 차이가 있다.

여기서는 종교 단체의 다문화교육을 살피기 위해서 불교, 개신교, 천주교 단체 중 일정한 규모를 갖고 있고 다문화교육을 활발히 진행하면서 기관의 정보 접근이 비교적 수월한 곳을 선정했다. 이 종교 단체는 각각 명락빌리지, 부천다문화센터, 서울대교구사회사목부 노동사목위원회이다. 이 세 단체를 중심으로 종교 단체의 다문화교육 현황을 교육 목표, 교육 대상, 교육 주체·운영기관, 운영 프로그램으로 살펴보겠다.

종교 단체는 다문화교육의 목표를 따로 설정하지 않고 있다. 하지만 다문화교육의 목표는 이주민 지원 단체의 설립 목적과도 맞닿아 있기에, 세 단체의 설립 목적을 통해서 살펴보겠다. 우선 명락사 명락빌리지는 "국가 사회적으로 큰 숙제가 되고 있는 이주외국인 가정이 조속히 내국인으로 정착될 수 있도록 한글과 예절교육은 물론 생활상의 자문 역할까지 하는 명실상부한 다문화가정의 쉼터가 되도록 노력하고 있습니다."[21]라고 소개하고 있다. 부천다문화센터는 "첫째, 각국에서 온 결혼이주여성들과 다문화가정 자녀들에게 학교생활과 사회생활에 잘 적응할 수 있도록 도와주고, 둘째, 한국

---

20) 설동훈, 「외국인노동자 인권 및 연대를 위한 시민단체 조사연구」, 『외국인 노동자 단체조사보고서』(한국기독교사회문제연구소 편), 한국기독교사회문제연구소, 2000, 16-28쪽.

21) 명락사(www.myeongraksa.org), 2011.5.10. 검색.

ooooo

한국 다문화사회와 종교

어 교육 및 한국음식 만들기와 한국문화 교육을 통하여 희망차고 아름다운 가정을 이룰 수 있도록 돕기 위하여 본 다문화센터를 설립하게 됐습니다."[22]라고 밝히고 있다. 그리고 서울대교구사회사목부 노동사목위원회는 "이주노동자들과 노동자들을 사목적으로 배려하여 고충상담과 국가별 공동체를 형성하고 강화하는 데 힘쓴다."라고 설립 취지를 밝히고 있다.[23]

무원 스님은 여러 갈래의 개천이 강을 이루고, 이 강이나 저 강이나 이름이 달라도 강이 바다에 이르면 바다라는 한 이름으로 부른다며, 인종과 국경이 다 달라도 세계일화 차원에서 모두가 한 중생이니 편을 가르고 나누면 안 된다[24]고 다문화를 보는 불교의 관점을 설명하며 다문화교육의 목표를 밝히기도 했다.

손바울 목사는 "다문화 정책이나 교육은 머리로 하는 것이 아니라, 마음으로 하는 것이다.", "벽이 생기지 않도록 다문화가정을 책임지고 있는 정부, 지자체, 민간단체 담당자 모두가 각자의 위치에서 보다 투철한 책임감을 갖고 더 이상 다문화가정과 다문화 2세 자녀들이 상대방에 대해 마음의 상처와 기대를 저버리지 않도록 좀 더 깊이 생각해 보며 진실되고, 따뜻한 마음으로 다문화가정을 사랑해야 한다."[25]라고 강조하면서 다문화교육의 목표를 기독교의 사랑의 실천으로 제시하고 있다.

허윤진 신부는 노동사목위원회 창립 40주년 기념사에서 서울 노동사목위원회는 40주년을 맞아 새로운 전기를 맞이했습니다. 지난

---

22) 부천다문화센터 카페(cafe.naver.com/multiculturefamily) 2011.5.10. 검색.

23) 서울대교구사회사목부 노동사목위원회(www.nodongsamok.co.kr) 2011.5.10. 검색.

24) 『연합뉴스』, 2010.1.3.

25) 『경기신문』, 2010.6.8.

40년 동안 노동사목에 뜻을 둔 많은 사제와 수도자, 실무자들도 양성됐습니다. 이들과 함께 힘을 모아 교회가 돌보고 배려해야 할 소외된 이들 중에서 더 소외된 이들을 찾아 사랑을 실천하는 데 앞장서겠습니다26)라고 밝히면서 이주노동자의 인권 보호에 보다 노력할 것을 표명했다.

　다문화교육의 대상은 이주민과 거주민과 그 자녀, 다문화교육 관련자 등의 기존 거주민으로 나눌 수 있다. 종교 단체의 다문화교육의 대상자는 주로 이주민에 치우친 경향이 강하다. 정부의 학교 다문화교육에서는 이주민 자녀를 포함한 전 학생을 대상으로 문화이해 교육 및 정체성 교육이 진행되고 있지만, 종교 단체의 경우 기존 거주민을 대상으로 하는 교육이 많지 않다. 명락사 명락빌리지의 경우, 다문화교육의 주 대상은 결혼이주여성이며, 부천다문화센터의 경우도 다문화교육의 주 대상은 결혼이주여성과 그 자녀들에 집중되어 있다. 그러나 서울 노동사목위원회의 경우는 이주민과 다문화교육 관련자도 다문화교육의 대상에 포함되고 있는 것으로 관찰되었다.

<표 4> 종교 단체의 다문화교육의 대상

다문화교육의 대상 유형	다문화교육의 세부 대상자		
	명락사 명락빌리지	부천다문화센터	서울대교구사회사목부 노동사목위원회
이주민	결혼이주여성	결혼이주여성 다문화가정 자녀	결혼이주여성 다문화가정 자녀 이주노동자
기존 거주민			노동사목 사제·수녀

출처: 박종수, 「종교단체의 다문화교육에 대한 사례 연구」, 『종교연구』 63, 2011, 69쪽.

---

26) 『가톨릭신문』, 2011.5.8.

종교 단체가 운영하는 이주민 지원 단체는 개별 종교와 독립적으로 설립된 단체와 운영을 위탁받은 다문화가족지원센터 두 가지 유형으로 나타나며, 이 두 가지를 결합한 유형도 있다. 종교 단체가 위탁 운영하고 있는 다문화가족지원센터의 경우, 교육의 주체는 여성가족부가 되며 운영기관은 종교 단체가 될 수 있다. 현재 다문화가족지원센터의 경우 여성가족부에서 159개소에 기본 운영비를 독립형 센터에는 7,000만 원, 병합형 센터에는 5,000만 원으로 균등 배분하고 있다.27)

명락사 명락빌리지의 경우, 천태종의 지원으로 운영되고 있으며 교육의 주체 또한 종교 단체이다. 이 단체는 1975년 서울시 영등포구 영등포동7가에서 시작하여 현재 관악구 신림2동에 자리 잡고 있다. 부천다문화센터의 경우, 비영리 법인으로 후원에 의해 운영되고 있으며 교육의 주체는 목사가 대표자로 있으므로 종교 단체라고 할 수 있겠다. 이 단체는 경기도 부천시 원미구 원미1동에 자리 잡고 있다. 명락빌리지, 부천다문화센터와 다르게 서울 노동사목위원회는 천주교가 독립적으로 설립한 단체이면서 여성가족부로부터 다문화가족지원센터를 위탁받아 운영하고 있다. 서울 노동사목위원회는 1971년 도시산업사목위원회로 출발하여 1980년 노동사목위원회로 개칭 후, 2001년부터 서울시 성북구 보문동5가에 자리 잡고 있다.

종교 단체의 다문화교육 프로그램은 시민단체의 프로그램과 크게 차이가 없다. 앞서 살핀 '국경없는마을'과 비교해보면, 교육 대상에서 지역민 또는 거주민을 참여시키는 것은 시민단체의 다문화

---

27) 다문화가족지원센터의 기본 운영비는 종사자 인건비(사용자 부담금 포함), 운영비, 사업비에 사용되며, 인건비가 차지하는 비중이 70%이고 사업비는 약 20%, 나머지는 운영비로 쓰이고 있다.

교육의 특징으로 나타난다. 그리고 국경없는마을이 종교 단체의 성격을 띠면서도 종교교육을 전면적으로 드러내지 않는 것과 비교해서, 명락빌리지와 부천다문화센터 그리고 서울 노동사목위원회는 다문화교육에 종교교육을 적극적으로 활용하고 있다. 명락사 명락빌리지, 서울대교구사회사목부 노동사목위원회, 부천다문화센터의 다문화교육 프로그램을 도표로 나타내면 다음과 같다.

<표 5> 종교 단체의 다문화교육 프로그램

다문화교육 프로그램 유형	다문화교육 프로그램의 세부 내용		
	명락사 명락빌리지	부천다문화센터	서울대교구사회사목부 노동사목위원회 성북구 다문화가족지원센터
한국어 교육	한글 사경(寫經)대회 -법화경, 묘법연화경	한국어 교실 새날학교	첫걸음반 초급반(1-2), 중급반(1-2) 실용한국어반
한국문화 교육	한국전통음식문화체험 (축제) 전통 자수	한국음식 만들기 한국문화 교육	문화체험 -국립민속박물관 -국립중앙박물관 -KT&G
정체성 교육			이중언어 영재교실 언어발달 지원
직업개발 교육			컴퓨터
기타	노래교실 다문화여성 쉼터		노래교실, 육아교육, 가족캠프 이주노동자 쉼터(베다니의 집) 다문화여성 쉼터(벗들의 집)
종교교육 (의례)	다문화 불공법회	(다국어 예배)	이주노동자 미사: 남미, 몽골, 태국, 베트남, 필리핀 교리교육, 피정, 성지순례

출처: 박종수, 「종교단체의 다문화교육에 대한 사례 연구」, 『종교연구』 63, 2011, 70쪽.

지금까지 다문화사회의 쟁점을 정부와 종교 단체의 다문화교육을 통해서 살펴보았다. 다문화교육은 다문화정책과도 맞닿아 있기에 정부 각 부처의 다문화 사업의 정책 방향에 대해서도 살펴보았다. 현재 정부에서는 다문화가정 2세들의 한국어 사용과 함께 모국어 사용도 활성화함으로써 이중 언어 구사자를 양성하겠다고 한다. 하지만 아직까지 체계적인 지원이나 관리는 부족해 보인다. 따라서 장기적인 정책의 개발이 요청된다.

위 <표 5>를 보면, 종교 단체의 다문화교육 프로그램에서 종교의례가 나타나고 있음을 알 수 있다. 종교 단체들이 다문화교육과 같은 이주민을 도와주는 프로그램에서 그들을 동화적 대상으로 인식하여 선교와 종교의례에 집중하게 된다면, 앞서 살핀 이주민의 정체성에 문제를 발생시킬 위험성이 커질 수 있겠다. 종교 단체에서 진행하고 있는 다문화교육 속 종교의례의 수행은 이주민들이 가진 믿음 또는 종교를 파괴하는 일일 것이다. 인도네시아나 말레이시아와 같은 국가 출신의 무슬림이나 필리핀에서 온 가톨릭 신자들에게 개신교, 불교 등의 한국 종교로 개종시키는 작업은 어떠한 점에서 타당성을 가질 수 있는가에 대한 비판적 고찰이 필요하겠다.

다문화교육 속의 종교의례 또는 신앙교육의 관점은 다문화 종교교육이라는 형태로 나타나고 있다. 앞서 살핀 바와 같이, 다문화 종교교육은 긍정적 의미와 부정적 의미로 그 내용이 드러날 수 있었다. 이제 한국 사회에서 다문화 종교교육의 관점이 어떻게 드러날 수 있는지, 다문화 종교교육의 프로그램을 어떻게 구성할 수 있는지, 그리고 다문화 종교교육이 종교 내에서 수행될 때 다문화사회의 정착에 어떠한 영향을 미칠 수 있는지 살펴보고자 한다.

2. 다문화사회의 정착과 다문화 종교교육의 관점

앞선 제2장에서 살핀 바와 같이 다문화사회의 이론적 근거는 다문화주의에 배경을 두고 있다. 한국 사회에서 다문화는 다양한 문화(multi-culture)라는 의미보다 기존의 한국 문화와는 다른 문화(different culture)라는 의미가 지배적으로 통용되고 있기 때문에, 현재 한국에서 다문화주의는 한국 문화와 다른 문화를 수용해서 주류문화인 한국 문화 속에 통합해야 한다는 의미로 통용되고 있다.28) 이러한 인식은 정부뿐만 아니라 한국 종교에서도 비슷하게 나타나고 있다.

그런데 앞으로 한국 사회에서 이주민의 수는 점차 더 늘어날 것이고 이주민 공동체 또한 늘어날 전망이다. 이주민 자녀들이 성장하면서 한국 사회의 전면에 나서게 될 때가 그리 멀지 않았다. 현재까지는 이주민과 한국 종교 둘 사이의 인식과 대응에서 한국 종교가 시혜를 베푸는 방향으로 이주민을 인식하고 대응하였지만, 멀지 않아 이주민의 자기 발화가 실현될 때, 한국 종교는 현재의 지위를 잃거나 그 영향력이 줄어들 것으로 예상된다.29) 그렇다면 어떻게 대응하여야 할까? 우선 인식의 전환이 필요하다. 이주민을 보살핌의 대상이나 선교적, 적대적 대상으로 바라보는 한국 종교의

---

28) 최충옥 외, 『다문화교육의 이해』, 양서원, 2010, 32쪽.

29) 현재 한국에 이주해 살고 있는 이주노동자의 대다수가 동남아권 출신인 점을 고려할 때, 그중 상당수가 무슬림일 가능성이 높다. 한국 사회는 출산율의 저하와 노령화로 인한 노동생산력의 확보를 위해 이들의 유입을 계속 늘릴 수밖에 없다. 이러한 현실은 소수 종교였던 이슬람의 확산을 비롯한 다종교 상황을 보다 복잡하게 만들고, 종교 간 충돌과 갈등의 가능성을 증가시킬 것이다. 나아가 현재 한국 종교의 지형도가 불교, 개신교, 천주교, 원불교와 같은 구조에서 변화가 생길 가능성도 없지 않아 보인다. 사실 이러한 사태가 발생할 수 있다는 염려와 대응으로 몇 해 전에 개신교에서 '이슬람포비아' 현상이 나타나기도 했었다.

인식은 그들이 자기 발화를 넓혀가면서 심각한 도전을 받게 된다. 이에 따라서 한국 종교는 다문화교육 프로그램에 종교교육을 포함시켜 운영하고 있다.

최근 감사원 감사연구원에서 발행한 『다문화가족지원정책 성과평가』에 의하면, 현재 한국 사회는 다문화사회로 정착 단계에 있는 것으로 보인다. 보고서는 정부의 다문화가족 지원 정책에 대한 평가와 더불어 여섯 가지 차원에서 제안을 하고 있다.[30] 여기서 주목되는 것은 다문화가족지원센터를 이용하는 이주민의 만족도 조사에 관한 것으로, 단지 만족도의 실시 여부가 평가 기준이 아니라 만족 점수를 점수에 반영하도록 해야 한다는 점이다. 이것은 다문화사회로의 정착을 가늠할 때 다문화 종교교육의 관점을 어떻게 반영할 수 있는지에 대해 시사점을 제공한다. 즉 다문화 종교교육의 관점에 대한 질적 조사가 필요하다는 것이다.

다문화사회의 정착과 관련된 연구에서 종교를 다루고 있는 과제들은 질적 조사를 통해서 이주민들의 종교와 한국 종교 사이의 변화를 포착해 내는 것이 필요한 시점이다. 왜냐하면 사회 변화에서 종교의 변수가 다른 변수와 함께 중요한 독립변수로 작용한다고 할 수 있다면, 종교의 변화를 가늠할 수 있는 통계자료와 같은 기초자료와 인터뷰와 같은 현장보고서가 중요한 자료로 활용될 수 있기 때문이다. 따라서 종교를 담당하고 있는 문화체육관광부에서는 이에 대한 보다 적극적인 자료의 조사가 필요하리라 본다. 물론 이에 대한 연구조사가 없었던 것은 아니다. 2007년 문화체육관광부의 지원을 받아 국경없는마을에서 『이주민 공동체의 문화다양성에 대한

---

30) 이혜승·김난영, 『다문화가족지원정책 성과평가』, 감사원 감사연구원, 2011, 126-127쪽.

조사연구: 다문화지도제작』이란 보고서를 제출했었다. 하지만 이 작업은 처음으로 시도된 작업이라는 점에서 의의가 있는 한편, 조사의 정확성과 신뢰성, 조사 기간과 지역 등에서 한계가 있었다.[31]

2005년 마지막으로 조사된 한국 사회의 종교에 관한 통계조사는 현재 10년 주기로 조사하게 되어 있다. 주지하다시피, 한국 사회의 변화를 읽기 위한 자료로서 종교에 관한 통계자료는 그 중요성이 점차 높아지고 있다. 다양한 국적과 인종의 이주민들이 한국 사회의 구성원으로 그 숫자가 늘어나는 상황에서, 이들이 자연스럽게 가져온 신념 체계 또는 종교는 한국 사회의 미래에 대한 예측과 더불어 정책적 대비를 하는 데 중요한 고려 사항이 될 수 있기 때문이다.

서구 이민 사회인 프랑스와 독일, 호주, 미국 등이 먼저 경험했던 다문화정책 또는 외국인 정책에서 볼 수 있듯이, 최근 국가들은 여러 가지 이유로 다문화정책을 포기 또는 폐기한다고 선언하고 있다. 그 이유 중 가장 쟁점이 되는 것이 종교와 관련된 것이기에, 한국 사회가 이에 대한 대응을 미리 준비한다면 서구의 경우처럼 시행착오를 덜 겪게 될 것이다.

지난 7월 22일 노르웨이에서 안데르스 베링 브레이빅의 폭탄 테러와 총격으로 76명이 사망한 사건이 발생했다. 브레이빅의 테러에 대해 유럽의 극우 단체에서는 비난보다는 공감의 반응을 보였다고 한다. 이러한 사건을 전한 국내 언론들은 브레이빅과 같은 사건이 우리 사회에서도 언제든 터질 수 있다는 식의 보도와 함께 피서지에서의 이주노동자에 의한 성추행 사건과 같이 이주민에 대한 부정

---

31) 국경없는마을 다문화사회교육원, 『이주민 공동체의 문화다양성에 대한 조사연구: 다문화지도 제작』, 문화관광부, 2007, 20-21쪽.

적인 보도를 내보냈다. 이러한 보도 형태는 정부의 이주민에 대한 이중적 잣대에서 비롯되었다고 볼 수 있겠다. 결혼이주여성에게는 한국인으로서 동화되길 강요하는 내용의 국적심사를 하는가 하면, 이주노동자에 대해서는 정기적인 불법체류 단속을 통해서 범죄자 이미지를 부각시키면서 차별과 배제의 정책을 취하고 있다.

이러한 정책적 기조는 한국 사회가 다문화사회로 정착하기 위한 장애로 작용하고 있다. 앞서 살핀 바와 같이 다문화사회의 쟁점이 권리와 정체성의 양태로 나타난다는 점을 환기할 때, 이주민의 권리와 정체성이 보다 신장될 때 한국 사회가 다문화사회로 정착할 수 있을 것이다. 이때 이주민의 권리와 정체성에서 그들의 종교 표현의 권리와 종교적·문화적 정체성을 향유할 수 있는 권리는 기존 한국 국민과 동일하게 적용되어야 함은 물론일 것이다. 이러한 관점에서 한국 종교가 실시하고 있는 다문화 종교교육이 수행된다면, 서구에서 나타난 일련의 사태를 극복할 수 있을 것이다.

현재 개신교를 중심으로 다문화 종교교육이란 개념이 사용하면서, 한국 종교들이 다문화교육에 종교교육을 실시하는 사례가 늘어나고 있다. 오현선은 다문화 종교교육의 목표가 "그 종교교육과정에 참여하는 교사나 학생 모두가 자신의 종교적 신념이나 교리에 따른 신앙을 양육해 가는 교육과는 달리, 다문화사회에 대한 인식과 태도의 변화에 강조점을 두어야 한다. 자신의 종교적 신앙을 양육하고 선포하는 차원의 영역을 간과하거나 제외해야 한다는 것이 아니라, 그 지점에 다다를 때까지는 다양한 층위적 접근을 시도해야 한다."[32]라고 윌커슨의 말을 인용하여 설명하고 있다.

---

32) 오현선, 「다문화사회와 기독교의 종교교육」, 『다문화사회와 종교교육』 36, 2011, 41쪽.

다문화 종교교육에서 가장 필요한 것은 인식의 전환이다. 다문화
교육은 하나의 선택 교과목 형태로 채택되었다. 하지만 다문화교육
을 전체 교육과정에 스며들어야 할 기본적인 교육 원리로서 받아들
여야 한다면, 다문화 종교교육 또한 이러한 방향으로 인식의 전환
이 필요하다. 왜냐하면 다문화라는 개념은 개별 교과목을 통해서
성취될 수 있는 교육적 목표가 아니라 전체적인 교육과정의 수준에
서 고려되어야 할 교육적 원리이자 지향이기 때문이다. 뿐만 아니
라, 다문화 종교교육은 다문화교육에 개별 종교교육인 신앙교육을
병행하는 것이 아니다. 따라서 현재 한국 종교에서 나타나고 있는
다문화교육 속의 종교교육은 재고할 필요가 있다.

종교교육은 종단 내의 종교 또는 신앙교육과 학교의 종교교육으
로 나눌 수 있지만, 본고에서는 교과과정으로서 학교의 종교교육에
집중하였다. 왜냐하면 종단 내의 종교교육보다 학교의 종교교육이
공공성을 더 띠고 있기 때문이다. 고병철은 우리나라에서 '종교' 교
과교육으로서 종교교육이 교양교육과 신앙교육의 두 가지를 모두
지향하므로 문제가 발생하고 있다고 지적한 바 있다.[33] 강돈구는
이러한 종교교육의 문제점을 다섯 가지로 분석한다.

> 첫째, 사립학교가 처해 있는 여건상 종교 과목이 선택과목으로 선
> 정될 경우, 두 과목 이상 동시에 개설하는 것이 현실적으로 쉽지
> 않으므로 본의 아니게 종립학교에 입학한 학생들은 결과적으로
> 강제에 의해 특정 종교의 교리를 배워야 하는 비교육적 상황이 벌
> 어진다. 둘째, 각 종교들이 종단 교육과 학교 종교교육의 본질적
> 인 차이를 인식하지 못하고 학교를 특정 종교의 '선교의 장'으로
> 간주하고 있기 때문에, '종교'라는 공통의 과목 명칭 아래 상이한

---

33) 위의 글, 120쪽.

내용을 가르치는 결과가 초래하고 있다. 셋째, 종교 교사가 주로 종교 계통의 대학에서 양성되기 때문에 같은 종교 교사일 경우에도 교육받은 내용이 상이해서, 그들이 지향하는 교육의 목표와 내용이 다를 수밖에 없다. 넷째, 종교 과목이 공통의 교과서와 공통의 교사의 출현이 불가능한 과목으로 남아 있는 한 공립학교나 비종립학교에서 종교 과목을 선택 과목의 하나로 선정하는 것이 근본적으로 어렵다. 다섯째, 결과적으로 학교에서 종교 일반에 대한 교육은 실시할 수 없게 되며, 이것은 학생은 물론 일반 교양인들이 종교에 대해 전반적으로 무지하게 되는 결과를 초래하고, 편견을 갖게 만든다.[34)]

또한 강돈구는 이것을 해결하기 위해서 국가의 종교 정책에 변화를 촉구하기도 했다.

우리나라에는 대체로 종교인과 한국인이 따로따로 존재한다. 다시 말해서 우리나라에는 기독교인, 불교인 등의 종교인과 한국인이 따로 존재한다. 그러나 앞으로 우리나라 사람은 종교인이면서 한국인이 될 필요가 있다. 우리나라 사람은 앞으로 '기독교인이면서 한국인', '불교인이면서 한국인', '유교인이면서 한국인', '신종교인이면서 한국인'이 될 필요가 있다. 지금까지 우리는 '한국인이기 이전에 기독교인', '한국인이기 이전에 유교인', 그리고 '한국인이기 이전에 불교인'이 되고자 한 감이 없지 않다. '기독교인이기 이전에 한국인'과 '기독교인이면서 한국인'은 물론 다르다. 전자가 일체성(unity)을 강조한다면, 후자는 여전히 다양성의 가능성을 열어 놓고 있다. (중략) 한국의 종교는 보편성을 중심으로는 세계 인류와의 연대를 지향하고, 특수성을 중심으로는 한국 종교의 공존을 지향하는 자세를 견지할 필요가 있다.[35)]

종교교육에 대한 강돈구의 제안은 다문화교육에 종교교육을 추가한 다문화 종교교육에서도 유용하리라 본다. 윌커슨(Barbara Wilkerson)

---

34) 강돈구, 「한국의 종교정책과 종교교육」, 『종교연구』 48, 2007, 157-158쪽.

35) 강돈구, 「종교 상호 공존의 논의, 그 이후?」, 『종교연구』 34, 2004, 23-24쪽.

151
ㅇㅇㅇㅇㅇ

에 의하면, 다문화 종교교육(multicultural religious education)은 종교교육 분야에 다문화 현실을 확장하여 제공하는 개념36)이라고 한다.

다문화사회에서 종교에 대한 논의와 종교교육에 대한 실천이 어느 때보다 필요하다는 점을 새삼 강조할 필요는 없겠다. 한국 사회에서 다문화 종교교육은 다문화교육과 종교교육이 가진 현실적인 문제인 초중등학교에서의 교과 선택의 문제와 맞닿아 있기도 하다. 하지만 다문화 종교교육은 개신교에서 주로 사용하는 개념이므로, 그 특수 성으로 인해 초중등학교에서 선택 교과목으로 가르치기는 힘들 것이 다. 고병철과 김철주는 중등학교 다문화교육 교과의 활성화를 위한 과제로 다섯 가지를 제기했는데,37) 다문화가정 범주의 재설정이나 '불법체류자' 자녀의 중등학교 입학 문제 해결과 같은 과제는 한국 사회가 다문화사회로 정착하기 위한 과제로도 볼 수 있겠다.

안신은 한국 사회에서 바람직한 다문화 종교교육은 세계종교에 대한 이해가 편견 없이 그리고 공감적으로 이루어질 때 가능하다38) 고 보며, 대학에서 '세계종교사' 수업의 현지 조사를 통한 다문화 종교교육의 가능성을 제시한 바 있다. 그리고 종교영화 감상을 통 한 다문화 종교교육의 모델을 '영화 소개 → 영화 감상 → 영화 토 론 → 영화 비평'으로 소개하였다.39) 하지만 안신은 두 편의 논문 에서 다문화 종교교육을 언급하면서도, 종교교육의 연장선에서 다 문화 종교교육을 다루고 있다. 이는 그가 대학의 교과과정을 통해

---

36) Barbara Wilkerson ed., *Multicultural Religious Education*(Birmingham: Religious Education Press, 1997), pp. 26-33.
37) 고병철·김철주, 「중등학교 다문화교육 교과의 활성화 방향」, 『한국학연구』 36, 2011, 125-128쪽.
38) 안신, 「세계종교 교수법을 통한 다문화 종교교육」, 『종교교육학연구』 30, 2009, 239-240쪽.
39) 안신, 「영화의 상상력과 다문화 종교교육」, 『종교교육학연구』 32, 2010, 78쪽.

다문화 종교교육의 실현을 논한다는 점에서 드러난다. 일반적으로 종교교육은 한국인을 대상으로 진행되며, 다문화 종교교육의 대상은 한국인뿐만 아니라 이주민도 포함한다. 따라서 초중등학교 및 대학교와 같은 제도적 교육기관에서의 교과과정뿐만 아니라 다문화가족지원센터와 같은 비제도적 교육기관 및 평생학습 기관에서의 프로그램 개발이 요청된다.

다문화 종교교육의 긍정적 실천적 방안으로 종교학의 대중적 소통 방안과 제도적 보완이 필요할 수 있겠다. 우선, 종교학의 대중적 소통 방안으로 종교학계 내부에서 이러한 움직임이 있었다. 한국종교문화연구소에서 1999년 발간한 『종교 다시 읽기』와 『종교 읽기의 자유』는 이러한 시도에서 기획되었고, 일정 부분 종교학의 대중화에 기여했다고 본다. 여기서 예상 독자는 종교에 조금이라도 관심을 두고 있는 국내 교양인으로 볼 수 있다. 그리고 한국학중앙연구원 문화와종교연구소에서는 2007년부터 『한국 종교교단 연구』 시리즈를 발간하여,[40] 국내 종교 교단의 기원과 역사, 교리와 의례, 조직, 사회활동 등을 호교론적 입장이 아닌 객관적 입장에서 소개함으로써 일반인들에게 한국 종교의 특징과 흐름을 제공하고 있다는 점에서 의의가 있다. 그런데 이러한 노력은 그 대상과 범위가 국내 일반 독자이고 내용의 범위도 자국민에 국한되어 있기에, 다문화 종교교육의 실천적 방안으로서 종교학이 대중적으로 소통하기

---

40) 2007년부터 2010년까지 총 6권의 시리즈가 출판되었으며, 일반 대중에게 잘 알려지지 않은 신종교에서부터 비교적 잘 알려진 조계종까지 28개 종교 교단을 다루고 있다. 소개된 교단들은 예수그리스도후기성도교회, 금강대도, 갱정유도, 천리교, 세계평화통일가정연합, 대한불교천태종, 대한성공회, 한국 이슬람, 대순진리회, 수운교, 진각종, 여호와의 증인, 한국SGI, 제칠일안식일예수재림교회, 한국 정교회, 대한불교 관음종, 성균관, 대종교, 원불교, 한국 성결교, 천도교, 한국기독교장로회, 한국불교 태고종, 구세군, 기독교대한감리회, 한국 천주교, 조계종, 대한예수교장로회(합동)이다.

위해서는 그 대상 독자와 내용의 범위에 이주민이 포함되어 서술될 것이 요청된다.

대학의 교양과정으로서 다문화 종교교육의 모델은 안신의 경험적 시도처럼, 교양과목에 개설된 종교 교과목의 보다 입체적인 수업 운영이 요청되기도 한다. 종교학 전공자가 아닌 타 전공 수강생들을 위한 종교학 개론 수업의 일환으로 다양한 과목들이 개설되고 있다. 예를 들면, 한신대학교의 '종교와 인간', '종교와 영화', '대중문화와 종교', '지역분쟁과 종교', '신화의 세계' 등이 있다. 이 교과목들은 종교학에서 중요한 주제이거나 현대사회의 이슈를 종교학의 시각에서 교육하는 것으로, 일종의 종교에 '대한' 종교교육이라고 할 수 있다. 만약, 이 과목들을 종교에 '대한' 종교교육이라 부를 수 있다면, 이러한 교과목들은 문화의 자리에서 종교가 논의될 수 있다는 차원에서 다문화 종교교육의 모델이라고 부를 수도 있을 것이다. 그렇다면 현재 개설된 종교학 관련 교양과목들을 다문화 종교교육이라는 측면에서 좀 더 다각적이고 입체적인 내용으로 다룰 필요도 있을 것이다.

대학의 교양과정으로서 종교 교과목들은 유학생을 제외하면 대체로 국내 일반 교양인을 대상으로 한다. 이에 비해, 다문화가족지원센터와 같은 평생교육 시설에서는 이주민, 특히 결혼이주여성이 주 대상이다. 현재 이들을 위한 교육은 한글 교육과 컴퓨터 교육, 예절교육 등이 대부분이다. 한국문화 체험과 같은 프로그램도 있지만 여기서 종교와 관련된 프로그램은 거의 없는 형편이다. 다만 한국문화 이해 교육 차원에서 특강 형식으로 '한국인의 종교'를 간혹 다루기도 한다.

성남시 다문화가족지원센터[41])에서 2010년 4월 '한국의 종교'에 대한 특강을 의뢰받고 2시간 강의한 경험이 있다. 2010년 성남시 다문화가족지원센터에서 운영하는 사업에 참여한 결혼이주여성은 대략 600여 명이었는데, 대부분은 한국어 수업 때문에 이 프로그램에 참여하며, 한국문화 체험도 인기 있는 프로그램 중 하나였다. 그런데 특강 형식으로 진행된 '한국의 종교'를 들으러 온 결혼이주여성은 10명이 전부였다. 특강은 오후 2시부터 4시까지 진행되었는데, 이들 중 3명은 한국어 수업을 듣기 위해 중간에 나갔다. 센터 관계자에게 특강과 같은 프로그램에 참여율이 왜 저조한가를 물었더니, 동일한 시간에 다른 프로그램인 한글 교육이 운영되고 있으며 수동적으로 앉아서 듣는 강의는 꺼린다는 것이었다. 아직 이주의 역사가 짧은 현실에서 결혼이주여성들에게 일차적으로 필요한 것은 상대적으로 덜 피부에 와 닿는 종교 이야기보다는 한국어와 한국문화 체험과 같은 것임이 어쩌면 당연한 일일 수도 있겠다. 이날 참석한 결혼이주여성들은 일본에서 온 통일교 여성과 몽골, 필리핀, 태국 등에서 온 결혼이주여성들이었으며, 센터에서 운영하는 모든 프로그램에 열성적으로 참여하고 있는 결혼이주여성이라고 했다. 특히 동남아시아에서 온 결혼이주여성들은 한국의 종교와 문화에 대해 적극적으로 배우기 원한다고 말했다.

현재 다문화가족지원센터에서 운영 중인 '종교'와 관련된 교육은 간헐적인 특강과 같은 것이 전부이다. 하지만 결혼이주여성 중에 한

---

41) 성남시 다문화가족지원센터는 서일대학 내 평생교육원에 위치하며, 2011년부터는 전국의 모든 다문화가족지원센터가 '다누리'(liveinkorea.mogef.go.kr)에서 관리 운영되고 있다. 2011년 현재 전국적으로 운영 중인 다문화가족지원센터는 171개소로 종교 단체가 위탁 운영 중인 곳은 대략 40여 개소로 파악되고 있다. 그러나 종교 단체가 운영하지 않는 다문화가족지원센터에서도 소장의 개인적인 종교가 센터의 운영과 프로그램에 반영되기도 한다.

국의 종교에 대해 알고자 하는 이들이 적지 않은 것을 미루어 보면, 정부가 운영을 위탁하는 다문화가족지원센터에서만이라도 종교에 '대한' 교육, 다문화 종교교육이 요청된다. 이를 위해서는 간헐적인 특강 형식이 아닌, 한국의 문화와 종교를 함께 교육하는 프로그램을 운영하는 것이 보다 효과적이 되리라 본다. 예를 들어, 단순한 한국 문화 체험을 넘어서 한국 종교의 이해를 포함한 문화 체험 프로그램을 확대 운영하는 것이다. 현재 운영 중인 한국문화 체험은 단순한 관광 그 이상이 아니다. 보다 효율적인 운영을 위해서 '한국어 교사'와 같은 전문가를 활용하는 것이 필요하다. 한국 문화와 종교에 대한 이해가 높아야 함은 물론이다. 현재 운영 중인 다문화 강사는 몇 주간의 훈련을 통해 양성되고 있지만, 보다 전문적인 훈련을 받은 전공자를 활용하는 방안이 제도적으로 마련될 필요가 있으며, 종교학 전공자들도 이러한 분야에 관심을 기울일 필요가 있다.

2010년 3월 현재 다문화 강사 양성 과정을 운영 중인 대학 기관은 인하대학교, 숙명여자대학교, 호남대학교, 성산효대대학원대학교 부설 평생교육원이 있다. 이 기관들은 한국 다문화 지도사협회[42]를 설립하여 다문화교육사 또는 다문화지도사 과정을 운영하고 있다. 인하대의 경우 다문화지도사 교과과정은 다문화교육의 이해, 교수학습이론, 국가별 다문화가정 사례, 한국어 이해, 세계의 역사와 지리, 세계의 문화와 사회 등으로 구성되어 있다.[43] 2011년 9월 강남대학교 부설 평생교육원에서도 다문화세대 지도사 과정을 운영한다고 한다. 이 기관들은 한국 사회가 이주민을 시혜의 대상으로 보고 사

---

42) 한국다문화지도사협회(cafe.daum.net/multiculturleader), 2011.7.10. 검색.

43) 인하대학교 다문화교육사 과정(cafe.daum.net/inha-multicultural), 2011.7.10. 검색.

○○○○○

한국 다문화사회와 종교

회복지 차원에서 접근했던 점에 문제의식을 느껴, 탈 복지 또는 전문가 기반의 교육이 다문화교육에서 이루어져야 한다는 공통된 목표를 공유하는 것으로 보인다. 이 기관과 협회의 활동은 아직 초기 단계라서 평가에 무리가 따를 수 있겠지만, 자격증을 수여한다는 점에서 보다 공신력을 키워야 한다는 과제가 남아 있다고 하겠다.

현재 대학 부속 연구기관으로서 다문화 관련 단체는 26곳으로 파악된다.[44) 단체의 소재지를 미루어 보면, 전국적인 분포 현상을 나타낸다고 할 수는 있지만 서울과 수도권에 집중되어 있음을 알 수 있다. 단체는 그 규모에 따라서 다문화교육센터, 다문화교육연구원, 다문화연구소, 다문화정책(평화, 통합)연구소, 다문화가족지원센터 등으로 운영되고 있다. 지난 5월에 설립된 한양대 글로벌 다문화연구원은 문화인류학과, 경제학과, 정보사회학과, 건축학과 40여 명의 교수가 참여하여 글로벌 노동·산업 연구단, 이주민 인권복지연구단, 다문화 중심도시 연구단, 다문화 사회통합연구단을 운영하고 있다. 대학 부속 연구기관의 지적 인프라와 다문화지도사협회의 실무 교육경험을 융합한다면, 다문화사회의 정착에 기여하는 바가 클 수 있겠다.

다문화·다종교사회에서는 어느 하나의 문화나 종교가 지배적이지 않은, 그래서 갈등의 여지가 늘 도사리는 긴장 관계가 형성된다. 이 힘의 균형이 경제 논리에 따른 시장경제에만 맡겨진다면, 자본주의사회에서는 갈등이 심화될 것이다. 따라서 힘의 균형과 공존을 위한 제도적 보완이 수반되어야 한다. 강돈구가 제언한 것처럼, 우리나라 헌법에 명시된 종교 관련 조항을 정비하거나 종교 관련법을

---

44) 중앙다문화교육센터(www.damunwha-edu.or.kr), 2011.7.10. 검색.

정비하는 것 등의 제도적인 변화가 요청된다. 이와 함께 정부는 다문화가족지원센터의 운영을 현재 복지기관이나 종교 단체에 위탁하고 있는데, 종교 단체가 운영하는 다문화가족지원센터는 물론이고 센터 소장의 종교적인 성향에 따라서 호교적인 목적성을 띠는 사례가 발생한다는 점에서 제도적 정비가 필요하다. 요컨대, 운영에 대한 재정을 확보해서 정부가 모두 운영하든가, 위탁 운영할 경우 종교 단체와 센터 소장의 종교적 신념에 의한 호교적, 선교의 장으로 활용되는 것을 제한할 필요가 있겠다.

오현선이 참여하고 있는 다문화 씨앗학교의 사례는 다문화 종교교육의 부정적 인식을 재고하는 데 어느 정도 기여할 수 있을 것으로 본다. 그녀는 전라남도 광주 지역에 흩어져 살고 있는 이주민 2세들을 대상으로 여름과 겨울 학교 형태로 지역의 공간을 활용해서 일정 기간 공동체 생활을 하며 다문화교육, 다중정체성교육, 다인종교육, 비전코칭, 자기주도성 교육, 이주민 2세 부모 교육 등을 실시하고 있다.45) 여기서 개신교 신앙에 대한 간접적 경험이 이루어질 수 있겠지만, 이것은 이주민 2세들의 선택의 문제가 강조된다고 할 수 있다.

물론 위와 같은 학교는 개신교 단체의 후원을 받아 설립된 학교로서 다문화교육을 표방하고 있다고 하지만, 직·간접적으로 개신교 신앙교육이 실시될 확률이 높다고 할 수 있다. 그럼에도 불구하고 종교 내에서 수행되는 다문화 종교교육은 나름의 의미가 있을 수 있다. 현재 다문화사회의 정착 과정에서 논의가 부족한 주제가 종교임을 감안한다면, 종교 내에서 수행하고 있는 다문화 종교교육의 프로그램들은 다문화 담론에서 종교가 중요하다는 인식을 형성

---

45) 오현선, 「다문화사회와 기독교의 종교교육」, 『다문화사회와 종교교육』 36, 2011, 51-52쪽.

하는 데 도움을 줄 수 있기 때문이다.

다문화 종교교육을 다문화사회에서 종교에 '대한' 교육의 차원이라고 할 수 있다면, 현재 초중등교육에서 운영하는 종교교육의 쟁점과도 맥락을 같이 한다. 현재 종립학교에서 선택 교과목으로 채택한 종교 교과목의 운영과 종교재단이 운영하는 다문화가족지원센터의 프로그램들은 호교적인 수단으로 각각 이용된다는 공통의 문제점을 갖고 있다. 이 문제를 다문화교육이든 다문화 종교교육이든 종교에 '대한' 교육 차원에서 논의되고, 이것이 제도화된다면 보다 공평한 사회, 공생하는 사회가 될 것이다.

그리고 다문화 종교교육의 프로그램 내용과 운영을 기획하는 단계에서, 다문화와 관련된 각 주체의 필요와 요구가 반영되도록 함으로써 하향식 프로그램의 기획에서 벗어나야 할 것이다. 이주민의 요구가 반영되지 않는 현실에서 이들의 참여를 유도하고, 다문화 현상을 사회적 병리 현상으로 바라보는 입장이 아닌, 함께 더불어 살아야 할, 함께 새롭게 만들어가야 할 대상으로 인식하는 것이 요청된다. 이를 위해서는 그들의 의사를 반영한 프로그램이 기획됨과 동시에 각 주체의 협의체가 마련되어야 할 것이다.

V

한국 다문화 종교담론
사례 연구

서울 이태원 지역의 다문화 종교 지형

이태원 지역은 고려 말 귀화한 거란족과 여진족이 정착하여 살아왔고, 임진왜란 이후 현재에 이르기까지 다양한 이방인 또는 이타인(異他人)이 거주해왔다는 점에서 다문화공간으로 이해될 수 있다. 이때 다문화공간으로 인식되어 온 방식은 '차이'에 대한 구분 방식으로 나타나는 경향이 있다. 차이는 선주민이 이방인을 인식하는 다름에서 비롯된 차별 방식, 이방인을 통해서 자신을 돌아보는 방식, 이방인과 함께 어우러지는 방식 등으로 대응하게 만든다. 반대로 이방인들은 선주민의 당대 문화에 동화되어 살아가거나 흡수되는가 하면 자신들의 문화를 새롭게 만들기도 한다. 이러한 서로의 주고받는 관계가 이태원을 다문화공간이라는 특수한 상황에 놓이게 하였다. 이에 대해서 그동안 사회학, 지리학, 도시공학, 환경공학, 인류학, 민속학 등에서 연구를 진행하였으며, 최근에는 지역 내에 다양한 이주민이 유입되면서 발생하게 된 현상들에 대해 다양한 관점의 논의가 나타나기도 하였다.

하지만 다문화공간으로서의 이태원을 이야기할 때 간과되고 있는 사실이 있는데, 그것은 '종교공간'으로서의 이태원에 대한 이해

163

이다. 다문화를 이해할 때 다종교라는 현실도 중요한 키워드로 작동할 수 있는데, 그간의 논의는 공간에 대한 종교의 변수에 대해 소홀히 다루었다고 할 수 있다. 영국에서는 다문화공간 내에서 소수 종교에 대한 배려가 정책적으로 어떻게 고려되어야 하는지, 종교의 자유가 '유럽인권협약(ECHR: European Convention on Human Rights)'과 '인권법안(HRA: Human Rights Act)'에서 어떻게 규정되고 있는지 등 다문화공간과 종교와의 연관성을 연구해 왔다. 영국을 비롯한 유럽에서 다수의 개신교와 천주교 배경을 가진 선주민과 소수의 이슬람교, 힌두교, 시크교 등의 이주민 사이에서 발생하는 담론에 대해 논의가 활발하다는 점은 한국의 다문화 논의에서도 그것이 다루어질 수 있음을 의미한다. 왜냐하면 한국 사회와 같은 다문화 현상도 흔하지 않기 때문이다.

다문화공간(multicultural space)이라는 개념어는 다문화(多文化)와 공간(空間)이 결합된 합성어로, 이산동네(diasporic neighborhood)라는 개념어를 확장하여 2008년부터 국내 학계에서 사용되기 시작한 키워드이다. 다문화라는 개념어가 다문화주의와 관련하여 다의적으로 사용되고 있는 현실에서, 다문화공간이란 용어도 다문화라는 개념을 담지한 이상 중층적 의미를 지니고 있다고 할 수 있다. 수도권 지역에서 다문화공간으로 주목되어 연구되고 있는 지역은 경기도 안산시 원곡동(국경없는마을)과 서울시 구로구 가리봉동(조선족 마을; 옌벤 타운), 종로구 혜화동(필리핀 거리; 리틀 마닐라), 동대문구 광희동(몽골 등 중앙아시아타운), 서초구 반포동(프랑스 서래마을), 용산구 이촌1동(일본인 마을; 리틀 도쿄)과 이태원동-한남동(이태원 지구촌) 등이다. 다문화공간은 다양한 이주민들로 구성된 곳으로, 이주민들의 언어, 가치관, 문화 등이 어우러져 선주민과 상호 영향력을 주고받는 곳이다. 다문화공간 내의 사람들을 규정짓는 범주는 직업, 종족, 계층 등으로 다양하기에, 이들을 종교 집단으로서 범주화할 수도 있다. 역사적으로 이태원 지역은 서울시에서도 이방인이 많이 거주해온 지역이면서, 다양한 종교 집단이 종교공간을 형성하여 온 지역이기도 하다. 이들은 다문화공간 내에서 자신들의 종교성(religiosity)을 확장하기 위해 다양한 전략을 구사한다. 이 지점에서 다문화공간은 종교공간으로서 각 종교 집단의 선교의 각축장이 되기도 한다.

본고는 이태원 지역에 대한 종교공간으로서의 특성을 살피는 작업이 다문화공간으로서의 이태원을 보다 잘 이해할 수 있으리라는 전제에서 출발한다. 연구 대상은 이태원 지역과 이 지역에 종교 단체로 등록되어 있거나 종교 활동을 하는 무교(巫敎), 개신교, 천주교, 이슬람교, 불교, 입정교성회 등 여섯 개의 종교 단체이다. 본고에서 설정한 이태원 지역의 범위는 이태원 1동과 2동, 한남동, 그리고 보광동이다. 4개의 지역을 이태원 지역으로 묶은 이유는 이지역들이 다문화공간으로서의 이태원이라는 문화적 특징을 공유하고 있다고 판단했기 때문이다.

이태원이라는 문화적 특징은 이태원 지역의 역사에서 살피게 될 문화의 잡종성(hybridity)을 의미한다. 물론 용산2가동(해방촌) 또한 다문화공간으로서 이태원이라는 문화적 특징을 공유하고 있으나, 용산2가동은 현대의 다른 이태원 지역과 달리 남산3호터널을 가로지르는 대로로 인해 경계가 명확히 구분되어 있기 때문에 제외하였다. 2012년 말 이 지역에 종교 단체로 등록되어 있거나 종교 활동을 하고 있는 단체는 무교(巫敎)가 30여 개, 개신교가 40여 개, 천주교가 3개, 이슬람교와 불교, 그리고 입정교성회가 각각 1개로 총 80여 개의 종교 단체가 있다. 본고는 이 종교 단체를 연구 대상으로 삼되, 본 연구의 목적인 다문화공간 속 종교공간의 특징을 보다 잘 드러내고 있는 단체를 중심으로 종교성의 확장이라는 측면에서 다룬다. 본고는 종교 단체들이 종교성을 확장하는 방식이 타 종교에 대한 이해, 의례 또는 교육을 통한 자기 종교에 대한 이해, 다문화공간으로서 이태원 지역과 이주민에 대한 이해 등으로 나타나고 있음을 살펴봄으로써, 종교공간으로서의 다문화공간을 이해해보고자 한다.

1. 이태원 지역의 역사와 종교 지형

이태원 지역의 역사는 원(院)이라는 공간적 특수성, 군사기지로서 부정적 인식과 탈영토성, 그리고 문화의 잡종성이라는 키워드로 나누어 볼 수 있다. 각각의 키워드는 시대적 흐름에 따라 서술될 수 있으며, 이러한 키워드는 이태원 지역이 다문화공간으로 이해될 수 있는 근거를 제공할 수 있다. 첫째, 근대 이전까지의 역사는 원이라는 공간적 특수성으로 서술될 수 있다. 근대 이전의 기록에 의하면, 이태원이라는 지명에는 몇 가지 유래설이 있다. 『신증동국여지승람(新增東國與地勝覽)』은 이태원이 목멱산(현재의 남산)의 남쪽에 위치한다고 기록하고 있으며(利泰院 在木覓山 南), 『연려실기술(練藜室記述)』과 『용재총화(慵齋叢話)』는 이태원의 들에 고산사(高山寺)라는 절이 있는데 그 절의 동쪽에는 샘물이 솟아나고 큰

소나무가 골에 가득 차 있다고 하였다.

이 기록들에 의하면, 현재의 이태원 지역과는 거리에 차이가 있다. 이태원 지역의 특징 중 가장 먼저 등장하는 것은 이태원이라는 지명에 '원(院)'이 있다는 점이다. 원이라는 지명을 가진 다른 지역과 비교할 때 이태원은 숙박 시설과 주막 등의 원이라는 특징이 현재까지도 비교적 잘 남아 있기도 하다. 실제로 이태원 지역에는 호텔이 3곳이 있으며, 그에 준하는 숙박업소와 주막과 같은 식당, 그리고 유흥업소가 즐비하기 때문이다. 이태원은 남쪽으로 한성을 오가는 길목에 위치해 있어서 주변에 색주가와 시장이 형성되기도 하였는데, 이러한 공간적 특징은 이태원 지역이 당시 여러 문화의 교류의 장으로서 역할을 담당하였음을 짐작게 한다.

둘째, 고려 말부터 최근에 이르기까지의 역사는 군사기지로서 부정적 인식과 탈영토성으로 서술될 수 있다. 이태원 지역의 탈영토성은 용산의 기지화와 무관하지 않다. 고려 시대 원의 간섭기를 비롯하여 임진왜란 시기, 구한말 이후 일제강점기, 그리고 해방 이후 미군의 점유기는 이태원 지역에 대한 군사기지로서의 부정적 인식을 만들어냈기 때문이다. 일제강점기 이전부터 귀화한 이민족, 조선 시기 양대 전란 때 겁탈당한 부녀자와 그사이에 태어난 아이와 같은 이타인(異他人)에 대한 부정적인 인식은 당대의 사회적 통념에서 비롯되기도 하였지만, 군사기지로서 이 지역의 특수성을 반영한 까닭이기도 하다. 이러한 부정적 인식의 영향은 해방 이후 미군의 주둔으로 기지촌이 형성되면서 더욱 고조되었다.

셋째, 해방 이후의 역사는 문화의 잡종성으로 서술될 수 있다. 해방과 한국전쟁 이후 용산기지에 미8군 사령부가 주둔하면서, 주변에 미군 및 대사관 직원 등의 외국인을 위한 주거지가 형성되었다. 이후 이태원동, 동빙고와 서빙고, 한남동 일대에 서양식 고급주택지가 들어섰다. 그리고 이 지역은 용산기지와 인접해 유사시 주한미군으로부터 보호를 받을 수 있기에 여러 국가의 대사관과 대사관저가 들어서기 시작했고, 외국인 아파트들이 건설되면서 이태원 지역에 많은 외국인이 거주하게 되었다. 외국인이 밀집하게 되면서 이태원 지역은 미군기지와 외국인 집단 거주지를 배경으로 다양한 문화가 한국으로 들어오는 문화의 유입지가 되었고, 다양한 유흥 및 쇼핑 업소들이 번성하면서 단순한 기지촌이 아닌 다양한 외국 문화를 경험할 수 있는 지역으로 변모해 나갔다. 최근에는 미군을 포함한 장기체류 외국인들이 늘어나면서, 이주노동자들이 대거 정착하게 시작하였다. 이주노동자를 비롯한 다양한 이주민과 소수자의 증가는 이태원 지역이 문화적 잡종성을 형성하는 데 기여하고 있다.

위와 같은 역사적 배경으로 이태원 지역은 다문화공간으로 이해될 수 있다. 그런데 다문화공간은 다종교공간이기도 하다. 역사적으로 이태원 지역에는 마을신앙으로서 부군당이 오래전부터 전해져왔다. 그리고 구한말 이 지역에 개신교의 유입으로 인해 개신교 교회가 세워지면서 종교 지형에 변화가 나타나기 시작한다. 뿐만 아니라 일제강점기에는 일본 신도의 영향으로 먼저 신앙했던 종교와의 상호 교섭이 있었을 터이다. 이후 보광사라는 사찰이 생겼으며, 사우디아라비아 등의 이슬람 국가들과의 경제 문화적 교류로 인해 한국이슬람중앙성원이 세워졌다. 그리고 이태원1동과 한남동에 천주교 성당이 각각 터를 잡게 되었고, 한국입정교성회와 통일교와

ooooo

한국 다문화사회와 종교

같은 신종교도 자리를 잡게 되었다. 종교 단체별 종교공간이 형성 된 시기를 살펴보면, 이태원 부군당이 1619년으로 가장 먼저 설립 되었으며, 보광사가 1908년, 개신교의 이태원감리교회가 1909년, 천주교 이태원성당이 1961년, 이슬람중앙성원이 1967년, 입정교성 회가 1987년 순으로 설립되었다.

아래의 <그림 2>는 용산구청 문화체육과의 「용산구 종교단체 현 황」 자료를 토대로 이태원 지역의 각 종교공간 형성 과정과 위치적 특성을 종교 지형도를 나타낸 것이다. 이 종교 지형도에 의하면, 개 신교의 경우 이태원 지역에 고루 분포되어 있는데, 대체로 감리교 는 한남동과 이태원1동에 위치하고 있으며, 장로교는 이태원2동과 보광동에 더 많이 분포되어 있다. 천주교와 이슬람교는 교구 단위 의 구획이 잘 나누어져 있는데, 천주교는 이태원동과 한남동에, 이 슬람교는 한남동에 각각 위치하고 있다. 부군당과 보광사는 이태원 1동과 한남동 그리고 보광동에 각각 위치하고 있다. 지도에 표시하 지 않았지만, 특이한 점은 점집이 많다는 것이다. 주로 보광동과 한 남동에 집중적으로 위치하며, 이태원2동에도 다수 있다. 현재 파악 되고 있는 점집은 30여 곳으로, 지가(地價)의 영향을 받아 밀집되 어 있기도 하겠지만, 부군당이 현재까지 존속하는 것으로 미루어 볼 때 이 지역민들의 종교적 성향의 특수성으로도 이해할 수 있다.

※ A: 개신교, B: 천주교, C: 불교, D: 부군당, E: 이슬람교, F: 입정교성회

<그림 2> 이태원 지역의 종교 지형도

1) 무교: 부군당과 점집

이태원 지역에는 이태원 부군당과 한남동 부군당이 있다. 이태원 부군당의 원래 위치는 하얏트호텔 근처의 남산 외인 주택 자리에 있었으나, 1917년 일제가 부군당 터에 일본군 훈련소를 설치하면서 현재의 위치로 이전하게 되었다. 그리고 1967년 마을 사람들이 부군당을 새롭게 단장하면서 전각 규모를 늘리고 주변 담장을 높게 쌓아 올렸다. 부군당 당집 전각 정문 오른쪽에 세워진 비석의 뒷면에는 부군당의 건립 연도를 단기 3952년으로 새겨놓았는데, 이는 조선 광해군 11년, 1619년으로 약 400년의 역사가 있다고 할 수 있다. 한남동에는 큰한강당과 작은 한강당 두 곳이 있는데, 현재 큰

ooooo

한국 다문화사회와 종교

한강당만 당굿이 전승되고 있다. 큰한강당은 한남대교 북단 슬로바키아 대사관 옆에 자리하고 있다.

이태원 부군당은 1989년 이전까지는 경로당(남부, 중부)에서 주로 관리와 당제를 주관하였으나, 이후부터는 '이태원부군묘관리위원회'가 발족되어 현재 이희석 씨가 회장을 맡고 있다. 큰한강당굿은 당주무당 김학순(87세)과 청송무당 유효숙, 손이화에 의해 연행되고 있으며, 당주악사는 이선호가 담당하고 있다. 2010년 큰한강당굿은 화주 유태영, 총무 정강태, 한남동 향우회 전 회장 이천만이 주(主)가 되었다.

현재 서울시에 존재하는 29곳의 부군당 중 마을굿이 전승되고 있는 곳은 10곳으로, 이태원 부군당과 한남동 부군당이 포함되어 있다. 과거 이태원 부군당에서는 정월과 4월, 7월, 10월 등 연중 네 차례의 의례가 있었는데, 현재는 비용 문제로 4월에 큰굿을, 10월에 당고사를 행하고 있다. 부군당 의례가 과거보다 많이 축소되고 있지만, 초와 음식을 가져와 치성을 드리는 사람들처럼 관심을 두고 찾고 있는 사람들이 존재하고 있기에 계속 유지되고는 있다. 이태원 지역에서 무교의 영향력은 부군당보다 점집을 통한 무속인을 통해서 드러나고 있다. 현재 이태원 지역에는 30여 곳의 점집이 운영되고 있다.

2) 개신교

현재 이태원 지역에는 개신교 단체 40여 개가 확인되고 있다. 권역별로는 보광동에 13개, 이태원동에 16개, 한남동에 15개이며, 교단별로는 장로교 교회가 12개, 기독교대한감리회 교회가 4개, 기독교하나님의성회 교회가 2개, 루터교 교회가 1개 등으로 파악된다. 현재 장로교 교회는 이태원 지역에 고루 분포하는 반면 기독교대한감리회 교회는 주로 이태원 지역 남쪽에 위치하고 있다. 이러한 종교 지형을 형성하게 된 배경에는 구한말 선교사들의 선교지 분할 정책이 영향을 주었을 가능성도 배제할 수 없다.

구한말 개신교 선교사들의 교단적 배경은 8개 이상이었다. 이들 교단 대부분은 서울을 선교의 거점으로 삼았기 때문에 선교부가 중첩되어 서로 불편한 관계가 조성되었다. 이들은 재정의 낭비와 선교 시 마찰을 피하고자 선교 지역을 분할하는 데 합의를 이루었다. 1892년 이후 남장로교와 북장로교, 감리교 등이 주축이 되어 협정이 이루어졌다. 선교지 분할 협정 초안에서 주목되는 조항은 인구 5,000명을 기준으로 그 이상일 경우 각 교단이 공통으로 점유하고, 이하일 경우 먼저 선교구가 설치된 교단이 점유해야 한다는 조항이다. 1915년 이태원 지역의 인구통계에 의하면, 주성리 279명, 서빙고리 1,241명, 동빙고리 1,023명, 보광리 714명, 한강리 2,290명, 이태원리 1,580명 등으로 7,127명으로 집계되었다. 선교지 분할 협정에 따르면, 인구 5,000명이 넘는 이태원 지역은 특정 교단이 점유하지 못하는 공통의 선교지가 될 수 있었다. 이는 현재 이태원 지역에서 다양한 교단적 배경을 갖는 개신교 단체가 종교 지형을 형성하게 된 원인이다.

3) 천주교

천주교는 중앙집권적 조직체계를 갖추고 있어서, 현재는 한 지역에 하나의 종교 단체(교회 또는 성당)가 허용되고 있다. 이태원 지역에는 이태원 보광초등학교 맞은편에 이태원성당이, 순천향대학병원 근처에 한남동성당과 서울국제성당이 각각 위치하고 있다. 한남동성당은 1996년 11월에 이태원성당 사목회의에서 신설안이 의결되어 1997년 10월 최원일 미카엘 신부가 초대 주임신부로 부임, 현재 이창준 미카엘 신부가 4대 주임신부로 재임하고 있다. 서울대교구 소식인 이태원성당은 1961년 1월 해방촌성당으로부터 분리되어 장근실 신부가 초대신부로 부임, 현재 이태원 1-2동과 보광동, 동빙고동, 서빙고동, 주성동 등을 관할하고 있다. 외국인을 위해서는 서울국제성당이 한남동에 마련되어 있다. 꼰벤뚜알 프란시스코 수도회(Ordo Fratrum Minorum Conventualium)에서 공간을 제공하고 있으며 4개국 이상의 언어로 미사가 열리고 있다.

4) 이슬람교

신라와 고려 시대 등에 관한 이슬람권의 지리서, 역사서, 견문기 등의 자료를 통해서, 이슬람권의 한국에 대한 이해가 오래전부터 있었음을 짐작할 수 있다. 본격적인 종교 단체로서 이슬람교가 한국에 정착한 것은 (재)한국이슬람교(KIF: Korea Islamic Foundation)가 이태원 지역에 설립되면서부터이다. (재)한국이슬람교는 1967년 3월 한남동 732-21번지에 서울중앙성원을 설립하고, 한국이슬람교중앙회(KMF: Korea Muslim Federation)를 두며 현재에 이르고 있다.

한국이슬람교중앙회는 이슬람 선교 기구로 한남동에 본부를 두고 부산, 경기도 광주, 전주, 안양, 부천, 제주 등 전국에 8개의 지회와 60여 개의 임시 성원을 운영하고 있다. KMF는 사무처에서 선교교육국, 대외협력국, 사무국, 관리국으로 행정조직을 관리하며 이슬람 관련 교리 및 문화 강좌, 세미나 개최 등의 활동을 하고 있다.

KMF에는 한국 무슬림 신도회(청년회, 학생회, 여성회, 장년회), 한국 무슬림학생회(KMSA), 한국 이슬람 문화 연구소(KIIC) 등이 있다. 그중 무슬림 학생회는 매년 세미나와 와미 캠프(WAMY Camp), 청년 지도자 수련회 등을 통해 신앙심과 이슬람 지식을 고양시키고, 이슬람 교리와 관련된 강연회와 이슬람 문화 전시회를 개최하는 가장 중추적인 기구 중의 하나이다. 현재 이슬람교는 이태원 지역의 랜드마크(land mark)로서 '이슬람 거리'를 형성할 만큼 대표적인 종교 단체로 자리매김하고 있다.

5) 불교

용산구청 문화체육과의 「종교단체 현황」 자료에 따르면, 이태원 지역에서 현존하는 불교 단체는 원효법당과 보광사가 있다고 한다. 그러나 현재 원효법당은 찾아볼 수 없다. 현재 불교 단체로 유일하게 확인된 보광사는 보광동 대사관 밀집 지역 근처에 위치하고 있다. 보광사는 옛날 중국 상인이 한강으로 올라와 이곳을 지나면서 장안으로 들어갈 때, 제갈공명을 모시게 된 것이 유래가 되었다고 한다. 근래에 와서 무후묘 주위에 좋지 않은 일들이 많이 일어나고 있어서, 이 기를 누르기 위해 사당 옆에 보광사라는 절을 지었으며,

○ ○ ○ ○ ○

무후묘 관리도 사찰에서 하고 있다고 한다. 용산이 기지화되면서 이주하게 된 사람들은 망향의 아픔을 달래며 매년 음력 정월 초하루와 10월 초하루에 연 2회 제향하여 치성을 들여왔다고 한다. 그러나 현재는 3월 초하루와 10월 초하루를 제일로 택하고 있다. 현재 행문 스님이 2007년 11월부터 주지로 있다. 현재 보광사에 등록된 신도는 많지 않으며, 인터넷 카페에 등록된 회원 수는 290명으로 파악된다. 이와 같은 교세 현황은 이태원 지역에서의 불교적 종교성이 개신교와 천주교, 이슬람교에 비해 적게 나타나는 배경이 되고 있다.

6) 재가불교 입정교성회

입정교성회는 한남대교 북단 우측에 위치하고 있다. 한국입정교성회는 1987년 12월에 한남동 423번지에 입주하여 현재에 이르고 있다. 입정교성회는 처음 포교 당시 국내에 익숙하지 않아서 대한불교법화종의 교성사(佼成寺)라는 명칭을 사용하기도 하였다. 현재의 공식 명칭은 재가불교 한국입정교성회이다. 조직은 교회장, 지부장, 주임, 조장 등의 역할 직위로 되어 있으며, 간부인 주임은 교회장이 임명하고 있다. 교회의 불단 카드에 등록된 신자 수는 2,600세대 정도라고 하며, 현재 실제 활동 인원은 한남동의 경우 200명 정도라고 한다. 서울을 중심으로 부산지부가 발족되어 활동하고 있다. 부산지부는 2002년 1년 동안은 교회장 및 서울 간부들이 서로 교대로 부산에 내려가서 교리 공부와 수행지원을 해왔고, 2003년부터는 한 달에 한 번씩 교회장과 총무부장이 부산에 내려가 교리 공부와 수행 지도를 하고 있다고 한다. 부산지부에 대한 모든 경비는 서울에서 지원하고 있으며, 일본 입정교성회와는 자매 단체로서 1988년부터 결연하였으나, 일본 본부와는 독자적으로 운영되고 있으며, 월 1,000원의 회비로 운영되고 있다고 한다. 입정교성회는 국내에서 아직 교세가 크지 않기 때문에, 이태원 지역에서도 종교성 확장이 두드러지게 나타나지 않고 있다.

2. 이태원 지역의 종교공간적 특성

이태원 지역에서 종교 단체가 종교성을 확장하는 방식에는 세 가지가 있다. 타 종교 단체를 통해서 자기 종교의 의례 양식과 의례 공간의 변화를 확장하는 측면, 타 종교 단체에 대해 인식하는 측면, 그리고 다문화공간이라는 이태원 지역에 대한 이해와 공존을 향한 시각의 변화 측면이다.

1) 자기 이해: 의례 양식과 공간의 변화

스미스(Jonathan Z. Smith)에 따르면, 의례는 다른 종교와의 차이를 확언하는 것, 일상생활의 현재와 의례 자리의 현재 사이의 차이의 관계인데, 변하는 것은 그들의 위치가 변한다. 이태원 지역이 다문화공간으로 공간적 배치가 변화함에 따라서 종교들은 자신들의 종교의례를 변화시켜, 종교성을 확장하려는 경향이 있다. 왜냐하면 종교 단체에서 종교성을 확장하는 방법 중 의례의 전승과 변화, 그리고 교육은 내부적으로 가장 기본적이면서도 효과적이기 때문이다.

한국 다문화사회와 종교

개신교의 경우, 몇몇 교회는 외국인 신자를 위해서 다국어 예배를 서비스하거나 교회 공간을 빌려줌으로써 이태원 지역 내에서 그 교회의 위상을 높이며 종교성을 확장하고 있다. 현재 이태원 지역에서 다국어 예배를 서비스하는 곳은 이태원 1동의 이태원감리교회로 주일 2부(오전 9시) 예배를 영어로 서비스하고 있다. 교회 공간을 빌려주는 교회는 두 곳으로 이태원 1동의 이태원감리교회와 보광동의 보광중앙교회가 있다. 이태원감리교회는 VCF(Victory Christian Fellowship, 2000.10. 설립)라는 외국인 교회에 공간을 빌려주고 있으며, 보광중앙교회는 필리핀 이주민들에게 문화선교관 공간을 빌려주고 있다. 영어 성경 공부는 개신교가 자기 이해를 위해서도 강조하고 있는 부분이다. 영어 성경 공부는 규모가 작든 크든 대체로 소규모 형식으로, 비공식적으로 진행하고 있는 것으로 파악된다.

천주교의 경우도 다국어 미사를 통해서 이태원 지역 내에서 자기 이해의 폭을 넓히고 있다. 이태원성당과 한남동성당의 경우는 외국인을 위한 미사를 서비스하지 않고 있다. 왜냐하면 외국인을 위한 국제성당이 독립적으로 마련되어 있기 때문이다. 서울 국제성당에서는 일요일 미사의 경우 오전 9시에 영어, 11시에 독일어, 12시 15분에 스페인어/이탈리아어, 토요일 미사의 경우 오후 6시에 불어 등으로 다국어 미사를 서비스하고 있다. 서울 국제성당은 중구 정동에서 시작된 이후 마포구 절두산 성당을 거쳐, 국내에 거주하고 있는 외국인들의 사목을 돕기 위해 현재의 장소로 옮겨졌다. 현재 이 본당은 콘벤뚜알 프란시스코 수도회에 의해 관리되고 있으며, 사목을 책임질 신부와 본당 사목을 위한 시설 등을 제공하고 있다. 주말의 경우 각 언어권 미사마다 30-40명 정도의 외국인들이 종교의례에 참여하고 있다.

　이슬람교는 금요일에 합동예배(Jumu'ah)를 드리나, 한국 무슬림 신도를 위해 토요일 집회를 만드는 한편, 증가하는 이주노동자 무슬림을 위해 일요일 집회를 강화하고 있다. 2012년 8월 라마단 성월을 즈음하여 꾸란 낭송 대회를 개최하면서 알라에 대한 신앙심을 고취하기도 하였다. 그리고 『주간 무슬림』을 발행하면서 종교교육에도 노력을 기울이고 있다. 한국 무슬림들은 대체로 순니파에 속하는데, 이들 무슬림들에게는 다섯 가지 종교적 의무인 살라트(Salat; 기도)가 있다. 무슬림들은 하루에 다섯 번의 정해진 시간에 메카의 카바 신전을 향해서 머리를 땅에 조아리며 기도를 해야 한다. 서울 중앙성원을 비롯한 각 지역 성원에 출석하는 대부분의 무슬림들은 하루 다섯 번의 기도를 지키고 있지만, 한국의 노동환경에서 일하는 무슬림 이주노동자들은 다섯 번의 기도 시간을 정확히 지킬 수 없는 현실에 놓이게 된다. 그래서 어떤 이들은 하루 세 번(새벽, 정오, 밤) 기도하는 것으로 만족하며, 그들의 종교적 의무는 상황에 따라 변할 수도 있다는 것으로 받아들여지기도 한다. 이러한 의례의 변화에 대해서 한국 이슬람교에서는 아직 공식적 입장이 없으나, 개인적 의례의 차원에서는 중요한 변화가 나타나는 것이라 향후 주목되는 현상이다.

2) 타 종교 이해: 갈등에서 무관심으로

　의례와 교육 등을 통해서 자기 내부의 종교성을 확인하고 이해한 종교는 다종교라는 상황을 인식하면서 타 종교에 대해서 자기장을 갖게 된다. 이태원 지역에서 부군당이 가장 먼저 종교공간을 확보하였다는 점에서, 타 종교에 대한 이해는 무교에서 비롯되었다고 볼 수 있다. 그러나 당시의 타 종교에 대한 무교의 자료가 없기에, 타 종교의 무교에 대한 이해를 살펴볼 필요가 있다. 부군당이 생겨난 이후 이태원 지역에서는 보광사와 감리교회의 성동청년회가 종교공간을 만들어갔다. 불교는 무교와의 거리가 개신교에 비해서 가깝기 때문에 큰 갈등은 없었다.

따라서 이태원 지역에서 타 종교 간 갈등은 개신교가 전도를 시작하게 되면서 비롯되었을 가능성이 높다. 왜냐하면, 구한말 개신교 선교사였던 게일(James S. Gale)은 조상숭배를 불교, 도교, 풍수지리, 점성술 등이 복합된 이상한 것으로 보면서, 조상숭배가 질병과 전염병을 만연시켰다는 부정적 인식을 갖고 있었기 때문이다. 그리고 당시 개신교 선교사들에게는 조상숭배뿐만 아니라 마을신앙과 같은 전통의례도 미신으로 이해되고 있었다.

개신교 개화파 지식인이었던 유길준도 조상숭배에 대해서 허황된 풍속이라고 비판하면서, 마을신앙과 같은 전통적인 것에 대해서도 부정적인 시각을 드러냈었다. 따라서 신식 교육의 옷과 계몽이라는 안경을 쓴 개신교 교회가 마을신앙을 우상숭배와 미신으로 몰아갔음을 짐작한다면, 개신교 교회의 설립은 근대 시기 이태원 지역에서 종교 간 갈등의 시발점이 되었을 것으로 보인다. 개신교 교회와 마을신앙과 같은 무교(巫敎) 사이의 잠재적 갈등 요인은 1990년대까지도 이어졌다고 한다. 이태원 지역 모 교회에 다니는 신자 A(72세, 남)에 의하면, 10여 년 전까지만 해도 담임목사가 설교 시간에 '붉은당'(부군당)의 존재와 의례 행위를 미신적 인습과 악령에 의한 행위로 자주 비판했다고 한다.

그러나 1990년대 말부터 이태원 지역에서 개신교 교회의 부군당에 대한 비판이나 적대 행위는 거의 없어졌다고 한다. 이태원 부군당의 경우, 바로 옆 건물에는 이태원제일교회가 자리 잡고 있다. 이교회의 경우, 부군당의 존재와 의례 행위에 대해 예전에는 민감하게 반응하기도 했지만, 현재는 별다른 관심을 갖지 않다. 뿐만 아니라, 그리 멀지 않은 곳에 위치한 이슬람성원에 대해서도 자기장을 넓히고 있지 않다.

2008년 한국기독교총연합회(한기총)를 중심으로 '이슬람이 몰려오고 있다'는 영상물과 구호가 유포된 적이 있었다. 영상물에는 이슬람이 한국을 이슬람화하려는 의도를 갖고 있기에, 그리고 국가안보상의 위험에 미리 대비할 필요가 있기에 본 영상을 만들게 되었다는 배경이 나온다. 국민일보는 2008년 11월에 개신교인에게 이슬람의 확산에 대해 설문조사를 실사하였는데, 응답자의 63.1%가 적극적으로 대응해야 한다고 했으며, 나머지는 아직 특별한 대응이 필요하지 않다고 하였다. 이태원 지역의 개신교인들은 특별한 대응이 필요하지 않다고 보거나, 오히려 무관심한 경향을 나타내고 있는 것으로 보인다.

천주교의 경우도 제2차 바티칸 공의회(Concilium Vaticanum Secundum)와 한국천주교 주교회의의 입장에 따라서 현재 타 종교에 대해서 관용적 태도를 취하고 있지만, 무관심에 더 가깝다. 왜냐하면 명동성당이나 다종교에 대해 적극적인 태도로 반응하는 성당에서는 '부처님 오신 날'의 경우 함께 축하하는 이벤트를 마련하기도 하는데, 이태원 지역에서 이러한 이벤트는 찾아볼 수 없기 때문이다. 그렇다고 타 종교

ooooo

한국 다문화사회와 종교

와 갈등이 발생하고 있지는 않다.

한국이슬람중앙회의 경우도 갈등보다는 관망의 태도를 보이고 있다. 개신교를 중심으로 '이슬람포비아' 현상이 일어났을 때 한국이슬람중앙회은 이에 대해서 적극적으로 해명함으로써 갈등 국면을 피하려고 노력하였다. 라마단 기간이 되면, 일부 개신교 신자들이 한남동 이슬람 서울중앙성원에서 '땅밟기' 의례를 진행하고 있지만, 이에 대해서 아직까지 크게 문제 삼지는 않고 있다.

3) 다문화공간 이해: 다문화 선교의 場

다문화공간 내에서 종교가 종교성을 가장 바깥으로 확장하고 있는 영역은 이주민 공동체와 다문화 축제와 같은 다문화공간에 대한 이해이다. 이에 대한 이해와 변화는 여섯 개의 종교 중 개신교를 중심으로 두드러지게 나타나고 있다. 이태원 1-2동에 위치한 개신교 교회들은 '교동 모임'을 갖고 있다. 교동 모임이란, 교회와 동사무소(주민자치센터)의 관계자들이 모여 지역의 사회복지와 다문화와 관련된 현안을 논의하고 공동으로 대처하고자 만든 자발적인 모임이라고 한다.

사회적 거리감은 종교와 직업, 성뿐만 아니라 인종에 따른 다름에서도 나타난다. 한 연구에 의하면, 한국인은 선진국 출신 이주노동자에게 가장 친밀감을 느끼고, 동성애자와 같은 성적 소수자에게 가장 강한 거부감을 나타낸다고 한다. 그리고 개발도상국 출신 이주노동자와 결혼이주자, 북한이탈주민 순으로 나타나는데, 이태원 지역에서도 이와 비슷하게 나타나는 것으로 보인다. 이에 따라서

○○○○○

이태원 지역에서의 다문화 선교의 대상도 선진국 출신을 중심으로 한 노동자와 그 가정, 결혼을 통한 한국이주여성과 그 가정 그리고 이주노동자 등으로 나누어 인식되고 있다.

앞서 살폈듯이, 이태원 지역의 개신교 교회는 더 이상 타 종교에 대해서 자장을 넓히지 않는 대신, 이주민을 대상으로 자장을 확장하고 있다. 이태원2동의 B 교회 당회장 B 목사는 이태원 지역이 다문화공간으로 알려져 있지만, 이 지역에 거주하는 사람들은 다문화공동체를 형성하고 있는 이주민에 대해서 크게 주목하지 않고 있다고 한다. 또 이 지역의 지가가 계속 올라서, 상대적으로 젊은 사람들이 거주하기에는 힘든 공간이 되고 있어 장년층 이상의 비율이 높아지고 있다고 보았다. 이러한 인구학적 현상은 종교적 성향이나 정치적인 성향도 보수화되는 경향으로 나타나기에, 다문화공동체에 대한 선교적 관심이 다른 지역에 비해서 부족하게 나타나는 것으로 보인다. 예들 들어, 용산구의 다른 다문화공간인 이촌동은 상당히 활발하게 다문화 선교(이주민 선교)가 진행되는 것으로 나타난다.

현재 개신교는 세 가지 유형으로 다문화공간을 다문화 선교의 장으로 활용하고 있다. '다문화 선교를 위한 한국교회 네트워크'와 같이 다문화공간 속 이주민을 적극적 선교의 대상으로 삼는 유형, '안산이주민센터'와 같이 다문화공간 속 이주민을 보살핌의 대상으로 삼는 유형, '지구촌사랑나눔'과 같이 다문화공간 속 이주민을 보살핌의 대상과 선교의 대상으로 함께 보는 유형이다. 현재 이태원2동의 B 목사는, '지구촌사랑나눔'과 같은 유형이 이태원 지역에서 활용 가능한 전략이라고 하면서도, 실제 선교 사업을 운영할 수 있는 인력이 현재 부족한 형편이라고 한다. 따라서 개신교에서는 다문화공간을 다문화 선교의 장으로 인식하고는 있지만, 구체적인 선교 사업으로 실행에 옮기지는 못하고 있는 단계이다.

천주교의 경우, 이태원성당과 한남동성당은 이주민에 대한 선교를 아직까지 고려하지 않고 있다. 국제성당에서는 이주민을 위한 미사 정도 제공할 뿐, 아직 이주민을 대상으로 한 적극적인 선교를 기획하고 있지는 않다. 이러한 상황은 불교와 무교, 입정교성회에서도 마찬가지로 나타나고 있다. 하지만 다문화공간을 적극적인 선교의 장으로 이해하고 활용하고 있는 이촌동, 혜화동 그리고 안산이나 부천 등의 종교 사례를 볼 때, 이태원 지역에서 다문화공간을 활용한 종교 단체의 다문화 선교(포교)의 가능성은 아직 열려있다.

3. 다문화공간으로서 이태원 지역의 이해

이태원 지역은 다양한 인종들의 유입으로, 그들과 함께 들어온 문화와 언어, 종교 등에 따라서 다양한 음식문화와 상점, 이슬람 거리를 포함한 거리문화 등 다문화공간이 형성되었다. 특히, 다양한 종교 단체의 설립에 따라 다문화공간 내에 종교공간이 형성되었는데, 이러한 종교공간의 확장은 각 종교 단체의 종교성 확장이라는 측면에서 이해될 수 있었다. 지금까지 이태원 지역의 종교 지형에 대한 분석을 바탕으로 각 종교 단체가 종교성을 확장 방식이 자기 종교에 대한 이해, 타 종교에 대한 이해, 다문화공간으로서 이태원 지역과 이주민에 대한 이해 등으로 나타남을 살펴보았다. 이를 통해서 분석된 다문화공간으로서 이태원 지역의 특징은 크게 세 가지로 요약된다.

첫째, 이태원 지역이 다문화공간으로 변화됨에 따라서 각 종교는 자신들의 종교의례를 강화하거나 변형하며 종교성을 확장하고 있다. 개신교의 경우, 외국인 신자를 위해서 다국어 예배를 서비스하거나 교회 공간을 빌려줌으로써 이태원 지역 내에서 그 교회의 위상을 높이고 있다. 천주교의 경우는 콘벤뚜알 프란시스코 수도회가 외국인을 위한 국제성당을 운영하면서 영어, 독일어, 불어, 스페인어, 이탈리아어 등으로 다국어 미사를 서비스하고 있다. 이슬람교의 경우, 한국 무슬림 신도를 위해 토요일 집회를 만드는 한편, 증가하는 이주노동자 무슬림을 위해 일요일 집회를 강화하고 있다. 마을신앙인 이태원 부군당도 다른 지역의 부군당과 비교할 때 현대 도심 속에서 아직 명맥을 유지하고 있다는 점은 종교의례가 확장될 가능성이 있음을 보여준다.

그러나 의례의 변화는 근본주의적 성향이 있는 종교 단체에서는 부정적으로 인식되는 경향이 있다. 예를 들어, 개신교의 경우 이태원 지역에서 대한예수교장로회 합동 교단에 속한 교회들은 정형화된 예배 형식과 시간을 고수하고 있으며, 다국어 예배 또한 서비스하지 않고 있다. 이에 비해서 상대적으로 덜 근본주의적 교단인 기독교대한감리회나 한국기독교장로회에 속한 교회들은 의례 형식에서 변화의 기회를 더 많이 나타내는 경향이 있다. 이러한 경향은 한국이슬람중앙회에서도 나타난다. 무슬림 이주노동자들 개개인의 상황에 따른 의례의 변화(하루에 2-3회 기도)에 대해서 한국이슬람중앙회가 공식적인 입장을 내놓지 않는 것도 보수적 또는 근본적 성향을 보여주는 한 예이다.

둘째, 이태원 지역에서 각 종교 단체가 다른 종교 단체를 이해하는 방식에 변화가 나타나고 있다. 근본주의적 성향이 강한 개신교와 이슬람교 사이에 표면적인 충돌과 갈등이 거의 나타나지 않는다는 점은 두 종교가 타 종교를 향한 자장의 범위를 줄이고 있다는 것을 보여준다. 이것은 이태원 지역 내에서 각 종교의 선교 전략이 대립의 전략보다 무관심의 전략을 취하고 있음을 의미한다. 이렇게 볼 때, 이태원 지역에서 개신교가 타 종교에 비해 양적으로 많음에도 종교적 균형이 잘 유지되고 있다는 점은 특징적이라 할 수 있다.

하지만 타 종교에 대해 냉소적 무관심으로 종교성을 축소하는 전략은 결국 자기 종교에 대한 냉소적 반응으로 돌아올 수 있다. 왜냐하면 그만큼 이태원 지역 내에서 종교성의 자장이 줄어들어, 이태원에 거주하는 종교인들의 개인적 차원의 종교성이 희박해질 수 있기 때문이다. 따라서 무관심 전략이 계속 나타난다면 다문화공간 내 종교공간의 자장이 점차 축소되고, 종교 인구의 비율도 줄어들 것으로 예상된다.

셋째, 다른 지역의 다문화공간과 비교할 때 이태원 지역에서 이주민에 대한 종교 단체의 활동이 많지 않다. 예를 들어, 지역적으로 이주민을 비롯한 외국인의 왕래가 잦다는 점은 개신교가 양적인 정체 현상을 타개할 수 있는 대안이 되기도 하는데, 현재 이태원 지역의 개신교 교회들에는 이들을 위한 프로그램이 거의 없다. 이러한 특징은 이태원 지역 개신교 교회의 교파적 특징, 개별 교회 당회장의 목회 방침, 교회 내의 인적 구성, 교회의 재정도, 교회의 지리적 위치 등이 주요한 변수로 반영되고 있음을 보여준다.

현재 이태원 지역에서 다문화공간의 특징은 거리 상권과 이슬람 중앙회에 의해서 드러나고 있다. 이러한 특징은 이태원 지역에서 결혼이주여성보다는 이주노동자에 의해 다문화공간의 특징이 형성되고 있음을 시사한다. 따라서 향후 이태원 지역의 종교 단체가 이주민을 대상으로 종교성을 확장할 때는 이주노동자에게 집중할 것으로 예상된다. 그리고 이주민에 대한 종교 단체의 대응은 이태원 지역의 종교 지형을 변화시키는 데 중요한 변수로 작용하리라 본다.

제2장

서원을 활용한 다문화 가치 창조에 대한 연구

1. 들어가는 말

서원은 한국의 전통 문화유산으로서 교육을 비롯하여 역사, 정치, 사회, 경제 등과 관련하여 당대 조선의 시대 상황을 투영하여 보여주고 있는 곳이다. 서원의 이러한 가치 때문에 최근에는 문화유산으로서 한국 서원의 가치를 세계적으로 알리기 위해서 '한국의 서원 세계유산 등재추진단'이 발족하여 활동하고 있다.[1] 뿐만 아니라, 문화재청은 서원 문화재를 보존 및 관리해야 할 대상에서 한 걸음 더 나아가 활용에 이르러야 한다고 보고, 유교문화재 유형으로서 서원의 활용법에 대해서도 소개하였다.[2]

서원에 관한 연구는 서원을 어떤 연구의 대상으로 보느냐에 따라서 교육의 공간과 내용, 건축물과 경관, 지역 사림과 정치, 기타 등

---

[1] '한국의 서원 세계유산 등재추진단'은 2012년 4월에 발족하여 2015년 1월 소수서원을 비롯한 9개의 서원을 '한국의 서원'으로서 유네스코 세계유산 등재에 신청하였다. 2015년 6월 현재 1-2차 예비실사가 진행되었고, 9월에는 본격적인 심사가 진행될 예정이다.

[2] 문화재청, 『문화재 유형별 활용 길라잡이』, 문화재청, 2011, 29-58쪽.

187

○ ○ ○ ○ ○

으로 연구되어 왔다.3) 특히, 최근에는 문화재로서 문화유적조사, 보존·정비 관리방안, 활용방안 등으로 연구되는 경향을 보이고 있으며,4) 한국 사회가 다문화사회로 전환되면서 이주민들에게 한국의 전통문화에 대한 이해 차원에서 사찰과 서원 등의 문화재 등이 주목되기도 한다.

본고는 현대 다문화사회에서 서원 문화재가 한국의 전통문화에 대한 이해로서만 활용되고 있다는 점에 문제의식을 갖고 출발한다. 요컨대, 본고는 한국 전통문화에 대한 일방적 이해 자료로서 서원이 주목되는 것보다는, 현대 다문화사회에서 서원의 기능과 역할이 이주민이라는 타자와의 관계 설정에 어떠한 기능과 역할을 할 수 있는지를 탐색해보기 위한 작업에서 시작되었다. 이를 위해서 본 연구에서 연구 대상으로 삼은 서원은 포은선생 배향서원 중 임고서원(臨皐書院)이다. 왜냐하면 포은선생 배향서원 중 임고서원이 지역사회를 기반으로 한 문화콘텐츠 프로그램을 현재 가장 잘 활용하고 있으며, 배향 인물인 포은의 사상을 통해서 현대 다문화사회의 가치와 윤리를 찾을 수도 있기 때문이다.5)

---

3) 정만조는 해방 이전부터 1990년대까지 서원 연구의 연대별 동향을 교육 관계, 정치 관계, 사회 관계(향촌, 문중, 향전), 경제 관계, 기타 등으로 분석하였다. 해방 이전까지는 교육과 정치 관계를 중심으로 연구되었고, 해방 이후 1960년대까지는 연구가 미흡하였으나 경제 관계와 관련된 연구가 시작되었으며, 1970년대부터 서원에 대한 연구가 본격적으로 진행되기 시작했다고 분석하였다. 그리고 1980년대 이후부터 1990년대까지는 분야별로 연구가 골고루 진행되고 있음을 밝혔다(정만조, 「최근의 서원연구 동향에 대한 검토」, 『조선시대 서원연구』, 집문당, 1997, 330-334쪽).

4) 박종수, 「포은선생 배향서원의 문화콘텐츠 활용 방안」, 『포은학연구』 14, 2014; 한상우, 「경남지역 유교·선비문화유산 활용 제고를 위한 정책 방안」, 『정책포커스』 2014-7, 2014; 김영모, 「서원 경관의 보존·관리의 문제점 및 개선방안에 관한 연구」, 『전통문화논총』 11, 2013; 최종희·문영숙·김동현, 「세계유산 등재대상 함양 남계서원의 경관보존간리방안」, 『한국전통조경학회지』 31-2, 2013; 문화재청, 『문화재 유형별 활용 길라잡이-잠자는 문화재를 깨우는 방법 22가지』, 문화재청, 2011; 문화재청, 『서원 보존·정비 관리방안 연구보고서』, 문화재청, 2010 등.

5) 박종수, 「정몽주의 여말선초 종교지형의 변화에 대한 인식-현대 다종교·다문화사회에 대한 인식을 위한 제언」, 『포은학연구』 9, 2012, 99-125쪽 참조.

ㅇㅇㅇㅇㅇ

한국 다문화사회와 종교

서원은 교육기관으로서 여러 가지 목적을 갖고 있지만, 성리학적 이상을 바탕으로 도덕적 인격 수양을 지향하는 공동체였다. 현대 다문화사회에서 타자와의 윤리가 무엇보다 중요하다는 점에서, 서원의 이러한 기능을 현대적으로 재해석할 필요가 있다. 본고는 서원 문화재에 대한 선행 연구를 토대로 2절에서 서원의 기능과 역할을 살피고, 3절에서는 서원이 가진 여러 가지 기능을 활용하여 다문화 가치를 창조하기 위한 모델을 포은 사상을 통해서 제언한다. 이 연구를 통해서 포은 사상의 현대적 재조명이 가능할 것이며, 문화유산으로서 서원의 현대적 활용 방안에 대한 후속 연구의 가교 역할이 가능할 수 있을 것이다.

2. 서원의 기능과 역할

서원은 1543년(중종 38) 주세붕(周世鵬)에 의해서 안향(安珦)의 고향인 풍기 순흥에 백운동서원(白雲洞書院)이 처음 세워지면서 비롯되었으나, 널리 보급되어 정착하기 시작한 것은 1550년(명종 5) 퇴계 이황(李滉)의 노력으로 백운동서원이 사액서원이 되면서부터였다.[6] 이후 조선 후기에 이르러서는 동성촌락(同姓村落)에 기반을 둔 서원이 건립되면서 서원의 남설과 격증을 초래하였다. 이에 따라서 당론을 격화시키고 군역의 폐단을 유발하는 등의 폐단이 나타났으며, 1741년(영조 17)에 이르러 상당수의 서원이 철폐되기도 하였다.[7] 결국 1871년(고종 8) 흥선 대원군은 학문과 충절이 뛰어난

---

6) 이수환, 『조선후기서원연구』, 일조각, 2001, 16~19쪽; 김학권, 「한국 서원의 기원과 발달」, 『원광대학교 인문학연구소 논문집』 10-2, 2009, 221쪽; 정만조, 「조선서원의 성립과정」, 『조선시대 서원연구』, 집문당, 1997, 37-42쪽.

인물에 대해 1인 1원(一人一院) 이외의 모든 첩설(疊設) 서원을 훼철하는 서원 철폐령을 내리고, 전국 47개의 서원을 제외한 수백여 개의 서원을 철폐하였다. 이에 따라서 포은선생을 배향하는 서원의 경우 개성의 숭양서원만 남게 되었다.8)

　16세기 중엽부터 서원이 설립되게 한 배경은 사림들이 추진하던 문묘종사(文廟從祀)와 사학 체제의 혁신에 있었다. 조광조(趙光祖)를 중심으로 한 이들은 도학정치(道學政治)를 주장하면서 관학(官學)을 대신하여 위기지학(爲己之學) 위주의 새로운 교학(敎學) 체계를 확립하고자 하였다.9)

　서원의 교육 목표는 성리학의 교육 목표와 맞닿아 있어서, 인간의 심성에 내재된 천리(天理)를 실현함으로써 도덕적 완성을 추구하고자 하였다. 그러나 당시 교육기관의 일반적인 목적이었던 양리(養吏)를 무시할 수는 없어서, 관리 양성의 목표도 함께 추구하였다.10) 서원의 교육철학과 교육 내용은 서원의 원규(院規)를 통해서 알 수 있다. 서원의 원규 중 당대에 가장 큰 영향력을 미쳤던 퇴계 이황의 '이산서원원규(伊山書院院規)'와 율곡 이이의 '은병정사학규(隱屛精舍學規)'는 학문 연구를 본원으로 지향하고 과거 공부는 부차적인 것으로 규정하고 있었다.11)

---

7) 정만조, 위의 글, 204-207쪽.

8) 용인문화원 향토문화연구소, 『충렬서원지』, 한국문화사, 2009, 23-24쪽 참조. ≪승정원일기(承政院日記)≫에 의하면, 서원 철폐령이 내려져 집행할 당시에는 존치될 47개의 서원 목록에 충렬서원이 있었고, 개성의 숭양서원이 철폐 대상이었다. 하지만 흥선 대원군이 별도로 분부하여 양자가 바뀌어 철폐되었다고 전한다. 이에 대해서는 흥선 대원군이 송시열 등 서인(西人)의 학맥을 이은 충렬서원에 대해서 내린 조치였다고 추측되고 있다.

9) 정만조, 「조선 서원의 성립과정」, 『한국사론』 8, 1980, 29-30쪽(정만조, 「조선서원의 성립과정」, 『조선시대 서원연구』, 집문당, 1997, 15쪽 재수록).

10) 김학권, 「한국 서원의 기원과 발달」, 『원광대학교 인문학연구소 논문집』 10-2, 2009, 222쪽.

11) 함정현·양옥평, 「조선시대 서원 교육과 현대 대학 교양 국어교육의 융합 방향의 일 모색」,

서원의 교육과정도 퇴계와 율곡의 영향을 받았다. 퇴계는 소학, 근사록, 효경, 대학, 주자대전, 심경을 교과목으로 삼았던 반면, 율곡은 소학, 대학, 논어, 맹자, 중용, 시경, 예경, 서경, 주역, 춘추, 사기 및 선현의 성리지서(性理之書)를 독서할 수 있는 것으로 교과목을 삼았다. 요컨대, 서원의 교과목은 성리학 위주였으며, 원생들은 이기(理氣)와 심성(心性)을 연구하고, 자신의 성선(聖善)을 구현함으로써 법성현의 교육목적을 달성하고자 하였다. 한편 석강서원(石岡書院)의 경우, 겨울과 봄에는 사서오경을, 여름과 가을에는 사학(史學)과 문집 등을 읽게 하여, 계절과 교과를 조화시키기도 하였다.12)

지역사회에서 서원은 성리학 중심의 유학을 연마하는 도장, 지역 지식인들의 집결체로서 공론(公論)을 생산하는 문화재조의 장 또는 지방문화의 중심지, 제향 인물에 대한 정기적 의례의 장, 지역사회에 대한 지적·도덕적 통합의 장 등 다양한 기능과 역할을 수행하였다.13)

첫째, 16세기의 초창기 서원은 현실적으로 사람의 향촌 활동과 무관하진 않았지만, 근본적으로는 사림의 강학소(講學所)라는 기능이 강조되었다. 앞서 살핀 것처럼, 서원의 이러한 일차적 역할은 퇴계와 율곡이 강조하였기 때문이며, 이러한 역할로 인해 국가로부터 사액을 받을 수 있었다.14) 다시 말해, 초창기의 서원은 사묘에 부수된 유생들의 독서처(讀書處)로서 건립되었는데, 퇴계에 의해서

『동방학』 26, 한서대 동양고전연구소, 2013, 231쪽.

12) 김학권, 위의 글, 223-224쪽.

13) 김광억, 「전통 교육기관의 문화유산적 가치: 콜로기움과 서원을 중심으로」, 『한국의 서원·세계유산 등재를 위한 국제학술회의 자료집』, (사)한국서원연합회 한국의서원세계유산등재추진단, 2014, 32-33쪽.

14) 정만조, 「조선조 서원의 정치·사회적 역할」, 『조선시대 서원연구』, 집문당, 1997, 175쪽.

사림의 강학과 장수처(藏修處)로 역할이 강조되면서 사림의 향촌 활동에 중요한 기반으로 자리 잡게 되었던 것이다.15) 서원의 이러한 기능은 강론과 강학으로서 성리학적 주제를 화두로 탐구와 논쟁을 벌이는 강학소의 역할이었다.

둘째, 서원은 지방문화의 중심지 또는 향촌 지식인이었던 사림의 집결처로서 지역적 문화 활동의 센터 역할을 하였다.16) 그리고 사림들은 통문(通文)을 활용하여 서원 간의 연계를 도모하기도 하였고, 상소를 올려서 자신들의 주장을 내세우면서 공론을 주장하기도 하였다.17)

셋째, 서원은 제향 인물에 대한 정기적인 의례의 장이었다. 조선조의 의례는 크게 대사(大祀)·중사(中祀)·소사(小祀)로 나뉘는데, 서원에서의 의례는 중사로서 문묘제례를 행하는 장소였다. 사림들이 자신들의 사회적 지배력을 확장하기 위해서 서원의 의례적 기능을 활용하기도 하였지만, 의례에 참여하는 선비들에게 몸과 마음을 수련하는 기능도 하였다.18)

넷째, 서원은 지역사회에 대한 지적·도덕적 통합의 장으로서 기능하였다. 사림들은 훈구 사대부보다 정치적·경제적으로 약세였기에 자신들의 정치적인 입장을 정당화하고 경제적인 이익을 도모하기 위해서는 사상적 연합 세력을 형성할 수밖에 없었다. 나아가 이들은 당대의 보편적 가치 체계의 신념을 지키기 위해서 노력하였고, 도통의 연원을 찾으려 하였다. 이러한 노력은 지역의 선비들로

---

15) 이수환, 『조선후기서원연구』, 일조각, 2001, 38쪽.

16) 정만조, 「최근의 서원연구 동향에 대한 검토」, 『조선시대 서원연구』, 집문당, 1997, 336쪽.

17) 강주진, 「서원과 그 사회적 기능」, 『한국사론』 8, 국사편찬위원회, 1980, 76~79쪽.

18) 정순우, 『서원의 사회사』, 태학사, 2013, 276쪽.

서 사림들이 지역사회를 도덕적 공동체로 만들고 유지하는 데 중요한 역할을 담당하였음을 보여준다.[19]

3. 서원과 다문화 가치 창조: 임고서원을 중심으로

현대 다문화사회에서는 사회통합의 일환으로 다문화교육 또는 상호이해교육 등이 실천되고 있다. 이것은 기본적으로 타자에 대한 윤리를 근본이념으로 삼는다. 그런데 타자에 대한 이해와 윤리는 현대사회에서만 요구되는 덕목은 아니었기에 새로울 것은 없다. 따라서 이러한 윤리 또는 가치를 한국적 사상에서 찾아내어 실천할 수 있다면, 한국적 다문화주의 또는 한국적 다문화정책을 만들어내는 데 기본적인 원리를 제공할 수 있을 것이다. 이러한 점에서 본 연구는 서원의 기능과 역할에 주목하였다. 정만조는 1990년대까지의 서원 연구가 주로 건립 문제를 분석 및 고찰하면서 서원의 기능과 역할·성격에 대해서 연구하였다면, 앞으로는 서원들이 시대의 변화에 대응하여 어떻게 기능하고 변화해 가는지를 추적해야 한다고 지적하였다.[20] 본고는 이러한 문제의식을 바탕으로, 포은선생을 배향하는 서원 중 임고서원을 그 사례로 삼아, 현대 다문화사회에서 서원의 변화와 한국적 다문화주의의 창출 가능성을 살펴보고자 한다.

---

19) 정순목, 「서원의 교육문화적 성격」, 『한국사론』 8, 국사편찬위원회, 1980, 118~119쪽.
20) 정만조, 위의 글, 353쪽.

1) 임고서원의 설립 배경과 활용 현황

포은선생 배향서원 중 임고서원은 서원의 발흥기인 1553년(명종 8)에 경상북도 영천군 임고면 고천동 부래산에 세워졌으며, 1554년(명종 9)에 사액되었다.[21] 임고서원은 도학의 종사인 정몽주의 주향처라는 위상을 바탕으로 존현의 명소로 부각되었으며, 이황의 친필 편액이 묘우 문충사에 걸리면서 당대 지역사회에서 명성을 얻게 된다.[22]

그 후 임고서원은 임진왜란으로 소실되었다가 1603년(선조 36)에 현재의 위치에 옮겨 짓고, 이때 임금으로부터 다시 임고서원으로 사액되었다. 이후 1871년(고종 8)에 이르러서는 흥선 대원군의 서원 철폐령으로 철거되었다가 1965년에 정몽주의 위패만을 모시고 복원되었다. 현재 임고서원은 1985년 10월 15일 자로 경상북도 기념물 제62호로 지정되어 있으며, 1-2차 성역화 사업을 통해서 구서원과 신서원, 포은유물관, 충효관, 조응대, 용연, 선죽교, 계현재, 야외무대, 정몽주단심로 등을 갖추어 오늘에 이르고 있다.[23]

앞서 살핀 바와 같이 임고서원도 존현(尊賢)과 위도(衛道)의 공간, 학술과 문화의 공간, 소통과 연대의 공간 등으로 기능하였다. 예컨대, 임고서원은 퇴계학파를 비롯하여 남명학파, 기호학파 등이 당파를 초월하여 사림의 절대적인 추앙을 받았던 정몽주의 도학상의 지위를 기초하여 존현의 공간으로서 기능하였다. 그리고 임진왜

---

21) 임고서원의 건립 시기와 사액 시기를 1555년(명종 10)으로 보는 견해도 있다(조준호, 「조선시대 정몽주 제향서원의 건립 추이와 성격」, 『포은학연구』 6, 2010, 114쪽).

22) 김학수, 「조선후기 영천지역 사림과 임고서원」, 『포은학연구』 6, 포은학회, 2010, 135쪽.

23) 영천시 임고서원 소개(http://imgo.yc.go.kr/sub/01_02.asp) 참조.

란 이후 조호익(曺好益, 1545-1609)과 장현광(張顯光, 1554-1637)을 중심으로 영천 지역의 학문과 저술, 그리고 후학 양성에 이르는 활동의 중심지가 되었다. 그뿐만 아니라, 포은의 주향처로서 위상을 지닌 임고서원은 포은 가문과 충렬서원과의 관계를 중심으로 소통과 연대의 공간으로서 기능하였다.[24]

문화재청은 연구보고서를 통해서 서원 문화재가 문화브랜드, 지성사의 거점, 제향의례, 지역 정체성의 확립, 전통 교육문화의 체험 등의 문화콘텐츠로 활용될 수 있음을 제안한 바 있다.[25] 임고서원이 현대사회에서 활용되는 측면은 '포은유물관'과 '충효문화수련원'을 통해서 드러난다. 포은유물관은 포은선생 일대기와 동판 스크래치 체험이라는 문화콘텐츠를, 충효문화수련원은 선비 체험, 임고서원과 포은선생 충효예의, 전통문화 체험, 지역 탐방의 문화콘텐츠를 활용하고 있다. 특히, 충효문화수련원이 최고의 인성 예절 교육기관을 표방하면서 초중등학생을 위한 1박 2일 프로그램을 운영하고 있다는 점에서, 임고서원은 문화재청이 제시한 '유교문화재형'을 잘 활용하고 있다.

서원은 조선 시대의 교육 공간이라는 건축물의 집합체를 넘어서 성리학적 가치관과 세계관, 그리고 자연관 등을 함께 읽어내는 조형물이었다.[26] 그리고 서원은 존현과 제향되었던 인물들의 사상을 통해서 지역적 고유성을 담도할 수 있었다. 이러한 차원에서 임고서원은 포은 사상의 가치를 담보해왔던 공간이라고 할 수 있다. 그

---

24) 김학수, 위의 글, 135-158쪽.

25) 문화재청, 『서원 보존·정비 관리방안 연구보고서』, 문화재청, 2010, 95-96쪽.

26) 김영모, 「서원 경관의 보존·관리의 문제점 및 개선방안에 관한 연구」, 『전통문화논총』 11, 2013, 111쪽.

렇다면 다른 서원들과 비교할 때, 임고서원은 포은 사상을 현대적으로 어떻게 적용할 수 있을까? 본고는 포은의 사상 중 그가 사행(使行)을 통해서 보여준 타 문화에 대한 수용 인식, 유학자로서 타 종교에 대한 수용과 비판 등의 태도를 통해서 현대 다문화사회에서 요청되는 다문화 가치와 윤리를 고찰해보고자 한다.

2) 포은 사상과 다문화 가치 창조

(1) 사행(使行)에 나타난 타 문화 수용 인식

포은은 명나라와 왜를 사신으로서 아홉 차례 다녀오면서, 타 문화에 대한 감회와 유적지에서의 회고, 타국 문인과의 교유 등과 같은 내용을 사행시를 통해서 남겼다. 포은의 사행시 중 일본 사행시 「홍무정사봉사일본작(洪武丁巳奉使日本作)」에는 포은의 타 문화 수용에 대한 인식을 엿볼 수 있다. 예컨대, 포은은 이 사행시에서 일본의 모습이 우리와 크게 다르지 않으면서도, 일본만의 독특한 문화를 갖고 있음을 인식하고 있다. 이것은 포은이 왜를 섬나라 오랑캐로 인식하는 것이 아니라, 인정에 기초하여 우호적으로 인식하고 있음을 보여준다. 나아가 "물색을 가지고 시기하지 않네(休將物色共相猜)."라는 표현은 풍물이 다르다고 서로 시기하지 말라는 것으로 해석할 수 있다. 풍물이 다르다고 서로 시기하지 말라는 의미는 현대 다문화사회에서 요구되는 다문화 가치와 윤리적 태도와 크게 다르지 않는다.

포은은 우왕 12년에 명나라 경사로 사행을 갔다가 주탁의 벗인 고손지를 만났던 감회를 사행시로 남겼다. 이 시는 포은이 고려를

196

벗어나서 문명 세계를 지향하는 포부를 드러낸 것으로, "포은에게 이상적 국가경영은 성군양신(聖君良臣)의 시대를 만나야 하며, 화이(華夷)의 차별이 없는 세계에서 문사들의 교유는 모두가 친구"라고 밝히고 있다.27)

이와 같이 포은은 사행을 하면서 타 문화에 대해 선입견을 갖지 않고, 문명과 야만을 거부하는 자세를 보여주었다.28) 포은의 이러한 인식과 태도는 현대 다문화사회에서 이주민에 대한 선주민들의 이분법적 인식들(문명과 야만/선주민과 이주민/베푸는 자와 받는 자 등)을 재고하는 데 유용한 인식의 틀과 자세를 제공할 수 있을 것이다.

(2) 유학자로서 타 종교에 대한 인식

포은은 불교와 유교의 종교 지형이 변화되던 시기에 살았기에, 유학자로서 불교와의 인연이 불가분하였고, 여러 불교 경전을 통해서 불교의 교리를 접하기도 하였다.29) 그는 유학자의 입장에서 불교의 교리에 정통하면서, 여말 불교계가 빚은 외형적 또는 사회적 문제 등의 폐단을 주로 공격하였다.30) 다시 말해, 포은은 고려말 불교와 유교의 종교 지형이 변화되는 시점에서 불교를 매개로 유학의 입장을 천명하였던 것이다.31)

포은은 불교와 유교를 조화적인 측면에서 보고자 하였는데, 이러

---

27) 김영수, 「여말 정세와 포은의 명・왜 사행시 연구-포은의 외교적 역량에 주안하여」, 『한문학보』 24, 2011, 236쪽.
28) 임종욱, 「정몽주의 중국체험과 성리학적 세계관」, 『고려시대 문학의 연구』, 태학사, 1998, 190쪽.
29) 정성식, 「여말선초 사상적 패러다임의 전환 탐구」, 『온지논총』 15, 2006, 69-70쪽.
30) 진성규, 「포은 정몽주의 불교인식」, 『한국불교학』 52, 2008, 106쪽.
31) 정성식, 위의 글, 110-111쪽.

한 측면에 따라 포은을 반유불자가 아니라 지불유자라고 부를 수 있다. 왜냐하면 고려말의 시기는 유교와 불교가 공존하였던 사회이고 고승이나 귀족들, 유학자들 모두가 불교에 호의적이었기 때문에 승려들과의 만남이 자연스러운 현상이었다. 포은이 타 종교에 대해서 무조건적인 배타주의적 태도를 취하지 않았다는 점은 현대 다종교사회에서 타 종교인에 대한 윤리와 태도, 나아가 다문화사회에서 다문화 가치 또는 다문화 윤리에 바람직한 시사점을 제공할 수 있다.

서원은 전통적으로 성리학 중심의 유학을 바탕으로 한 교육기관이었다. 하지만 서원이 현대사회에서 교육의 공간으로 재조명받기 위해서는 유학 또는 유교와 관련된 프로그램만을 기획하는 것은 바람직하지 않다. 왜냐하면 서원은 당대 지역문화를 이끌었던 공간이면서 시대의 변화에 대응하여 왔다는 점에서 시대적 변화에 맞춰 새로움을 추구해야 할 역할이 있기 때문이다. 현재 서원이 교육의 공간으로서 활용되는 측면은 '충·효·예절' 교육과 '한국문화이해' 교육과 관련한 전통으로 제한되어 있다. 하지만 전통과 현재를 매개하거나 교차하는 교육의 내용이 필요하다. 이를 위해서 임고서원의 경우, 배향 인물인 포은의 사상을 바탕으로 다문화사회에서 다문화 가치를 창출할 수 있는 프로그램을 개발하면 어떨까 제안하고자 한다.

예컨대, 포은이 타 문화를 수용했던 인식과 태도를 바탕으로 '한국문화 이해'와 더불어 '다문화 이해' 또는 '이웃문화 이해' 교육을 프로그램으로 개발하는 것은 어떨까? 그리고 유학자로서 타 종교와의 조화적 측면을 보였던 포은의 타 종교에 대한 인식과 태도를 바탕으로 유교의례인 '고유제'를 비롯하여 다양한 종교의 의례를 체험할 수 있는 프로그램을 개발하는 것은 어떨까? 대만의 경우, '세

ooooo

계종교박물관'이 설립되어 "종교전통의 정체성을 이해하고 역사적 관점에서 종교를 바라볼 수 있는 시각을 제공한다는 점에서 사회·문화적 의의와 활용도가 높은 문화시설"로 자리매김하고 있다.[32] 현재 우리나라에서도 세계종교박물관의 필요성이 제기되고는 있지만, 아직까지 여러 가지 제약에 의해서 설립되지 못하고 있다. 이러한 상황에서 서원이 현대 다문화·다종교사회의 시대적 요구에 대응한다면, 서원이 갖는 시대의 변화에 대응했던 역할과 기능을 현대적으로 수행할 수 있지 않을까 판단한다.

4. 나오는 말

한국 사회는 최근 20여 년 사이에 다문화사회로 빠르게 전환되고 있다. 이러한 시대적 변화 속에서 이주민을 어떻게 인식해야 하고, 앞으로 이들과 어떻게 살아야 하는가에 대해서는 개인적 차원을 넘어서 지역사회 및 국가적 차원에서 논의가 진행되고 있다. 한국 사회 내 이주민의 범주를 결혼이주자 및 그 가정, 이주노동자 및 그 가정, 북한이탈주민, 유학생 등 다양하게 분류하지만, 각 대상에 따라서 정책은 서로 다르게 접근되고 있다. 그러나 이러한 정책에는 선주민과 이주민이 근본적으로 '인간의 존엄성을 공유한 존재'라는 인식이 크게 작동하지 않고 있다. 이에 따라서 결혼이주자 및 그 가정은 한국 사회 또는 한국 문화에 '동화적 대상'이 되어 한국인의 문화적 정체성을 요구받고 있다. 예를 들어, 전국 다문화

---

32) 신광철, 「대만 세계종교박물관의 전시 이념·체계 및 의의에 대한 연구」, 『박물관과 종교』, 2015 한신대 종교와문화연구소 상반기 심포지엄 자료집, 2015, 48쪽.

가족지원센터에서 수행되고 있는 기본사업 중 '사회통합'에는 한국어 교육을 비롯하여 한국사회 이해 과목 등이 개설되어 있으며, 한국 사회에 대한 전반적인 이해를 바탕으로 한국 사회에 빠르게 적응할 것을 요구받는다. 그뿐만 아니라, 한국문화 탐방과 같은 부정기적 프로그램을 통해서 결혼이주민들에게 한국의 전통문화에 대해서도 이해를 갖추기를 요구한다.[33] 이렇게 볼 때, 서원은 한국문화 이해 교육의 차원에서 활용되고 있다고 볼 수 있다.

전통적으로 서원은 성리학 중심의 유학을 연마하는 도장, 지역 지식인들의 집결체로서 공론(公論)을 생산하는 문화재조의 장 또는 지방문화의 중심지, 제향 인물에 대한 정기적 의례의 장, 지역사회에 대한 지적·도덕적 통합의 장 등으로 다양한 기능과 역할을 수행하여 왔다. 서원의 이러한 사회적 기능은 현대사회에서도 새롭게 활용될 가능성이 있다. 요컨대, 현대 다문화사회에서 타자와의 윤리가 무엇보다 중요하다는 점에서 서원이 당대 사회에 기여하였던 기능을 토대로 현대적으로 재해석될 수 있다는 것이다.

김광억은 서원의 문화실현 기제를 "성스러움, 인간다움의 추구, 자유정신, 도의의 실현" 등으로 보았으며, 서원의 기능을 "유교의 학문적 연마의 도장, 지역사회에 대한 지적 도덕적 통합의 중심 역할, 지식인의 집결체로서 공론을 생산하는 문화재조의 장, 선비의 정신적 자세와 몸가짐을 훈련하는 수양의 과정으로서 의례의 실천, 전통의 가장 중요한 전승 기재, 봉향하는 인물로써 특정한 가치관과 도덕률의 상징과 실천, 서원의 문화경관은 정신적인 것을 체득

---

33) 예를 들어, 대구광역시 동구다문화가족지원센터의 경우 기본사업과 연계하여 한국의 문화를 탐방하는 프로그램을 기획하여 경북 영주의 '선비촌'과 경북 청송의 '고택' 등을 탐방하고 있다 (www.liveinkorea.kr 참조).

○○○○○

하는 장치를 제공, 서원의 멤버에게 공의와 공정의 철학적 기준과 더불어 실천력과 지도력을 배양하는 기관" 등으로 보았다.34)

현대 다문화사회에서는 선주민과 이주민 사이에 보편적 인간으로서의 권리가 서로 충돌하면서 여러 가지 문제들이 발생한다. 예컨대, 인간으로서의 존엄성을 바탕을 둔 생존권, 양심 또는 종교적 신념에 따른 자유권, 차별받지 않아야 할 권리 등이 선주민과 이주민 사이에서 타자를 어떻게 인식하는가에 따른 사회적 문제들로 부각되고 있다. 이러한 문제를 해결하기 위해서 다양한 층위의 '다문화주의'를 바탕으로 한 다문화정책들이 만들어지고 있다.

현재 한국적 다문화주의에 대한 논의는 다른 논의에 비해 적으며, 한국적 다문화주의에 기초한 다문화정책도 없는 형편이다. 이에 따라서 한국적 다문화주의에 대한 이론적, 실천적 연구가 요청되고 있다. 본고는 이러한 측면에서 서원을 활용한 다문화주의 또는 다문화정책에 대한 연구의 필요성을 제기하는 차원에서 임고서원을 사례로 그 가능성에 대해서 살펴보았다. 요컨대, 본고는 임고서원이 포은 정몽주를 배향하는 서원으로서 포은 사상을 바탕으로 다문화 가치 또는 다문화 윤리를 창출하여, 지역사회에서 다문화 가치와 윤리를 프로그램으로 개발하여 서원의 현대적 역할을 수행하면 어떨까 하는 제언을 하였다. 이를 통해서 임고서원이 전통적 또는 현대적 교육의 장소로서 서원의 본래적 기능을 수행할 수 있으며, 포은선생의 사상 중 '타 문화 및 타 종교'에 대한 인식과 수용이 현대 다문화사회에서 타자에 대한 다문화 가치 및 윤리로서 재조명되기를 기대한다.

---

34) 김광억, 「전통 교육기관의 문화유산적 가치-콜레기움과 서원을 중심으로」, 『한국의 서원-세계유산 등재를 위한 국제학술회의 자료집』, (사)한국서원연합회 한국의서원세계유산등재추진단, 2014, 25-34쪽.

제3장

영화를 활용한 다문화교육의 현황과 과제

|

1. 머리말

본 연구의 목적은 다문화교육(多文化教育, multicultural education)의 효과적인 방법으로서 영화를 활용한 다문화교육의 현황과 과제에 대해서 살펴보고, 종교영화를 활용한 다문화교육 및 종교영화 아카이브 구축의 필요성을 제언하는 것이다. 종교는 문화와 일정한 관계를 맺고 있기에, 다문화교육의 내용 가운데 종교를 다루는 것은 어색한 일이 아니다. 또한 종교문화(religion and culture 또는 religious culture)라는 용어가 일반적으로 통용되고 있다는 점에서도,[35] 다문화교육을 비롯한 다문화 담론 속에서 종교를 이야기하는 것은 다문화 현상을 이해하는 데 다차원적인 시각을 보여준다는 점에서 의의가 있다. 그러나 현재까지

---

35) '종교문화'에 대한 용어는 정진홍을 비롯한 여러 연구자에 의해서, 종교를 연구하는 관련 학회 또는 학술단체에서 의해서 널리 사용되고 있는 개념이다. 강돈구는 '종교문화'라는 용어가 'religion and culture'인지 'religious culture'인지에 대해서 명확하지 않다는 점에서, 이 용어의 사용에 대해서 문제를 제기하기도 하였다(강돈구, 「'종교문화'의 의미」, 『종교연구』 61, 2010, 33-67쪽).

종교영화를 활용한 다문화교육의 연구는 활발하지 못한 형편이다. 본 연구는 이와 같은 학문적 현실에 문제를 제기하면서, 종교영화를 활용한 다문화교육의 필요성과 그에 따른 종교영화 아카이브를 제언하는 방향으로 논의를 진행한다.

우선, 다문화교육의 개념과 용어에 대해 살펴볼 필요가 있다. 다문화교육에 대해서는 학자마다 다양한 의견이 존재하기 때문이다. 요컨대, 다문화교육은 상호문화이해교육(相互文化理解敎育, education for intercultural understanding)36)과 국제이해교육(國際理解敎育, education for international understanding)37) 등과 함께 혼용되어 사용되기도 하며, 다문화교육의 개념적 정의는 연구자에 따라서 상이하기도 하다. 예를 들어, 광의의 다문화교육은 "다양한 민족, 인종뿐만 아니라 계층, 성, 지역 등에 의해서 비롯되는 다양한 집단의 문화를 이해하는 능력과 문화적 가치를 존중하는 태도를 기르며, 문화적 차이에 의해서 발생되는 편견이나 갈등문제에 스스로 적극적으로 대처하고 나아가 상호 소통하여 원만한 관계를 형성할 수 있도록 능력을 함

---

36) 상호(문화)이해교육은 1970년대 북아일랜드에서 지역사회 평화교육 운동의 하나로 시작되었는데, 1989년 북아일랜드에서 교육을 개혁하면서 상호이해교육을 소개하였다. 상호(문화)이해교육은 자신을 포함한 모든 사람을 존중하며 다른 문화를 가진 사람에 대한 차별의식과 편견을 없애고 관용 및 상호 인정을 추구하는 것으로 정의되고 있다(한국다문화교육연구학회, 『다문화교육 용어사전』, 교육과학사, 2014, 238쪽).

37) 국제이해교육은 제2차 세계대전 이후 평화 유지를 위해서 다른 나라에 대한 오해와 편견, 적대감을 없애기 위해서 구상된 것으로, 시대의 흐름에 따라서 그 내용이 조금씩 변화되었다. 그러나 대체로 현대 교육은 국민교육 제도의 일환으로서 저마다 독자적인 국가 단위의 교육을 시행함을 특징으로 하나, 보다 최근에는 국제교류의 기회가 증대되고 세계 평화의 유지가 필요해짐에 따라서 국경을 넘어서 인류공영(人類共榮)의 이상을 추구하고, 국제 간 협동과 평화를 강조하는 것이 국민교육의 일환으로 강조기에 이르렀다. 인본주의(人本主義)에 기본을 두는 교육인 동시에 세계에서 전쟁을 몰아내고 전 인류가 공존공영하여야 한다는 원칙을 강조하는 뜻에서 평화교육(平和敎育)의 일환이라 할 수 있다. 주로 일본 교양교육의 일부로 추진되고 있으나 모든 교육 분야에서 다 같이 강조될 수 있으며, 유네스코(UNESCO)를 비롯한 국제기구가 그 추진을 강력히 지원하고 있다. 앞으로 하나의 세계를 지향함에 따라 그 중요성이 강조될 추세에 있다(네이버 지식백과, "국제이해 교육"(國際理解敎育, education for international understanding), 『교육학용어사전』, 1995. 6. 29. 하우동설).

양하는 일체의 교육활동"으로 정의된다. 그리고 학교교육의 차원에서 "다양한 배경의 학생들이 학교에서 평등한 성취경험을 갖도록 교육의 평등, 차별 제거를 위해서 끊임없이 노력하는 과정과 학교 개혁운동"으로 이해되기도 한다.[38]

베넷(Bennett)에 의하면, 다문화교육에는 평등교육, 교육과정의 개혁, 다문화적 역량, 사회정의가 핵심적인 내용으로 포함되어야 한다고 보았다. 뱅크스(Banks)는 다문화교육의 영역을 내용 통합, 지식구성 과정, 편견 제거, 평등교육, 학교문화와 사회구조의 권한 부여 등으로 보았다.[39]

다문화교육은 보편적 가치관을 바탕으로 다양성을 추구하는 것으로, 보편성과 다양성을 동시에 지향하는 교육이라 말할 수 있다. 요컨대, 다문화교육의 보편성은 교육의 사회화 기능과 관련이 있으며, 다양성은 교육의 내용과 관련이 있다. 다문화교육에서 보편성을 추구하는 것이 다양성의 추구를 거스르는 것이 아니다. 그 반대도 마찬가지인데, 다양성이 단순히 서로 다른 생활양식과 사고방식, 가치관이 분화되어 공존하는 것을 의미하는 것이 아니기 때문이다.[40]

국내에서 사용되고 있는 다문화교육의 개념은 학자 및 학문적 입장에 따라서 다소 차이가 있으나, 대체로 "교육과정과 교육제도를 개혁하여 다양한 계층, 인종, 민족 집단의 학생들에게 균등한 교육 기회를 제공할 수 있도록 하는 개혁운동으로, 사회정의의 원리를

---

38) 황정미, 「다문화시민 없는 다문화교육: 한국의 다문화교육 아젠다에 대한 고찰」, 『담론 201』 13-2, 2010, 101-102쪽.

39) 장인실·차경희, 「한국 다문화교육의 연구동향 분석: Bennett 이론에 근거하여」, 『한국교육학 연구』 18-1, 2012, 285-287쪽.

40) 허영주, 「보편성과 다양성의 관계 정립을 통한 다문화교육의 방향 탐색」, 『한국교육학연구』 17-3, 2011, 209-214쪽.

ㅇㅇㅇㅇㅇ

한국 다문화사회와 종교

추구함으로써 학교와 사회의 모든 종류의 불평등에 도전하며, 모든 학생들의 지적, 개인적, 사회적 잠재력을 최대한 실현하고자 하는 교육"[41]이라는 관점에서 볼 때 공통점이 있다. 따라서 본고는 이러한 차원에서의 다문화교육을 전제한 후, 영화를 활용한 다문화교육의 현황과 과제를 살펴보고자 한다.

한국에서의 다문화교육은 몇 가지 점에서 특수한 상황을 갖고 있다. 첫째, 한국에서 현재 시행되고 있는 다문화정책 가운데 다문화교육과 관련된 사업과 프로그램이 압도적인 비중을 차지하고 있다. 둘째, 다문화교육과 관련된 일련의 활동들은 다문화교육의 개념과 지향점에 대한 담론적 뒷받침이 부재한 가운데 실천되고 있다. 셋째, 다문화교육은 다문화주의에 대한 이론적인 비판과 성찰을 통해서 분석할 때 논의가 보다 풍부해질 수 있다.[42] 그뿐만 아니라, 영화를 활용한 다문화교육은 기존의 다문화교육의 내용을 보완하면서 다문화교육의 효과를 높일 수 있다는 점에서 주목받고 있다.[43]

다문화교육은 다문화사회에서 요구되는 타자와의 관계 속에서 어떻게 살아야 하는지를 가르치는 것을 그 내용으로 삼고 있다. 따라서 다문화교육의 대상은 다문화사회를 살아가는 모든 구성원이 되어야 한다. 그러나 최근까지도 그 대상은 이주민들이었으며, 그들은 다수 문화 또는 지배 문화에 동화시키는 대상으로서 다루어져 왔다. 특히, 한국에서는 결혼이주민에 대한 다문화교육이 최근까지도 주류를 이루고 있다. 다행스럽게 최근부터 이러한 교육은 자국

---

41) 모경환, 「다문화교육의 개념과 목표」, 경기도다문화교육센터 편, 『다문화교육의 이론과 실제』, 양서원, 2012, 96쪽.

42) 황정미, 앞의 글, 95쪽.

43) 배현주, 「미디어를 활용한 다문화교육의 가능성 모색」, 『교육문화연구』 15-1, 2009, 160-161쪽.

민 만들기의 한 방편이라는 비판과 함께 다문화교육의 의미를 되묻게 하였고, 이러한 과정을 거치면서 그 대상도 이주민에서 선주민으로까지 확대하게 되었다.

본고는 영화를 활용한 다문화교육이 기존의 다문화교육의 내용을 보완하고 대안을 제공할 수 있다는 점을 전제한다. 그런데 현재까지의 영화를 활용한 다문화교육은 특정한 영화에만 국한되거나 영화적 장르가 제한적이어서 그 활용적 측면에서 한계가 따르고 있었다. 이에 따라서 본고는 종교영화라는 장르가 다문화교육에도 활용도가 있으리라고 보고, 종교영화를 활용한 다문화교육을 제안하고자 한다. 그리고 이것이 가능하다면, 한국 종교영화에 대한 개괄적 정리와 분류를 통해서 종교영화를 활용한 다문화교육이 보다 효과적일 수 있음을 살펴보고자 한다.

2. 영화를 활용한 다문화교육의 현황과 과제

1) 영화를 활용한 다문화교육의 현황

현재까지 영화를 활용한 다문화교육의 사례 연구는 여러 학문 분야에서 시도되고 있다.44) 이를 세 가지 영역으로 분류하여 대표적

---

44) 한관종, 「영화를 활용한 사회과에서의 다문화수업 방안」, 『사회과교육연구』 13-13, 2006, 147-166쪽; 서연주, 「한국 문화에 나타난 다문화 인식 양상 고찰: 인권영화를 중심으로」, 『국어문학』 47, 2009, 213-234쪽; 홍기천·남은아, 「영화자료를 활용한 초등학교 5학년의 실제적인 교과수업 방안」, 『한국콘텐츠학회논문지』 6-8, 2006, 68-77쪽; 조현일, 「읽기 텍스트로서의 영화와 영화 읽기 교육」, 『독서연구』 18, 2007, 255-285쪽; 이경순, 「다른 세계들: 영어권 문화 강의에서의 영화의 활용」, 『문학과 영상』 가을겨울호, 2002, 61-92쪽; 노시훈, 「영화를 통한 프랑스 문학·문화 교육」, 『프랑스학연구』 33, 2005, 351-371쪽; 정영근, 「디지털문화시대의 영화와 교육」, 『교육인류학연구』 6-2, 2003, 205-224쪽; 김보림, 「역사수업에서 영화를 통한 일본사: 영화 카게무샤를 중심으로」, 『한국일본교육학연구』 12-1, 2007, 1-16쪽; 이종원, 「기독교 교양과목에서의 영화 활용에 대한 연구」, 『대학과 선교』 5, 2008, 251-276쪽; 한용택, 「학

인 연구를 살펴보면 다음과 같다.

첫째, 영화라는 미디어를 통해 재현되는 이주민, 다문화 현상, 다문화사회 등에 대한 비판적인 연구가 있었다. 예컨대, 손은하는 「다문화사회에서 이주민의 타자화」라는 글에서 영화 '반두비'(2009), '페르세폴리스'(2007) 등에 나타나는 이주노동자가 어떻게 재현되고 있는지를 비판적으로 살피고, 이방인을 타자로서가 아닌 혼종성과 잡종성을 지닌 그대로의 존재로 받아들여야 함을 역설하기도 하였다. 그녀는 짐멜(G. Simmel)이 언급한 타자의 긍정성을 토대로 반두비와 페르세폴리스에 등장하는 인방인인 '카림'과 '마르잔' 등이 한국 사회에서 어떻게 타자화되고 있는지를 비판적으로 살폈다.[45]

둘째, '다문화'라는 주제를 포괄할 수 있는 영화를 통해 다문화 인식 양상에 대한 연구도 있었다. 예를 들어, 서연주는 「한국 문화에 나타난 다문화 인식 양상 고찰」에서 인권영화를 중심으로 한국 사회의 다문화 인식 양상에 대해서 살피면서, 다문화교육의 방향에 대해서 고찰하였다. 이 글에서 살핀 영화들은 '여섯 개의 시선'(2003) 중 '믿거나 말거나 찬드라의 경우', '별별이야기'(2005) 중 '자전거여행', '다섯 개의 시선'(2006) 중 '배낭을 멘 소년'과 '종로, 겨울', '별별이야기 2: 여섯 빛깔 무지개'(2008) 중 '샤방샤방 샤랄라'였다. 이 인권영화들은 타자화된 다문화가족들의 모국의

교에서의 다문화교육을 위한 프랑스와 독일의 영화」, 『비교문화연구』 19, 2010, 205-232쪽; 정영기 · 김충현, 「영화 <클래스>에 나타난 다문화교육의 방법 연구」, 『다문화와 평화』 6-1, 2012, 85-110쪽; 배현주, 「미디어를 활용한 다문화교육의 가능성 모색」, 『교육문화연구』 15-1, 2009, 139-164쪽; 안신, 「영화의 상상력과 다문화 종교교육: 영화에 나타난 예수의 이미지를 중심으로」, 『종교교육학연구』 32, 2010, 65-83쪽; 박선주 · 김태희, 「다문화 교육을 위한 교육용 콘텐츠 분석 및 개선방안」, 『한국정보교육학회 논문지』 15-3, 2011, 355-363쪽.

45) 손은하, 「다문화사회에서 이주민의 타자화: 재현된 영상물을 중심으로」, 『다문화와 평화』 7-1, 2013, 33-65쪽.

모습을 재현하고 있는데, 이러한 재현이 허구적 또는 우리의 상상에 의해서 만들어진 것임을 지적하면서 '소통 가능한 문화'에 대해서 살폈다.46)

셋째, 다문화사회 속 다양한 쟁점 중 종교라는 주제에 맞춘 영화분석 및 (다문화) 종교교육에 대한 연구가 있었다. 예컨대, 안신은 「영화의 상상력과 다문화 종교교육」에서 영화에 나타난 예수의 이미지를 중심으로, 종교 관련 영화가 다문화 종교교육에서 문서교육을 보완하는 미디어교육의 효과적인 자료로서, 다문화주의를 자연스럽게 소개하는 매체로서 활용될 수 있는 사례를 살폈다. 그는 '아바타'(2009), '박쥐'(2009), '불신지옥'(2009), '2012'(2009) 등을 소개하면서 다문화 종교교육의 가능성에 대해서 살핀 후, 예수 영화인 '구유에서 십자가까지'(1912)에서부터 '메시아'(2008)까지를 분석하며 다문화 종교교육에서 종교영화가 기여할 수 있는 바를 논하였다.47)

2) 영화를 활용한 다문화교육의 과제

영화를 활용한 다문화교육은 영상 자료의 체계적인 활용을 통해서 학습자에게 흥미를 유발하고 이해를 도울 수 있다는 점에서 장점이 있다. 뿐만 아니라 다양한 영화 프로그램들은 학습해야 할 방향성을 제시해주는 기능과 가치를 지닐 수 있다. 요컨대, 영화 프로그램을 다문화교육 수업의 도입 단계에서 활용함으로써 학생들에게 무엇을 공부하게 될지 알려준다는 의미이다.

---

46) 서연주, 앞의 글, 213-234쪽.
47) 안신, 앞의 글, 65-83쪽.

ooooo
한국 다문화사회와 종교

하지만 영화를 활용한 다문화교육의 교수 방법이 항상 효과적이지는 않다. 왜냐하면, 영화의 활용 방법과 학습 조건, 영화 프로그램의 질 등에 따라서 다문화교육 교수 효과의 질이 달라질 수도 있기 때문이다. 그리고 학습 목표와 관련성이 짙은 영화를 선정하여 활용하여야 하는데, 그렇지 못할 경우 다문화교육의 수업은 단지 흥미만 유발시킬 수 있다. 따라서 영화를 통해서 얻을 수 있는 교육적 내용은 특정한 교수 목표를 반영하여야 하며, 그에 맞는 영화를 선정 및 활용하여야 한다.

현재까지의 영화를 활용한 다문화교육은 몇 가지 차원에서 과제가 있다. 첫째, 영화를 활용한 다문화교육은 특정 대상을 대상으로 학교교육 내에서 간헐적으로만 수행되고 있다. 예컨대 초중등학교 방과 후 수업의 형식 또는 특강 형식으로 진행되고 있어서 교육의 연속성을 기대하기 어렵다.

둘째, 다문화교육의 일환으로 영화를 활용하는 모델은 대체로 학계의 연구자를 중심으로 수행되고 있다. 따라서 현장에서의 교사들은 연구자가 만들어낸 모델을 활용하거나, 교사가 자체적으로 교안을 개발하여 영화를 활용한 다문화교육을 수행한다는 점에서 연구자와 교육자가 일치하지 않기에 생기는 연구 자료의 비효율성이 제기된다. 그리고 연구자는 현장 경험이 적기 때문에 현장 중심의 다문화교육이 아닌, 피상적 또는 원론적인 내용의 모델을 제시하는 경우가 있다. 따라서 연구자와 교육자가 일치할 수 있도록, 영화를 활용한 다문화교육에 대한 교육자의 관심과 연구가 필요하다. 그리고 연구자는 교육 현장의 실제적인 것들을 최대한 반영할 수 있도록 현장의 교육자들과 협업이 필요하다.

셋째, 종교영화를 활용한 다문화교육의 활용이 부족하였다. 다문화사회는 종교에서 비롯되는 차이에 대한 이해가 무엇보다 중요하다. 그리고 종교에 대한 이해는 다문화교육의 중요한 요소로서 그 내용을 구성한다. 따라서 종교영화를 활용한 다문화교육의 프로그램 개발이 필요하다. 이를 위해서 종교영화 아카이브의 구축도 요청되고 있다. 다시 말해, 영화를 활용한 다문화교육은 영화라는 전달 매체만 활용하는 것이 아니라, 그 안에 담긴 교수 내용과 학습 주제에 맞는 교수 전략이 필요하다. 이와 같은 과제에 따른 대안으로서 종교영화를 활용한 다문화교육이 요청될 수 있다.

3. 종교영화를 활용한 다문화교육의 가능성

1) 종교영화와 다문화교육의 상관성

영화는 인간이 갖는 "꿈의 공장(dream factory)"[48]이면서도 현실 사회를 반영하는 기제로 활용된다. 영화는 현실의 문제를 영상 속에 담아내면서 문제의 해결을 위한 소극적인 차원에서부터 적극적인 차원에 이르기까지 인간의 변화를 유도하기도 한다. 한편, 많은 사람은 현실에서 이루지 못한 경험들을 대리 만족하기 위해서 영화에 몰입하기도 한다. 영화는 현실을 부정하는 경향도 있지만, 실현 가능한 또는 실현되어야만 하는 내용을 담기도 한다. 이러한 영화의 매체적 성격과 영화에 대한 사람들의 접근성은 영화의 교육적

---

48) M. Eliade, *The Sacred and the Profane: the Nature of Religion* (New York: Harcourt, Brace & World, Inc., 1959), p. 205; 신광철, 「영화의 종교적 구조에 대한 성찰: 영화, 종교(학)적으로 읽기를 위한 예비적 작업」, 『종교문화연구』 4, 2002, 15쪽 재인용.

기능을 보여준다.

영화의 장르로서 종교영화는 몇 가지 차원으로 구별되기도 한다. 예컨대, 'religion film'으로 쓰는 경우는 특정 종교와 종교인이 소재 또는 주제로 부각될 때이며, 'religious film'으로 쓰는 경우는 삶과 죽음의 의미에 대해서 성찰할 때, 'religion as cameo'로 쓰는 경우는 전위영화와 같이 종교를 배경 또는 주변으로 활용할 때이다.49) 텔포드(Telford, R. William)는 영화와 종교의 상관성을 설명하면서, 영화에 대한 종교학적 연구를 신학적, 신화적, 이념적 접근으로 나누어 설명하기도 하였다.50)

종교영화는 영화와 종교가 함께 어우러진 미디어로서, 영화학 분야의 분류 기준에 의한 장르이다. 종교영화는 특정 종교에 대한 호교론적 이미지화를 일컫는 데 사용되기도 하였고, 특이하거나 소름 돋는 이야기의 시각화로서 컬트 무비로도 이해되곤 했던 적이 있었다. 하지만 본고에서 사용하는 종교영화는 이와는 조금 다르게, 개념을 좀 더 확장하여 사용한다. 요컨대, 종교영화는 종교가 내재적으로 가진 교리적·신화적·의례적 측면과 종교의 사회적·윤리적 실천으로 드러나는 외재적 측면이 시각화된 매체이다. 종교영화의 내·외적 측면은 다문화사회에서 다양한 종교를 이해하는 데 도움을 줄 수 있으며, 이러한 이해는 다문화(종교)교육이라는 측면에서 상관성을 갖는다. 이를 전제할 수 있다면, 국내에서 종교영화가 어떻게 다루어져 왔으며, 그 내용이 무엇인지를 살펴볼 필요가 있다.

현재까지 국내에서 종교영화라는 주제를 직·간접적으로 다루고

---

49) 안신, 앞의 글, 68쪽.

50) Eric S. Christianson, Peter Francis & William R. Telford, *Cinema Divinite: Religion, Theology, and the Bible in Film*(London; Hymns Ancient & Modern Ltd, 2005), pp. 26-34.

있는 연구자들의 논저를 중심으로 살펴보면 다음과 같다. 우선 국내에서는 『기독교사상』 제128호(1969)에 「참된 종교영화를 대망」이라는 글이 정종화에 의해서 발표되면서, 종교영화가 주목되기 시작하였다. 당시 복음신보 편집국장이었던 그는 위의 글에서 종교영화를 기독교 영화로 전제한 후, "(우리에게) 종교적 체험을 공감케하는 진실을 전달하는" 종교영화가 참된 종교영화라고 보고 있다. 예컨대 그에게는 "예수와 같은 거대한 인격과의 만남을 그 어느 때보다 요청하는 시점에서, 예수의 참 모습을 드러내는 멋있는 '예수전 영화'"[51]가 참된 종교영화이며, 그렇지 않은 영화는 '야담종교영화'였다. 이후 그는 『(자료로 보는) 세계의 종교 영화』라는 책에서 국내·외의 종교영화 관련 자료(영화 포스터)를 중심으로 종교영화를 소개하였다. 하지만 이 책은 종교영화의 개념에 대한 설명이 충분하지 못한 상태에서 관련 포스터를 나열하고 있기에, 종교영화의 개념에 대한 학문적 논의는 아니었다.

그리고 『감독도 모르는 영화 속 종교 이야기』를 쓴 김기대도 종교영화에 대한 개념적 정의 없이 영화 속에 이미지화된 종교성을 발굴하여 '영화와 종교가 공유하는 것'들에 대해서 주로 서술하였다. 뿐만 아니라, 『종교, 할리우드에게 길을 묻다』를 쓴 이경기도 할리우드의 흥행작들 속에 감독과 배우들의 종교관이 영화 속에 어떻게 표현되고 있는지를 몇 가지 유형으로 살폈다. 예컨대, 동물, 사랑, 색상, 숫자, 음식, 음악 및 사운드트랙, 영화 제목 등으로 유형을 나눈 뒤 영화 속 종교 이야기를 서술하였다.

한편, 한국영상자료원은 『한국영화 100선: <청춘의 십자로>에서

---

51) 정종화, 「참된 종교영화를 대망」, 『기독교사상』 13-1, 1969, 89쪽.

ooooo

<피에타>까지』(2013)라는 단행본을 출판하면서, 시대별로 한국 영화 중 100편을 선정하여 소개하였다. 60여 명의 영화 관련 연구자와 평론가들이 선정한 100편의 한국 영화 중에 종교영화라고 부를 수 있는 영화가 선정되었다는 점에서 종교영화의 작품성과 한국 영화사에서의 위상을 확인할 수 있다.

앞서 언급했듯이, 다문화교육은 보편적 가치관을 바탕으로 다양성을 추구하는 것인데, 보편성과 다양성을 동시에 지향하는 교육을 일컫는다. 그리고 이 다양성에 대한 이해와 교육은 종교에 대한 이해와 교육도 포함한다. 따라서 다문화교육을 실천하는 과정에서 종교에 대한 이해 및 교육은 아무리 강조해도 지나치지 않는다. 종교에 대한 이해는 문헌 등을 통한 간접적 경험과 의례의 참여 등 직접적 경험이 통해서 할 수 있다. 그런데 시대에 따라서 교육의 효과적인 방법이 달라지듯이, 21세기에는 미디어를 결합하여 활용하는 교육의 방법이 효과적으로 나타나고 있다. 이에 따라서 종교영화를 활용한 종교교육 또한 교육의 방법으로서 효과적인 것으로 받아들여지고 있다. 그리고 종교영화의 내·외적 측면은 다문화사회에서 다양한 종교를 이해하는 데 도움을 줄 수 있으며, 이러한 이해는 다문화(종교)교육이라는 측면에서 상관성을 갖는다고 할 수 있다.

뿐만 아니라, 근현대 한국 종교를 연구할 때 해당 종교에 관한 일차적 자료의 확보가 중요하지만, 내부자가 아니면 일차적 자료에 접근하는 게 힘든 경우가 많다. 이러한 경우, 종교영화는 이차적 자료로서 종교 연구에 도움을 줄 수 있다. 다시 말해, 내부자가 만든 일차 자료를 가지고 한국 종교를 연구할 수도 있지만, 해당 종교에 대해 외부자가 만든 이차 자료도 유용한 시사점을 줄 수 있다. 따라서 종교에 대해 외부자의 시선으로 만든 종교영화는 한국 종교에 대한 메타 자료로서 한국 종교의 담론을 연구하는 데 중요하다.

이러한 이차 자료에서 주목할 만한 것이 종교영화(religious film) 이다. 종교영화는 내부자에 의해서 선교를 위해서 만들어지기도 하지만, 외부자에 의해서 해석된 종교문화가 이미지화되기도 한다.[52] 이때 그려지는 종교문화는 내재적 측면과 외재적 측면의 두 가지 유형으로 시각화된다. 내재적 측면이란 종교영화 속에 그려지는 해당 종교의 교리적·신화적·의례적인 내용을 일컬으며, 외재적 측면이란 해당 종교의 사회적·윤리적 실천 내용을 일컫는다. 종교영화가 외부자에 의해서 시각화될 때는 외재적 측면이 좀 더 부각되곤 하는데, 이때 해당 종교의 사회적·윤리적 쟁점들이 주목되면서 종교 연구의 메타 자료가 된다. 따라서 한국 종교 연구 자료의 다각적인 발굴과 연구를 위해서 종교영화를 통한 한국 종교의 연구는 필요하다. 그리고 이 작업은 다문화사회에서 다종교 상황을 이해하고 다문화사회를 문화 다양성, 종교 다양성을 지향하는 사회로 이해할 수 있도록 도울 수 있다.

종교영화는 한국 종교 연구의 자료로서 종교학 분야에서 연구될 수 있지만, 영화학과 영상문화학, 인문콘텐츠학, 신문방송학, 언론학, 신학 등에서도 연구 자료로서 활용될 수 있다. 뿐만 아니라, 다문화교육과 같은 융복합 분야에서도 주목되고 있기에, 한국 종교영화는 학제 간 연구로서 융·복합적인 연구가 요청되는 분야이다.

---

52) John R. May, "Visual Story and the Religious Interpretation of Film", in *Religion in Film* Vol.7 Issue 2, 1980, pp. 24-25; John R. May, "Contemporary Theories Regarding the Interpretation of Religious Film", in *New Image of Religious Film*, p. 18; 박종천, 「영화가 종교를 만났을 때: 김기덕의 <봄여름가을겨울그리고봄(2003)>을 중심으로」, 『종교연구』 44, 2006, 292-293쪽 재인용.

○○○○○

현재까지 종교영화에 대한 관심은 개별 학문적 수준에서 관심을 가졌는데, 종교학 분야에서 종교영화에 관심을 두고 연구한다면 보다 진전된 수준의 융·복합적 연구에 기여할 수 있으리라 본다.

2) 한국 종교영화 아카이브의 구축

본고에서는 종교영화 아카이브의 사례로, 한국 종교영화의 아카이브 구축에 대해서 한국 종교영화의 역사와 그 사례에 대해서 살펴보고자 한다. 한국 종교에 대한 다각적 연구 자료로서 종교영화가 요청된다면, 이에 대한 자료의 수집과 정리 등의 데이터베이스 구축이 필요하다. 한국 종교영화에 대한 연구는 아직 개별적인 종교영화에 국한되어 있는데, 연구 대부분이 개별 종교전통의 내부자로서 종교영화를 연구하고 있기 때문에 한국 종교영화를 총체적으로 이해하는 데 어려움이 있다.53) 2004년에 신광철에 의해서 한국 종교영화에 대한 전반적인 연구가 시도되었는데, 10년이 지난 현재까지도 이 연구를 넘어선 진전이 보이지 않고 있다. 종교영화가 한국 종교를 좀 더 다각적으로 연구할 수 있는 자료라고 한다면, 한국 종교 전체를 아우르는 종교영화에 대한 데이터베이스 구축이 시급하다. 왜냐하면 이 작업이 종교영화의 연구에 기초 자료를 제공하여, 후속 연구를 가능하게 만들기 때문이다.

한국 종교영화는 시대적·사회적 소산물이기 때문이며, 한국 영화사의 맥락 속에서 종교영화를 파악할 때 종교영화의 보다 분명한 특징이 부각될 수 있다. 활동사진으로 출발한 한국 영화는 현재 양

---

53) 신광철, 「한국 종교영화의 현황과 전망」, 『한국종교』 28, 2004, 123- 124쪽.

적·질적인 면에서 서구 영화 못지않게 성장하였다. 영화사는 연구 방법의 시간성에 그 특징이 있다고 한다. 영화가 시간이 경과하며 어떻게 기능했는지를 다루는 것이 영화사의 핵심이라는 것이다.54) 영화사가 과거에 일어난 사건을 서술하는 것은 다수의 역사들이 서술될 수 있는 가능성의 장(field)을 펼치는 것이다. 영화와 영화를 둘러싼 시대의 의미는 '역사적 특정성(singularities)'에 따라 복수의 해석이 가능하며 사회적, 산업적, 문화적, 미학적 접근 방법에 따라 다양한 이야기가 구성될 수 있다.55)

한국 영화사에 관한 연구는 한국영상자료원을 통해서 과거의 한국 영화를 비교적 수월하게 접근할 수 있는 환경이 조성되면서 많이 진척되었다. 그리고 원로 영화인들의 구술 기록과 신문기사, 잡지 등을 정리한 자료집이 발간되면서 자료의 다양성도 확보하게 되었다. 해방 이전 시기의 영화가 발굴되면서 작품을 통해 한국 영화의 역사를 재구성할 수 있게 되었고, 다양한 분야의 아카이빙 작업이 활발하게 진행되면서 역사적 자료에 대한 접근이 쉬워지기도 하였다.

한국 영화사 또는 한국 종교영화사는 한국 영화를 어떻게 인식하고 접근하는지에 따라서 다양한 관점과 사실을 서술할 수 있다. 본고는 김미현의 『한국영화역사』를 바탕으로, 한국 종교영화를 시대의 기록, 그 영화를 생산하고 소비한 시대의 대중심리와 사회구조에 대한 프레임을 짜낸 결과라는 관점을 갖고, 한국 종교영화에 대한 역사적 전개를 서술하고자 한다.

---

54) 로버트 알렌·더글라스 고메리, 『영화의 역사: 이론과 실제』(유지나 외 역), 까치, 1997, 17-48쪽.
55) 김미현, 『한국영화역사』, 커뮤니케이션북스, 2014, 16쪽.

해방 이전부터 현재까지 파악된 한국 종교영화의 편수는 약 184 편 정도이다. 한국 종교영화는 해방 이전에 만들어진 1933년 이규환의 '밝아가는 인생'을 시작으로 2015년 김상철의 '순교' 등에 이르기까지 종교전통별로 다수의 영화가 제작되었다. 해방 이후부터 1950년대에는 무속 영화를 비롯하여 불교 영화, 천주교 영화, 개신교 영화가 비슷한 편수가 제작되었다. 한국 영화산업의 전환점이 된 1960년대부터는 종교영화의 제작 편수도 함께 늘어나기 시작하였다. 예컨대, 이 시기에 무속 영화는 13편, 불교 영화는 16편, 천주교 영화는 7편, 개신교 영화는 11편이 제작되었으며, 유교 영화와 신종교 영화가 각각 1-2편씩 제작되었다. 이 시기에 이르러서 한국 종교영화의 흐름이 비로소 생겨나게 되었다. 이후 한국 종교영화는 꾸준히 제작되고 있으며, 종교영화제 등을 통해서 단편 영화 및 다큐멘터리 영화가 제작되면서 종교영화의 전성기를 맞게 되었다. 각 종교전통의 시기별 종교영화 편수를 살펴보면 다음과 같다.

<표 6> 종교전통별 한국 종교영화의 시기별 편수

시기	소계	무속 영화	불교 영화	유교 영화	천주교 영화	개신교 영화	신종교 영화
해방 이전까지	1	1	-	-	-	-	-
해방이후~1950년대	13	1	5	-	4	3	-
1960년대~1970년대	48	13	16	1	5	11	2
1980년대~1990년대	66	12	15	8	7	21	3
2000년대 이후	56	7	8	9	4	26	2
총계	184	34	44	18	20	61	7

해방 이전까지 제작된 한국 종교영화는 무속 영화로 분류되는 이규환의 '밝아가는 인생'(1933)이 유일하다. 이 시기에는 장르로서

종교영화가 자리 잡기 전이었고, 신파적 또는 계몽적 영화가 주류를 이루었기 때문이기도 하였다. '밝아가는 인생'은 무속적 내용을 계몽되어야 할 미신으로 묘사하면서 무당과 계몽 지식인들의 갈등을 그린다. 영화 속 이러한 장면들은 당대의 시대적 분위기를 반영한 결과이며, 무속에 대한 이러한 이미지는 1990년대까지 재생산되는 소재로 이어졌다.

해방 이후 1950년대까지 한국의 종교영화는 해방 전보다는 제작 숫자가 늘어나긴 하였지만, 종교전통별 불균형을 이루고 있다. 요컨대, 이 시기에 제작된 종교영화는 무속 영화가 1편['배뱅이굿'(1957, 양주남)], 불교 영화가 5편['마음의 고향'(1949, 윤용규); '성불사'(1952, 윤봉춘); '꿈'(1955, 신상옥); '무영탑'(1957, 신상옥); '종각 또 하나의 새벽을 그리며'(1958, 양주남)], 천주교 영화가 4편['안중근사기'(1946, 이구영); '지성탑'(1948, 김정환); '고종황제와 의사 안중근'(1959, 전창근)], 개신교 영화가 3편['죄 없는 죄인'(1948, 최인규); '유관순'(1948/1959, 윤봉춘)]이 제작되었다.

1960-1970년대는 한국 종교영화가 본격적으로 만들어진 시기라고 할 수 있다. 이 시기에는 이전과 비교할 때 양적으로 약 4배에 달하는 영화가 제작되었다. 무속 영화는 13편으로 1950년대에 비해 양적으로 많이 늘었지만, 그 내용은 무속을 여전히 계몽되어야 할 대상으로 묘사하고 있다는 한계가 있었다. 불교 영화 또한 양적으로 3배가 넘게 제작되었으며, 그 내용은 불교의 역사 또는 가르침에 대한 것, 그리고 당대의 국책 이념을 지지하기 위한 내용이 주류를 이루었다.56) 그리고 이 시기에 유교 영화로 분류할 수 있는

---

56) 이에 대해서는 신광철, 위의 글, 134쪽의 불교 영화 내용 분류를 참조.

'고가'(1977, 조문진)가 제작되었다. 이 영화는 300년째 가문을 이어온 장동 김씨가의 이야기로, 개화기 전통을 고수하는 인물과 신학문을 쫓는 인물 사이의 갈등을 다루고 있다.

한편, 이 시기에는 천주교 영화와 개신교 영화가 각각 5편, 11편씩 제작되었는데, 이 영화들의 내용은 주로 전기적 인물 또는 순교사에 대한 것이었다. 천주교에서는 안중근이 주로 다루어졌으며, 개신교에서는 성직자로서 손양원·주기철이 영화화되었다. 그리고 신종교 영화가 2편 제작되었는데, '백백교'(1961, 하한수)와 '동학난'(1962, 최훈)이 제작되면서 사회적으로 문제가 되었던 백백교 사건이 다루어지는가 하면, 서구화에 대한 반성적 차원에서 동학에 대한 영화가 제작되기도 하였다.

1980-1990년대는 한국 종교영화가 양적으로나 질적으로 한 단계 도약을 시작한 시기이다. 약 70편 가까이 종교영화가 제작되었는데, 그 내용도 다양하게 제작되었기 때문이다. 이 시기에 접어들면서 종교영화는 주로 내부자의 관점에서 제작되었던 관행에서 벗어나 외부자의 관점에서 사회적·윤리적 측면이 부각되기 시작하였다는 의의를 찾을 수 있다. 이러한 경향은 2000년대 이후 현재 제작되는 한국 종교영화의 흐름에도 영향을 주고 있다. 예컨대, 신승수의 '할렐루야'(1997)와 박철관의 '달마야 놀자'(2001), 육상효의 '달마야, 서울 가자'(2004), 이창동의 '밀양'(2007), 박찬욱의 '박쥐'(2009) 그리고 가장 최근에 개봉한 나홍진의 '곡성'(2016)에 이르기까지, 이 영화들은 개신교·천주교·불교 등을 배경으로 외부자의 관점에서 각 종교의 교리에 대해서 문제를 제기하기도 하고, 종교의 세속화된 현상을 풍자적으로 비판하기도 하며, 해당 종교를 둘러싼 당대의

219

이미지를 오락적 홍행 코드와 연계하여 해석하고 있다는 점에서 이전의 종교영화의 흐름과 비교되고 있다.

2000년대 이후 한국의 종교영화는 종교영화제 및 독립영화제를 통해 단편 영화 또는 다큐멘터리 영화로 제작되면서 황금기를 맞았다. 2015년 현재 약 60편에 가까운 영화가 제작되었는데, 내부자적 관점과 외부자적 관점이 균형 있게 제작되고 있다는 점이 특징이다. 1980-1990년대에 외부자적 관점으로의 전환이 시작되었다면, 최근에는 개별 종교의 자성적 목소리가 반영된 내부자적 종교영화가 활발히 제작되고 있다는 점에서 균형이 잡히고 있다고 해석할 수 있다.

종교영화 아카이브는 한국 종교영화에 대해서 전반적으로 다루기 때문에 종교 및 영화 관련 교양과목의 교재로서도 활용될 수 있다. 현재 종교영화와 관련된 교양과목이 몇몇 대학에서 개설되고 있지만, 마땅히 교재로 사용할만한 것이 없었다. 이러한 상황에서 본 연구가 제안하는 종교영화 아카이브는 다문화교육의 자료로서 활용될 수 있을 것이다. 그리고 한국 종교영화에 대한 데이터베이스를 제공하여 다양한 전공의 연구자들에게 기초 자료를 제공할 수 있다. 종교영화 아카이브는 국내외에서 종교와 영화를 연구하는 연구자들에게 기초연구 자료를 제공함으로써 후속 연구자들이 자료를 찾는 데 소비하는 시간을 덜어줄 것이다. 뿐만 아니라, 한국 종교영화의 DB 목록을 한글 파일로 제공함으로써 한국 종교영화의 목록을 디지털화하는 데도 기초 자료로서 기여할 것이다.

4. 맺음말

본고는 다문화교육의 효과적인 방법으로서 영화를 활용한 다문화교육의 현황을 살펴보고, 그 과제에 대해서 살펴보려는 시도였다. 이를 위해서 다문화교육에 대한 개념적 논의들을 살핀 후, 영화를 활용한 다문화교육의 현황과 과제를 살펴보았으며, 종교영화를 활용한 다문화교육의 가능성에 대해서 시론적으로 제시하고, 종교영화 아카이브 구축을 통해서 보다 다양한 영역에서의 다문화교육의 확대를 제언해 보았다.

현재 한국 사회에서의 다문화교육은 몇 가지 쟁점을 지니고 있다. 예컨대, 다문화교육의 한국적 성격 규정을 어떻게 할 것인지, 다문화교육의 대상과 범주를 어떻게 설정할 것인지, 다문화교육의 내용에 어떤 요소를 선정할 것인지 등이 학교를 중심으로 한 다문화교육의 쟁점이 되고 있다.57) 영화를 활용한 다문화교육은 이러한 쟁점들을 효과적으로 반영하여 한국적 다문화교육, 다문화교육의 대상 확대 등을 수행할 수 있다는 점에서 좀 더 다양하게 주목할 필요가 있다.

종교영화를 활용한 다문화교육은 이러한 요청을 반영한 것으로, 다문화사회가 문화 다양성 또는 종교 다양성을 인정하는 사회라고 한다면, 종교의 다양성을 이해하고 인정하는 다문화 종교교육이 요청될 것이다. 이에 따라서 본고는 국내에서의 다문화(종교)교육의 차원에서 종교영화 아카이브를 제안하였으며, 이에 대해서 시론적

---

57) 김경식 외, 『다문화사회의 이해』, 신정, 2013, 159-160쪽.

인 제안을 하였다. 종교영화와 관련한 데이터베이스 구축과 종교영화를 활용한 다문화(종교)교육의 프로그램을 개발하여 소개하는 것을 향후의 과제로 삼아 후속 작업을 시도해 볼 것이다.

제4장

한국 사회의 이슬람 혐오 현상과 쟁점

|

1. 머리말

한국 사회의 특징을 말할 때, 종교 연구 분야에서는 한국 사회가 역사적으로 '다종교사회'였다는 점을 강조하여 왔다. 그리고 십여 년 전부터는 다종교사회에다가 '다문화사회'라는 특징을 덧붙여, 한국 사회를 '다종교·다문화사회'로서 이해하려는 시도들이 나타나고 있기도 하다. 한국 사회가 '다종교·다문화사회'라는 특징은 2015년에 개정된 교육부의 교육과정 중 '종교학' 교육과정의 목적이 "다종교·다문화사회에서 종교와 연관된 지식, 경험, 생활 등에 관해 스스로 성찰할 수 있는 안목과 태도를 기르기 위한 과목"이라고 설정된 것에서도 확인할 수 있다. '다종교·다문화사회'라는 특징은 한국 사회가 그만큼 지리적·정치적 요인 등으로 역동적인 문화사(특히, 종교의 역사)를 가져왔음을 방증하는 것이기도 하다. 이 역동적 한국 종교사의 흐름 속에서 '한국 종교'들은 종교 간 긴장과 충돌, 화해와 공존 등의 역사적 경험을 공유하

223

○ ○ ○ ○ ○

면서, 다종교 현실에서 종교 간 차이를 이해하고 공존하는 나름의 방식을 터득하여 왔다.

　그러나 현대 한국 사회에서 '종교'는 다종교사회라는 역사적 현실에서 경험하여 터득한 차이에 대한 이해와 공존의 방식을 유지하기보다는 종교 간 경쟁과 충돌의 방향으로 기우는 경향이 나타나고 있다. 이러한 종교 간 경쟁과 충돌은 종교인과 비종교인을 구분하지 않고 종교를 혐오의 대상으로 인식하게 만든다. 카롤린 엠케에 의하면, 혐오는 "이데올로기에 따라 집단적으로 형성된 감정이며, 이러한 감정은 정해진 양식[모욕적인 언어표현, 이미지 등]이 필요하기 때문에 느닷없이 폭발하는 것이 아니라 훈련되고 양성된다."[58] 종교의 경우, 특정 종교에 대한 혐오는 경쟁 관계 또는 상호 관계에서 타 종교를 미워하거나 증오하는 의미로 이해될 수 있다. 그런데 '종교 혐오'는 몇 가지 방식으로 나타날 수 있다. 예컨대, '종교[문화] 자체'에 대한 혐오와 '특정 종교'에 대한 혐오, 그리고 '특정 종교인'에 대한 혐오 등으로 나타날 수 있으며, 이러함 혐오는 종교인을 비롯하여 비종교인에게도 공통으로 나타날 수 있다.

　최근 한국개신교 중에서 영향력이 큰 교단인 대한예수교장로회 통합(측)교단의 명성교회에서 담임목사직의 '부자세습(父子世襲)'이 강행됨으로써 개신교 안팎으로 신학적 또는 윤리적 문제 제기가 공론화되고 있다. 이러한 종교 내 윤리적 시비는 특정 종교인에 대한 시비와 특정 종교에 대한 시비, 더 나아가 종교[문화] 자체에 대한 시비로 확대될 수 있다는 점에서 '종교 혐오' 분위기를 만드는 데

---

58) 카롤린 엠케, 『증오는 어떻게 전염되고 확산되는가: 혐오 사회』(정지인 옮김), 다산초당, 2017, 22-23쪽.

ooooo
한국 다문화사회와 종교

일조하고 있다. 그리고 9·11사태 이후 이슬람교에 대한 서구 사회의 혐오가 국내에서도 증폭되었고, 보수 진영 개신교회를 중심으로 '이슬람포비아(Islamophobia)' 현상이 목사의 설교를 통해서 교인들에게 유포되기도 하였다.[59]

'종교 혐오' 현상은 '세속화'라는 사회·경제적 관점과 '문명의 충돌'이라는 문화·정치적 관점, '종교 간 대화 또는 공존'이라는 종교적 관점 등 다양한 시각에서 그 원인을 풀어보려고 시도되어 왔다. 다종교·다문화사회는 다양한 문화 현상을 일으키는 주체들이 상호 역학관계를 만들어내는 사회라고 말할 수 있다. 다시 말해, 지구화 또는 세계화에 따른 이주의 보편화로 글로벌한 이주민이 특정한 로컬로 이주하여 선주민과 상호 관계를 맺으면서 다양한 현상들을 만들어내는 사회이다. 그런데 다문화사회로 인한 이주민의 증가에 따라서 이주민의 종교가 한국 사회에 유입되면서 한국 종교 지형의 형성에 변수로 작용하고 있다. 예컨대, 이슬람권 이주노동자 및 유학생, 결혼이주민 등의 증가로 이슬람 센터가 늘어나고 있으며, 이들의 종교 생활을 위한 '할랄(Halal: 이슬람 교리에 따라 허락된 것)' 음식점들이 꾸준히 증가하고 있다.[60] 이러한 현상들은 지역사회 내에서 기존의 종교공간에 긴장감을 주면서 무슬림을 주목하고 대응하게 만들고 있다.

본고는 한국 사회에서 '특정 종교'에 대한 혐오, 즉 이슬람교에

---

59) 이진구, 「다문화시대 한국 개신교의 이슬람 인식: 이슬람포비아를 중심으로」, 『종교문화비평』 19, 2011, 183쪽.

60) 2015년 12월, KBS 1TV는 특집 다큐멘터리 '18억, 이슬람 시장이 뜬다'를 3부작으로 방송하였다. 세부 내용으로는 제1부에서 '이슬람, 종교가 아닌 비즈니스로'(12/5), 제2부에서 '할랄푸드 시장을 잡아라'(12/6), 제3부에서 '미래의 블루오션, 무슬림 관광시장'(12/13)을 방영하였다. 특히, 제3부에서는 한국을 찾는 무슬림들이 춘천의 '남이섬'을 많이 찾는다는데, 그 이유는 이곳에 무슬림을 위한 카페(기도실과 우두를 갖춘)가 갖춰져 있기 때문이라고 한다.

Ⅴ 한국 다문화 종교담론 사례 연구

대한 혐오가 어떻게 나타나고 있는지를 살피는 데 일차적인 목적이 있다. 이를 위해서 이슬람이 국내에 유입된 역사적 과정과 현황을 살펴보고, 국내에서 이슬람 혐오 현상이 언제부터 비롯되었는지, 그 유형은 어떻게 나타나고 있는지를 살펴본다. 그리고 종교가 차이와 차별을 넘어서 평등과 공존의 미래를 어떻게 견인할 수 있는지를 살펴본다. 이를 위해서 한국 사회에 나타나고 있는 이슬람포비아의 쟁점을 상호문화주의 관점인 '다문화 종교교육'의 실천으로 해결해야 한다고 제언한다.

2. 국내 이슬람[61]의 유입과 현황

1) 이슬람의 국내 유입 과정

9세기 중반, 이븐 쿠르다지바는 자신의 역사지리서인 『제도로 및 제왕국지』(845)에서 아랍인들이 신라에서 비단과 검, 사향, 침향, 말안장, 도기 등을 수입하였다고 기록하고 있으며, 『중국과 인도 소식』(851)을 쓴 아랍 상인 쑬라이만은 신라가 중국의 동쪽 바다에 자리하고 있다고 밝히고 있다. 그뿐만 아니라, 신라 시대 혜초(慧超) 스님은 727년경 천축(天竺, 인도)에 다녀오는 길에 대식(大食, 아랍)을 방문하였다는 기록이 있다. 이러한 자료들을 근거한다면, 이슬람이 한국에 직·간접적으로 처음 유입된 시기는 신라 시대부

---

61) 정수일은 이슬람(Islam)을 단순한 신앙 체계가 아니라 사회생활의 모든 영역을 포괄하는 '합일된 생활양식'으로서 문명 전반을 아우르는 개념으로 보았고, 다른 종교와 다른 문명에 비교되는 이슬람교 및 이슬람 문명의 특징으로 해석하였다(정수일, 『이슬람문명』, 창작과비평사, 2004, 6-7쪽). 필자는 본고의 '종교 혐오'와 관련해서 이슬람을 구분하여 사용한다. 구체적으로, '이슬람'으로 쓸 경우는 이슬람문화를 통칭하는 개념어로, '이슬람교'라고 쓸 경우는 종교로서의 이슬람을, '무슬림'이라고 사용할 경우는 이슬람교 신자를 지칭한다.

터임을 확인할 수 있다.[62]

『고려사』나 『고려사절요』에는 이슬람을 지칭하였던 '회회(回回)'나 무슬림을 지칭했던 '회회인'과 관련한 기사가 기록되어 있다.[63] 그리고 수도 개성의 외곽에 예궁이라고 불리는 모스크를 짓고 정착하여 생활하였는데, 고려인이 무슬림이 되어 이슬람교 공동묘지에 안장된 유적이 발견되기도 하였다. 당시 고려에 정착한 무슬림(위구르인)에게 왕이 성씨를 하사하였는데, 현재 덕수장씨(德水張氏)가 그 후예라고 알려져 있다. 그러나 조선 세종대왕 때부터 이슬람과의 교류가 줄어들어, 이후 모든 아랍의 의식과 율법이 금지되었다.[64]

이슬람이 다시 한국에 유입된 것은 20세기 초엽부터이며, 무슬림들이 한국에 집단적으로 이주하여 공동체를 형성하기 시작한 때는 1920년대부터이다. 당시 대부분의 무슬림은 1917년 러시아 볼셰비키 혁명 이후의 투르크계 망명자들이었고, 일제의 비호 아래 신의주와 평양, 흥남, 서울, 천안, 대전, 대구, 부산 등 각 지역에 흩어져 약 200여 명이 거주하였다. 이들 중 서울에 거주하였던 무슬림들은 홍제동 부근에 무슬림 전용 묘지까지 만들면서 자신들의 종교적 정체성을 이어나갔다. 그러나 그들은 해방과 한국전쟁을 겪으면서 다시 해외로 나갔다.[65] 이 당시 무슬림들이 어떠한 이유로 한국을 떠나갔는지 정확히 알 수는 없으나, 일제의 비호를 받으면서 생활하던 것을 본 당대 조선인에게 이들에 대한 이슬람 혐오 현상이 있었

---

62) 정수일, 앞의 책, 330-333쪽.

63) 『고려사』에는 1024년과 1025년, 1040년에 아랍 상인들이 무리를 지어 수은과 몰약(沒藥), 소목(蘇木)과 같은 방물을 갖고 개경에 상역차 찾아왔다는 기록이 있다. 당시 고려의 왕은 그들에게 객관까지 마련해주고, 돌아갈 때는 금백을 하사하였다(위의 책, 335쪽).

64) 『두산백과』, "한국의 이슬람교"

65) 정수일, 앞의 책, 347쪽.

으리라 짐작되고, 광복 이후 전란과 사회 혼란으로 인해 더 안정적인 삶을 위해서 한국을 떠났을 것이라 추측된다.

현재의 무슬림 공동체가 형성된 직접적인 계기는 1955년 9월, 한국전쟁 때 유엔군으로 참전하였던 터키 부대의 종군 이맘 압둘가푸르 카라이스마엘 오울루(Abdulgafur Karaismailoglu)가 직접 대민 선교에 나서면서부터이다. 이때 한국 무슬림 제1세대가 형성되었으며, 이들은 '한국이슬람협회'를 발족시켰다. 당시의 한국이슬람협회는 서울시 동대문구 이문동에서 김진규를 초대 회장으로, 윤두영을 부회장 겸 사무국장으로 하고 70여 명의 신자로 시작하였다. 이후 1965년 한국 이슬람교 중앙연합회로 재발족, 1967년 3월 재단법인 한국이슬람교로 인가되어 신도 7,500명의 교세를 갖게 되었다.66) 그러다가 1969년 5월 현재의 서울시 용산구 우사단로(한남동)에 한국 정부로부터 약 1,500평의 부지를 지원받고, 사우디아라비아 등 이슬람국가 6개국의 지원을 모아 1976년 5월 21일 서울중앙성원이 개원되었다.67)

2) 국내 이슬람의 현황

1976년 5월 서울시에 서울중앙성원이 건립된 이후, 1980년 부산에 제2성원, 1981년 경기도 광주에 제3성원, 1986년 경기도 안양시와 전북 전주시에 제4성원과 제5성원이 건립되었는데, 당시 국내의 무슬림 신자는 약 3만 4,000명 정도였다. 한국의 이슬람교는 1970년

---

66) 『두산백과』, "한국의 이슬람교"

67) 한국이슬람교중앙회(http://www.koreaislam.org) '자주하는 질문' 참조.

○ ○ ○ ○ ○

한국 다문화사회와 종교

대의 중동 건설 붐을 통해서 교세가 확장되었는데, 중동 각지에서 파견되었던 근로자 중 약 1,700여 명이 무슬림이 되어 귀국하였고, 이들을 중심으로 신자가 증가하였다. 2011년 기준으로 국내에 거주하는 무슬림은 약 13만 5,000명이며, 이 가운데 한국인 무슬림이 약 3만 5,000명, 외국인 무슬림이 약 10만 명을 차지하고 있다.[68]

한국이슬람교중앙회는 매주 금요일에 『주간 무슬림(The Muslim Weekly Newsletter)』를 발행하고 있으며, 2017년 12월 15일 현재 제1363호가 발행되었다. 『주간 무슬림』은 '금주의 쿠뜨바(Khutba: 금요 합동 예배 전에 하는 설교)'와 '하디스(Today's Hadith: 무함마드의 언행에 관한 전승)', '파트와(Fatwa: 이슬람 율법)', '이슬람을 선택한 여성들(기획 연재)', '주간 소식', '예배 시간표 및 전국 이슬람 성원 안내' 등으로 구성되어 있다. 현재 전국의 이슬람성원(마스지드: Masjid)은 서울중앙성원을 비롯하여 부산, 경기 광주, 전주, 안양, 안산, 인천 부평, 파주, 대구, 전라 광주, 포천, 제주, 대전, 김포, 창원, 구미, 김해 등 17개소가 있다.[69]

국내 유입된 무슬림의 권역별 분류는 다음과 같이 나눌 수 있다. 1) 아랍계는 이집트인, 수단인, 사우디인, 모로코인, 튀니지 이라크, 리비아, 바레인, 레바논, 예멘, 알제리, 아랍에미리트에서 온 아랍인들이다. 2) 비아랍 중동계는 터키와 이란인이다. 터키인들과 비교할 때 이란인 이주민들의 숫자가 더 많게 나타나고 있지만, 이란인 이주민들은 시아 무슬림으로서 다수 무슬림들이 모이는 마스지드나 소규모 예배 모임인 무살라(Musallah)에 모이는 경우가 드물어

---

68) 한국이슬람교중앙회, 『주간 무슬림』 제1363호(2017. 12. 15).
69) 『두산백과』, "한국의 이슬람교"

소재를 파악하는 일이 쉽지 않다. 3) 중앙아시아계는 우즈베키스탄인, 카자흐스탄인, 키르기스스탄인 등이다. 4) 남아시아계는 방글라데시인, 파키스탄인 등이며 5) 동남아시아계는 인도네시아 및 말레이시아 등이다.[70] 다양한 권역에서 유입된 무슬림들은 마스지드보다 규모가 작은 무슬림 공동체[Islam center]에서는 권역별로 공동체를 형성하는 경향을 보이기도 한다. 이들 대부분은 무슬림 이주노동자로서 각 지역의 공단 주변에 무슬림 공동체를 형성하고 있어서, 소규모의 무슬림 공동체의 수는 마스지드보다 훨씬 더 많다.

3. 이슬람 혐오 현상의 유형

한국 사회에서 혐오 표현이 화두가 되기 시작한 때는 최근 5년 내외부터이다. 2012년경 사이버 공간에서 여성과 호남 지역, 민주화운동 등에 대한 혐오가 문제시되기 시작하였고, 외국인 또는 이주민에 대한 혐오가 본격화되기 시작하였다.[71] 그런데 혐오는 개인적 차원에서 자연 발생적으로 나타날 수도 있지만, 상당 부분은 사회적으로 형성된 감정에서 비롯된 것일 수 있다.[72] 이러한 의미에서 이슬람 혐오 현상은 한국 사회가 이슬람에 대해서 구조적이고 지속적으로 차별과 증오를 생산하는 데 기여한 결과물이라고 말할 수 있다. 한국 사회에서 이슬람 혐오 현상을 생산하는 데 가장 많이 기여하는 주체는 한국개신교이다. 왜냐하면, 현재까지의 이슬람

---

70) 조희선·김대성·안정국·오종진·김효정, 「한국사회 이주 무슬림 커뮤니티에 관한 연구」, 『중동연구』 27-2, 2008, 85-86쪽.

71) 제러미 월드론, 『혐오 표현, 자유는 어떻게 해악이 되는가?』(홍성수·이소영 옮김), 이후, 2017, 7-9쪽.

72) 카롤린 엠케, 앞의 책, 12쪽.

혐오 언표와 행동으로 드러나고 있는 사례들을 살펴보면 대체로 개신교 단체와 직간접적으로 연결되어 있기 때문이다. 기독교와 이슬람교의 역사적 관계, 한국개신교의 근본주의적 성향 등을 고려할 때, 이 사실은 당연할 결과라고 할 수 있다.

그렇다면, 한국 사회에서 이슬람 혐오 현상은 어떻게 나타나고 있을까? 이슬람 혐오 현상은 크게 두 가지 유형으로 나타나고 있다. 하나는 언표의 형태인 말[또는 글]로써 나타나는 혐오 유형이며, 다른 하나는 혐오가 언표에 그치지 않고 직접적인 혐오 행동으로 나타나는 유형이다.

1) 이슬람 혐오 언표(말)의 사례

이슬람 혐오는 2012년 제18대 대선을 전후로 시작되어 2016년 총선 전후에 집중적으로 나타났었다. 이슬람 혐오와 관련된 언표들은 "이슬람 확산은 한국안보에 치명타!!", "이슬람머니 받아들이면 강원도는 이슬람 식민지 된다", "국민들은 할랄타운이 테러범 양성소가 되는 것이 싫다", "KBS는 오일머니에 무릎을 꿇었는가?"73), "이슬람 돈에 눈이 멀면 한국여성 강간피해자 늘어나고 강원도에 테러리스트 소굴 생겨난다", "다음은 '대한민국을 이슬람화(?)하려고 선언했는가?!", "이슬람 특혜 반대, 할랄단지 조성 반대", "이슬람교인은 칼을 쓰면 10억, 칼 없으면 100명", "할랄도축장 절대반대", "세계인의 치를 떨게 하는 무슬림 IS테러로부터 우리나라를 지키자", "이슬람머니 속임수에 금수강산 넘어간다", "유럽실패 교

---

73) 이것은 앞의 각주에서 소개했던 2015년 12월 KBS 1TV에서 방송된 '18억, 이슬람 시장이 뜬다'에 대한 이슬람 혐오 언표이다.

231

훈삼아 이슬람을 경계하라!" 등으로 나타났었다. 이러한 언표들은 2017년 현재에도 사이버 공간에서 지속적으로 확대 재생산되어 유포되고 있다.

위와 같은 이슬람 혐오 언표들은 크게 세 가지의 경향을 보이며, 이러한 경향은 이슬람 혐오의 직접적 행동의 슬로건으로도 활용되고 있다. 첫 번째 특징은 이슬람을 IS테러분자 집단과 동일시하면서 국가 안보에 위협적인 존재임을 부각시킨다는 점이다. 그런데 이슬람 혐오 언표들에서는 무슬림과 이슬람교, 이슬람(문화)을 구분하지 않고, 통칭적 의미의 '이슬람'을 사용하고 있다는 점에서 실체가 모호한 면이 있다. 여하튼, '이슬람=테러분자'라는 등식은 특정 종교인, 무슬림에 대한 혐오로 나타나고 있다. 두 번째 특징은 이슬람교와 관련이 있는 의례와 관습에 대한 노골적인 반대 의사 표시이다. 이것은 종교로서의 이슬람교에 대한 혐오 경향인데, '할랄'과 '수쿠크법', '기도(처)'와 같은 이슬람교 특유의 종교문화 내용에 대한 증오 여론을 형성시키고 있다. 세 번째 특징은 위와 같은 이슬람 혐오 언표들은 지속해서 꾸준히 나타나고 있지만, 선거 전후에 집중적으로 나타나며, 그 배후에는 개신교와 관련된 단체가 있다는 점이다. 이것은 한국개신교가 특정한 주기(사건)를 계기로 이슬람 혐오를 양성하고 강화, 훈련시키고 있는 이익단체로서 한국 사회에 잠재적 사회갈등의 요소로 작용하고 있음을 보여준다.

2) 이슬람 혐오 행동의 사례

이슬람 혐오의 언표들은 혐오의 직접적인 행동으로 연결되어 나타나는 경우가 많다. 2012년 제18대 대선 때 기독자유당은 세 가지의 슬로건을 내걸고 선거운동을 하였다. 이 중 '이슬람 반대' 운동을 정당의 기본적 입장으로 정하고, 할랄단지를 조성하는 데 반대하는 운동에 앞장섰다. 이를 계기로 전국 각 지역(강원, 제주, 전북 익산 등)에서 개신교 보수 단체를 중심으로 '할랄단지' 조성 반대운동이 대대적으로 일어났으며, 현재도 진행 중이다.

이슬람 혐오 시위를 주최하거나 관련이 있는 단체들은 '선한 이웃', '샬롬코리아', '참교육학부모연합', 'G&F미니스트리', 'VOCD International', '반사회정책저지국민행동', '이슬람대책범국민운동본부', '이슬람(할랄·테러)저지국민운동연합', '기독교싱크탱크', '바른나라세우기운동', '통일한국당', '한국인란인교회', '기독자유당' 등이다.

4. 상호문화주의 관점에서 본 이슬람포비아의 쟁점

앞서 살폈듯이, 한국 사회에서 이슬람 혐오 현상은 이슬람을 (잠재적) 테러분자와 동일시하면서 국가 안보의 위협적인 존재로 인식하는 경향이 있었으며, 이슬람문화와 이슬람교, 무슬림 등을 구분하지 않으면서 이슬람에 대한 무차별적인 증오를 드러내었고, 특정 시기에 집중적으로 나타나면서 그 배후의 조직에 한국개신교 단체가 이익집단으로서 작용하고 있다는 점이 특징적이었다. 그런데 이러한 이슬람에 대한 혐오는 과연 정당화될 수 있는가? 이슬람 혐오는 '이슬람포비아(Islamophobia)'로 불리기도 하는데, 이슬람포비아의 쟁점은 무엇일까? 본고에서는 이슬람포비아로 비롯되는 쟁점을 크게 두 가지 차원에서 다룬다. 하나는 '말할 권리와 막을 권리'의 충돌이고, 다른 하나는 종교적 정체성의 인정과 그에 따른 종교 지형의 변화에 관한 쟁점이다.

1) 말할 권리 vs 막을 권리

이슬람포비아는 '이슬람에 대한 혐오 표현'이다. 이것은 언어와 행위로써 이슬람에 대혐오를 표현하는 것인데, 법률적 개념으로는 '혐오 표현'보다는 '집단 명예훼손(group defamation[일반적 명예훼손]; group libel[문자·방송 명예훼손]; group slander[구두 명예훼손])'으로 불리기도 한다.[74] 좀 더 구체적으로 말하면, 명예훼손이 말로 유포되면 구두 명예훼손이고, 종이에 쓰면 문자·방송 명예훼손이라고 하는데, 문자가 말보다 지속성이 높기에 문자·방송 명예훼손이 구두 명예훼손보다 심각성이 더 크다고 한다.[75] 여하튼, 혐오 표현은 '표현의 자유'가 '공공선'이라는 차원에서 '말할 권리'와 '막을 권리'라는 양상으로 경쟁하는 구도를 만들어낸다는 점에서 쟁점으로 부각된다.[76]

영국은 2006년 '인종·종교혐오금지법'을 제정하면서 '종교적 혐오'의 법적 정의를 "종교적 믿음과의 관련성 안에서 정의된 개인들의 집단에 대한 혐오"라고 밝혔다. 그런데 종교적 혐오의 범위를 '신앙 그 자체'에 둘 것인지, '신앙을 지닌 사람들'을 혐오하는 데

---

74) 제러미 월드론, 앞의 책, 57쪽.

75) 제러미 월드론, 앞의 책, 64쪽.

76) 제러미 월드론, 앞의 책, 87-133쪽.

까지 둘 것인지 논쟁이 되었다. 당시 의회에서는 '종교적 혐오' 항목을 논의하면서, 이것은 특정 종교나 신앙, 또는 신자들의 의례에 관해서 특정 종교에 대한 반감, 혐오, 조롱, 모욕, 욕설이 담기 논의, 비판, 또는 표현을 금지하거나 제한하는 것으로 해석되거나 그러한 효력을 가져서는 안 된다고 하였다.[77] 영국에서 표현의 자유는 자유롭게 비판하고, 조롱하고 희화하는 것으로서, 종교적 갈등과 유사한 문제가 사회 내에서 자연스럽게 해결될 수 있는 방법이라고 여겨졌다. 그러나 사회적 관용을 이용하면서 자신의 자유를 남용하는 것이 되기도 하였다. 이에 따라서 표현의 자유는 타인의 권리를 존중하는 범위 내에서 이루어져야 한다는 방향으로 논의가 이루어졌다.[78]

이슬람포비아를 유포하는 단체 또는 개인에게 혐오 표현을 자제하라고 권고 또는 법적 제재를 가하는 것은 간단하지 않다. 예컨대, 2016년 20대 국회의원 선거를 앞두고 창당된 기독자유당이 정당의 설립 취지에 "동성애, 이슬람, 차별금지법을 합법화하려는 세력들이 한국교회와 대한민국을 크게 위협하고 있으며, 그 모든 해결책은 기독자유당을 통한 기독정치밖에 없다."라고 명시하면서 '동성애와 이슬람 반대'를 대표적 공약으로 내걸었다. 이에 대해서 서울경기인천 이주노동자조합의 수석부위원장인 섹 알 마문은 "기독자유당은 IS라는 집단테러단체와 이슬람의 이름을 섞어서 한국에 있는 무슬림을 차별하였고, 중동의 이슬람 국가와 대화도 하고 사업도 추진하는 나라에서 이슬람교 신자를 차별하도록 놔두고 있다."

---

77) 제러미 월드론, 앞의 책, 150-152쪽.
78) 정희라, 「2006년 영국의 인종 및 종교적 혐오 방지법: 무슬림과 종교적 소수자 보호를 위한 정책」, 『EU연구』 35, 2013, 209-210쪽.

라고 비판하였다. 이에 따라서 '성소수자차별반대 무지개행동'과 '이주노동자 차별철폐와 인권 노동권 실현을 위한 공동행동'은 국가인권위원회에 진정서를 제출하였다.[79] 그러나 이에 대한 인권위의 결과는, 기독자유당의 반인권성은 인권위법이 규정하는 차별 영역에 해당하지 않는다고 판단하였는데, 인권위는 차별 영역은 '고용 영역, 재화·용역 공급·이용 영역, 교육·훈련 영역'에 한정된다고 보았다. 따라서 성 소수자와 무슬림에 대한 차별 따위는 취급하지 않는다는 것이었다.[80] 일련의 과정들은 공적 영역에서 표현의 자유가 어느 지점에서 조율되어야 하는지에 대한 사회적 합의를 찾기가 매우 복잡함을 시사한다.

2) 종교적 정체성의 인정과 종교 지형의 변화

2010년에 개봉했던 영화 '내 이름은 칸'은 2001년 9·11사태 이후 서구 사회에서 무슬림들이 잠재적 테러리스트로 낙인찍혀 살아가는 현실을 극화시켜 보여주면서, '나는 무슬림이지 테러리스트가 아니다. 그리고 나의 이름이 칸(Khan)이다.'를 치열하게 주장하면서 끝내 서구 사회에서 인정받는다는 내용의 영화이다. 이 영화는 빠르게 서구화(미국화)된 한국 사회에서도 여전히 동일한 질문을 던지면서, 국내 유입된 무슬림을 동등한 인간 개개인으로서 상호 관계를 맺어야 하는 대상으로 보아야 한다는 점을 시사한다.

사람들은 자신의 신앙과 자기 자신을 동일시하려는 경향이 있다.

---

79) "시민단체들, '동성애 반대' '이슬람 반대' 내세운 기독자유당 인권위 진정", 『경향신문』, 2016. 5. 24.
80) "'인권공모전'서 쏙 빠진 소수자, 인권위 맞나" 『오마이뉴스』, 2017. 4. 10.

그런데 이렇게 될 때, 종교에 대한 공격과 인신공격 사이의 구분이 어렵게 된다. 신앙 또는 종교적 믿음이 혐오표현금지법에서 용인되는 '특정 종교에 대한 비판이나 반감, 조롱, 미워함, 모욕과 공격적 표현'과 결부될 때, 공격받은 종교의 신자는 자신의 정체성 자체에 위협을 느낄 수 있다. 이때 해당 종교의 신자는 '정체성의 정치(identity politics)' 차원에서 문제를 제기할 수도 있다.81) 요컨대, 나는 사회적 선을 위해서 많은 것들을 포기할 수 있지만, 나의 정체성은 포기하지 않겠다, 나는 다수의 규칙과 혜택 때문에 내가 누구인지를 희생하도록 요구받을 수 없다고 말할 수 있다. 종교적 정체성은 문제시되는 특정한 입장을 당사자가 고집할 권리가 있으며, 다른 이들은 마땅히 인정해야만 하는 특별한 보호 구역이라고 받아들여지기도 한다.82)

그러나 다문화·다종교사회에서 특정 종교인이 종교 교리의 모든 내용에 자기 자신을 동일시하여, 타 종교인 또는 비종교인의 종교 혐오 표현으로부터 보호해 달라고 요구한다면, 사회적으로 수용 가능할까? '나에 대한 공격'은 나라는 개인을 향한 공격 또는 나의 사회적 지위를 격하시키거나 없애려는 시도에서는 논의가 가능하지만, 신앙에 대한 비판으로 확대되어 인간 존중을 이유로 모든 종류의 공적 표현이나 유의미한 논쟁이 가능해지지 않는다.83)

개인의 종교적 정체성은 신앙 공동체를 형성하면서 공간 또는 지역과 연관성을 갖는다. 근대 이후 형성된 한국의 종교 지형(불교와 유교, 기독교의 공존과 갈등)은 최근 이주민의 유입으로 인해 균열

---

81) 제러미 월드론, 앞의 책, 165-166쪽.
82) 제러미 월드론, 앞의 책, 168쪽.
83) 제러미 월드론, 앞의 책, 170-171쪽.

이 생기고 있다. 무슬림 이주민의 유입과 증가로 인한 무슬림 공동체가 다수의 지역마다 설립되었고 할랄 제품을 판매하는 가게가 늘어나고 있다. 이러한 변화는 기존 선주민들의 시각에서 바라보는 이슬람교에 대한 인식, 한국 사회의 종교 지형이 이전과는 다르게 변화될 것을 암시한다. 9·11 사태는 이슬람교와 무슬림에 대한 한국인의 인식에 변화를 가져왔다. 9·11 테러 때는 종래 미국과의 특수한 관계, 미국 중심의 교육, 미국 문화의 영향으로 거의 미국 중심의 글로벌 인식에 사로잡혀 있었던 한국의 지식인들과 여론이 우리의 입장에서 우리의 국익을 최우선으로 해야 한다는 경향이 나타났었다. 그리고 이슬람교에 대한 미국 중심의 일방적인 매도와 시각에 매몰되지 않고, 이슬람권의 생각과 무슬림들의 목소리를 직접 들어보고 균형 잡힌 판단을 해야 한다는 움직임이 나타났었다.

그러나 최근 한국인의 IS 가입 및 IS의 프랑스 테러 등은 이러한 분위기에 또다시 선입견을 형성하게 되는 계기가 되어가고 있다.[84] 대구광역시에서는 2012년에 다문화사회와 관련한 정책에 대해 시민들의 인식을 조사한 바 있다. 이 자료에 따르면, 인구 감소 문제를 해결하기 위해서 외국인 이민정책이 대체로 필요하다고 응답한 비율이 약 70%로 나타났으며, 결혼이민자에 대한 사회적 편견 해소가 필요하다고 응답한 비율은 약 87%로 나타났다. 그리고 이민자들이 많아지면, 나의 일자리를 빼앗을 것 같다고 응답한 비율은 약 53%로 나타났다. 이 조사에 의하면, 무슬림을 비롯한 다양한 이

---

84) 이주민 관련 단체들과 인권변호사들이 11월 25일 오전 서울 종로구 광화문광장에서 합동 기자회견을 열고, "이주민이라는 이유로 테러리스트 취급을 하지 말라"고 요구했다. 이들은 법무부가 '파리 테러 관련 특별대책'이라며 외국인 밀집 지역에 감시를 강화한다는 것에 대해서, 이러한 발상은 아무 이유 없이 이주민들을 잠재적 테러리스트로 취급하는 것이라고 규탄했다 ("이주민 단체들 '파리 테러 때문에 경찰 감시 심해져'", 『연합뉴스』, 2015. 11. 25).

○○○○○

주민의 증가에 따른 사회적·정책적 변화에 대해서는 대체로 긍정적인 태도를 보이나, 일자리처럼 생계에 직접 영향을 미치는 경우에는 조심스러운 태도를 보이고 있다.

3) 상호문화주의 관점에서의 다문화 종교교육을 위하여

이슬람포비아가 파생하고 있는 쟁점들은 사회적 합의를 찾는 데 어려움이 있다. 사회적 합의를 모으기 위해서는 타 종교에 대한 배려와 인정이 바탕이 되어야 하는데, 한국 사회에서는 이러한 인식을 제고하기 위한 교육이 충분하지 않았기 때문이다. 요컨대, 중등학교에서의 종교교육은 특정 종교인을 만들기 위한 교육으로 치우쳐서 진행되었고, 이러한 경향은 타 종교에 대한 편견과 혐오를 양산하는 계기가 되었을 가능성이 있다. 따라서 중등학교와 대학교 교양 교과과정으로 '다문화 종교교육'으로서의 '종교학' 강의의 개설이 확대되어야 할 필요가 있다.

다종교·다문화사회에서 종교에 대한 논의와 종교교육에 대한 실천은 어느 때보다 중요하다. 다문화 종교교육은 한국개신교에서 논의가 되었던 적이 있었다. 다종교·다문화 현실을 반영한 종교교육의 한 형태를 다문화 종교교육이라고 말한다면, '종교학' 교과목을 활용한 다문화 종교교육이 가능할 수도 있다. 왜냐하면, 종교학과 다문화 종교교육 등은 상대주의 또는 상호문화주의를 기반으로 하고 있기 때문이다. 이러한 관점에서 대학 교양과정 교과목 중 '세계종교사'를 활용한 다문화 종교교육의 가능성을 고찰한 연구도 있었다.[85]

---

85) 안신, 「세계종교 교수법을 통한 다문화 종교교육」, 『종교교육학연구』 40, 2009, 239-240쪽.

한편, 문화체육관광부 차원에서 지원하고 있었던 '다종교문화지원정책'을 다종교·다문화사회에 맞게 다변화시킬 필요가 있다. 이는 종교문화 행사와 심포지엄, 봉사활동 등 6개 사업에 한국종교지도자협의회, 한국종교인평화회의 등의 단체를 지원하여 왔다. 여기서 주목되는 사업은 '이웃종교문화 이해강좌'이다. 종교 간 이해와 건전한 종교문화의 정착을 위해서 종교 지도자 및 일반인을 대상으로 한국종교인평화회가 주최하여 2013년까지 강좌가 열렸다. 최근에는 '이웃종교스테이'(이웃종교화합대회)를 통해서 다양한 종교(개신교, 원불교, 천도교, 천주교, 불교, 유교, 민족종교)를 체험할 수 있는 프로그램도 운영되고 있다.[86]

　종교 혐오, 이슬람 혐오는 종교에 대한 무지 또는 편견에서 비롯될 가능성이 높다. 따라서 제도적 교육권 내에서 다문화 종교교육의 관점에서 교과과정이 운영될 필요가 있다. 2015 개정 종교 교과의 교육과정은 "바른 인성의 함양, 사회가 요구하는 역량 및 기초소양의 계발, 학습의 질 개선, 자기주도적 학습 능력을 바탕으로 한 학습의 즐거움의 경험, 학습의 과정 중심의 평가, 교육 목표·내용·교수-학습·평가 사이의 일관성의 도모" 등을 구성 체계로 규정하고 있다.[87] 그리고 개정된 종교학 교육과정의 성격은 "다종교·다문화사회에서 종교와 연관된 지식, 경험, 생활 등에 관해서 스스로 성찰할 수 있는 안목과 태도를 기르기 위한 과목"으로 규정되어 있다.[88] 나아가, 종교 교과의 목적은 1) 다양한 종교문화에 대한 기초적 이해와 상황적 해석 모두가 가능한 '종교문화

---

86) 한국종교인평화회의 홈페이지(http://www.kcrp.or.kr) 참조.

87) 교육부, 『2015 개정 교육과정-총론』, 2015, 8쪽.

88) 교육부, 『고등학교 교양 교과 교육과정』, 2015, 58쪽.

ㅇㅇㅇㅇㅇ

한국 다문화사회와 종교

이해력' 2) 자신과 타인에 관련된 여러 종교 현상에 관해 다각적으로 사고하는 '비판적 성찰 능력' 3) 이웃 종교와 종교인에 대한 이해와 공감 및 배려를 실천하는 '의사소통 능력' 4) 다종교·다문화 사회에서 종교 간의 공존, 편견 및 차별 해소 등을 추구하는 '다문화 감수성' 5) 여러 종교에 대한 심층적 성찰을 통해서 스스로 종교관을 세우고 실천할 수 있는 '윤리적·사회적 실천 능력'을 핵심적 목표로 삼고 있다.89)

5. 맺음말

현대인들은 무엇 때문에 종교를 혐오하는가? 종교가 제 역할을 하지 못하고 있기 때문인가? 만약 그렇다면 이것은 종교의 윤리적, 사회적 책임의 문제에 따른 혐오이다. 이러한 혐오는 종교인과 비종교인 모두에게서 나타날 수 있다. 그런데 종교 자체에 대한 혐오 현상이 있을 수 있다. 이것은 비종교인보다는 종교인에게 더 특징적으로 나타난다(물론, 종교 자체에 대해 인정하지 않는 무신론자의 종교 혐오가 있을 수 있지만, 이것은 논외로 한다).90) 특정 종교인이 특정 종교에 갖는 '특정 종교에 대한 혐오'는 교리적인 문제와 시장 경제적 문제 등이 복합적으로 작용하여 나타날 수 있다. 이 유형의 '종교 혐오'는 '개신교 vs 불교', '개신교 vs 이슬람교'가 대표적이며, 현재 좀 더 쟁점으로 부각되고 있는 것은 (개신교의) 이슬람 혐오로 나타나고 있다.

---

89) 교육부, 『고등학교 교양 교과 교육과정』, 2015, 58-59쪽.

90) 이에 대해서는 다음에 잘 드러나 있다: 윤동철, 『종교 혐오 현상에 대한 기독교적 답변: 새로운 무신론자들과의 대화』, 새물결플러스, 2014.

개신교 목사 김동문은 우리 사회에서의 이슬람혐오는 이슬람 또는 이슬람교, 그리고 무슬림에 대해서 제대로 알지 못해서 일어나는 맹목적 거부와 배제일 가능성이 높다고 진단한다. 무슬림의 정체성은 대체로 개인에 의해 규정되기 보다는 공동체와 사회, 집단에 의해서 자동적으로 부여된다. 따라서 개인의 정체성보다 공동체 구성원으로서의 정체성이 우선된다. 무슬림 가족에서 태어난 이들은 날 때부터 이미 무슬림이 된다. 이들은 알라를 믿지 않아도 무슬림이라 불린다. 메카나 마스지드에 간 적이 없고, 쿠란을 전혀 몰라도 무슬림이 된다. 무슬림 집안에서 태어난 구성원들은 날 때부터 자연적으로 무슬림이 되기 때문에, 개인적인 확신과 신념, 고백과 관계없이 법적으로 무슬림이 된다.[91] 이러한 현실은 타종교에 대한 맹목적 또는 근거 없는 혐오를 줄이기 위한 노력이 필요하며, 이를 위해서 다문화종교교육이 필요함을 보여준다.

한국 사회에서 이슬람 혐오는 보수진영 또는 복음주의 진영 개신교에 의해서 특정 시기에 양산되어 전략적으로 유포되고 있지만, 그 혐오의 근거가 부족하였음을 앞서 확인하였다. 그리고 이슬람 혐오 현상은 개신교 모든 진영에서 나타나는 것도 아니며, 지역마다 동일하게 나타나는 것도 아니다. 예를 들어, 한국이슬람교중앙회가 위치한 서울시 용산구 한남동 일대 등 이태원지역에는 개신교 교회가 많이 분포되어 있다. 그런데 이 지역의 개신교 교회들은 다른 지역에 비해 무슬림과 이슬람문화를 상대적으로 자주 접하는데, 이들 교회에서는 현재 이슬람 혐오와 관련된 언표나 행동이 거의 나타나지 않는다.[92] 이 지역에서는 이진구가 지적했던 것처럼 한국

---

91) 김동문, 『우리는 왜 이슬람을 혐오할까?』, 선율, 2017, 17-25쪽.
92) 박종수, 「이태원지역의 종교공간적 특성과 다문화공간으로의 이해」, 『서울학연구』 51, 2013,

ㅇㅇㅇㅇㅇ
한국 다문화사회와 종교

개신교가 교회의 양적 성장이 멈춘 시점에서 새로운 성장의 동력으로서 무슬림을 외부의 적으로 설정한 후, 교회 내부의 응집력을 강화하기 위한 수단으로 기능하지 않는다.93)

본고는 한국 사회에서 이슬람 혐오가 종교적 편견과 무지에 의해서 양산되었다는 점에서 다문화종교교육의 필요성을 제안하였다. 현재 상당수의 종립 중등학교 내의 '종교교육'도 특정 종교교육에 치우쳐 있는 상태인데, 다문화종교교육이 가능할까에 대한 문제제기도 충분히 가능하다. 하지만 한국 사회가 인권과 (종교) 자유를 지속적으로 신장시키고 있다는 점, 한국 사회가 다문화사회로 빠르게 전환되고 있다는 점에서 종교의 다양성에 기초한 종교의 자유, 소수자(소수 종교인)의 인권 등에 대한 인식의 전환이 필요하다. 왜냐하면 유럽과 북미의 다문화사회가 먼저 겪었던 종교 갈등이 한국에서도 재현될 가능성이 높아지고 있기 때문이다. 따라서 이에 대한 대비가 필요한데, 일차적으로 교육을 통한 인식의 전환이 마련되어야 한다는 점에서 다문화종교교육이 필요하다고 보았다. 그리고 다문화종교교육은 상호문화주의라는 관점에서 현재 제고되는 있는 다문화교육의 '일방주의' 또는 '동화주의'의 한계를 해결할 수 있다는 점에서 시급히 요청되며, 제도적 장치를 통해서 제도권 및 비제도권 교육의 장에서 실현될 수 있기를 기대한다.

155-179쪽 참조.

93) 이진구, 앞의 글, 163-194쪽.

제5장

상호문화교육 프로그램을 위한 제언

1. 머리말

　　　　　현대 한국 사회는 이른바 '다문화사회'로 명명되고 있으며, 사회 전반에 걸쳐서 다문화 담론이 축적되고 있는 상황이다. 그런데 다문화사회가 어떤 사회인지를 단순 명료하게 정의하기란 쉽지 않다. 왜냐하면, 다문화사회가 파생하고 있는 다문화 현상들이 사회의 각 분야에서 다양하게 나타나고 있으며, 이에 대한 해석도 각기 다르게 주장되고 있기 때문이다. 이에 따라서 다문화사회 담론은 문화의 외연을 확장하여, 정치, 경제, 안보, 복지, 언어, 예술, 종교, 교육 등 다방면으로 담론을 형성하고 있다.

　본고는 다문화사회에서 비롯된 담론 중 '교육'의 영역에 집중하여, 현재 논의가 형성되고 있는 상호문화교육에 대해서 살펴본다. 현재까지 상호문화교육과 관련된 연구는 많지 않았으며, 상호문화교육 프로그램을 다루고 있는 연구도 거의 없는 형편이다.94) 따라서 다문화 담론의 교육 영역에서 상호문화교육 또는 상호문화교육 프로그램에 대한 연구가 요청되고 있다. 본고는 상호문화교육이 다문화교육에 비해 상대적으로 덜 주목되었다는 점에서 출발하는, 상호문화교육의 관점에서 다문화 담론 속 교육 프로그램을 어떻게 개발하고 실천해야 하는지에 대한 시론적인 연구이다.

본 연구는 두 가지 논의를 다룬다. 첫 번째는 다문화사회에서 '교육'의 양상이 어떻게 나타나고 있는지를 개관하고, 이 가운데 다문화교육과 상호문화교육이 어떤 쟁점으로 부각되고 있는지를 살펴본다. 요컨대, 다문화교육과 상호문화교육은 각기 다문화주의와 상호문화주의를 배경으로 교육의 이념을 삼고 있는데, 왜 한국 사회에서는 상호문화교육보다 다문화교육의 개념이 더 일반적으로 사용되고 있는지, 그리고 그 쟁점은 무엇인지를 살펴본다.

두 번째는 상호문화교육 프로그램이 제도권(공식적) 교육과 비제도권(비공식적) 교육 현장에서 진행되고 있다고 전제한 후, 대구가톨릭대학교 다문화연구원에서 운영 중인 프로그램들을 상호문화교육의 관점에서 소개하는 것이다. 본 연구원에서 진행하는 상호문화교육 프로그램은 제도권 교육 내에서 진행되는 학부와 특수대학원의 법무부 위탁 교육 프로그램인 「다문화사회전문가 2급」 과정과 한국장학재단 지원의 「다문화 탈북학생 멘토링」 사업 프로그램 등이 있다. 그리고 비제도권 교육 프로그램으로는 한국학중앙연구원의 지원 사업인 「세계한민족문화대전」 북미 편 편찬 사업이 있다.

---

94) 장한업에 따르면, 최근까지 국내에서 상호문화교육과 관련한 연구는 상호문화교육의 원칙, 이론, 철학 등을 다루었으며, 구체적인 방법이나 실행과 관련한 연구들이 별로 없었다. 이러한 이유에 대해 장한업은 "상호문화교육은 일종의 교육철학이기에 그것을 목표, 내용, 방법, 평가 등으로 나누는 것이 쉽지 않았기 때문"이라고 지적하였다(장한업, 「유럽의 상호문화교육 지침서 비교연구」, 『비교교육연구』 27-1, 2017, 201쪽).

요컨대, 본 연구는 다문화연구원이 대학중점연구소의 지원 사업으로 직·간접적으로 수행하고 있는 내용을 상호문화교육 프로그램의 차원에서 분석한 후, 향후 보완되어야 할 부분에 대해 제언하는 것을 목표로 삼고 있다. 본 다문화연구원의 사례는 향후 상호문화교육 프로그램을 개발하는 데 하나의 반면교사가 될 것이며, 더욱 실천적인 상호문화교육 프로그램을 개발 및 운영하는 데 몽학 선생의 역할을 하게 될 것이다.

2. 다문화사회에서 '교육'의 양상

다문화사회에서 교육은 다문화 현상이 만들어내는 '다양성'과 '혼종성', '갈등'과 '충돌' 등을 예방 또는 교정하기 위해서 여러 가지 양상으로 제시되고 있다. 예컨대, 국제이해 교육이나 세계시민 교육, 세계화 교육, 반편견 교육, 다문화(이해)교육, 상호문화(이해) 교육 등의 다양한 개념으로 나타나고 있다. 그런데 다양한 교육의 양상들이 뚜렷하게 구분되지 않은 상태에서 개념의 중첩에 따른 혼란이 초래되고 있기도 하다.95) 본고는 이 중에서 비교적 뚜렷하게 쟁점화되고 있는 다문화교육과 상호문화교육을 중심으로 한다.

---

95) 이러한 문제의식을 바탕으로 최근에 다문화교육과 국제이해 교육, 반편견 교육, 세계화 교육 등의 양상을 비교 연구한 논문이 발표되었다. 권용희는 세계사적 관점에서 다문화사회에서 교육의 양상을 크게 네 가지로 분류하여, 각 교육의 특징들을 비교한 후, 한국 사회에서 수용할 수 있는 교육의 가치에 대해 제언하였다(권용희, 「문화교육과 국제이해교육, 반편견교육, 세계화교육의 비교 연구」, 『다문화와 인간』 5-2, 2016, 37-74쪽).

1) 다문화교육과 상호문화교육의 개념

(1) 다문화교육의 개념과 현황

다문화교육은 다문화주의를 바탕으로 한 1960년대 미국의 시민권 운동으로부터 비롯되었다. 압달라-프릿세이(M. Abdallah-Pretceile)는 다문화주의의 특징을 다섯 가지로 제시하면서,[96] 다문화주의가 거부와 배제의 태도를 조장할 수 있으며, 개인을 집단 속에 가두어 버리면 사회적 유동성이 제한되고, 집단과 문화가 점점 다양한 형태와 색깔을 띨 수 있다는 사실을 은폐하며, 문화적 변인을 지나치게 강조하다 보면 상대적으로 다른 변인에 주의를 기울이지 못하며, 개인의 자율성을 무시할 수 있다고 각각의 한계를 지적하였다.

뱅크스(Banks)는 다문화교육의 목표를 ① 학생들에게 다른 문화의 관점에서 자신의 문화를 바라보게 함으로써 자기 이해를 증진시키고 ② 학생들에게 문화·민족·언어적 대안을 가르치고 ③ 모든 학생에게 다문화사회가 요구하는 지식과 기능, 태도를 습득하게 하고 ④ 소수인종, 민족 집단이 그들의 인종·신체·문화적 특성 때문에 겪는 많은 고통과 차별을 감소시키고 ⑤ 학생들에게 포괄적이고 평준화된 정보와 기술의 세계를 살아가는 데 필요한 읽기, 쓰기, 수리 능력을 습득하게 하고 ⑥ 다양한 집단의 학생들에게 자신이 속한 문화공동체, 국가적 시민공동체, 지역문화, 포괄적 공동체에서 자신의 역할을 수행하는 데 필요한 지식과 태도, 기능을 습득하게

---

96) ① 다문화주의는 소속 집단에 우선권을 부여한다. ② 다문화주의는 차이를 공간화 한다. ③ 다문화주의는 각 집단의 권리를 보장하는 특수하고 정교한 법률을 만든다. ④ 다문화주의는 문화적 상대성을 인정한다. ⑤다문화주의는 공공장소에서 차이를 표현할 수 있게 한다(장한업, 「프랑스의 상호문화교육과 미국의 다문화교육의 비교연구」, 『프랑스어문교육』 32, 2009, 109쪽 재인용).

하는 것으로 제안하였다.97)

경기도다문화교육센터의 경우, 다문화교육은 "학교뿐만 아니라 정부기관, 기업, 지역사회가 함께 고민하고 노력해야 하는 일이며, 정부와 지자체, 교육청, 학교, 시민단체, 기업 등 다문화교육과 관련된 기관 및 개인 간의 네트워크를 연결하는 일이 중요하다."라고 보고, 다문화교육포럼, 다문화감수성교육, 다문화학생 멘토링, 연수 사업 등을 운영하면서 다문화교육의 실천적 측면을 강조하고 있다.98) 교육부도 지난 1월에 「2017년 다문화교육 지원계획」을 발표하면서, 다문화 학생이 다수 재학하는 지역 내 학교의 특수성을 고려하여 교육과정 운영 모델을 개발하기 위하여 연구 학교 세 곳을 운영한다고 밝혔다. 연구 학교에서는 다문화 학생과 일반 학생이 함께할 수 있는 이중 언어 및 외국어 교육, 세계시민 교육, 다문화 이해 교육 등을 학교 교육과정에 반영하여 운영할 수 있도록 하겠다고 밝혔다.99)

(2) 상호문화교육의 개념

상호문화교육은 1970년대 영국을 제외한 프랑스와 독일, 스위스 등의 유럽을 중심으로 출현하였다. 프랑스의 상호문화교육은 1970년에서 1984년에 걸쳐서 정착되었으며, 1984년 교육부 장관이 '상호문화교육(Éducation intercul turelle)'을 사용함으로써, 이 개념이 일반화되기 시작하였다.100) 1970년대 중반 학교 내의 교육적 활동

---

97) 모경환 외, 『다문화교육 입문』, 아카데미프레스, 2009, 2-7쪽.

98) 경기도다문화교육센터 홈페이지(http://www.cme.or.kr), 2017.5.22. 검색.

99) 대한민국 교육부 공식 블로그(http://blog.naver.com/moeblog/220909378876), 2017.5.22. 검색.

ⓞ ⓞ ⓞ ⓞ ⓞ

으로 출발한 상호문화교육은 상당히 자의적이었는데, 다문화 문제를 이민 문제와 바로 연결하는 오류를 범하거나 용어의 무분별한 사용, 지나친 감정의 이입, 다문화 문제를 문화적 요인으로만 해석하려는 경향 등에서 문제가 드러났었다.[101)

파줴(M. Page)는 상호문화교육의 경향을 "보상적인 경향, 문화적 지식의 경향, 이징중심주의의 경향, 분리주의자적 경향, 반인종주의적 경향, 시민교육의 경향, 협력의 경향" 등으로 분석하였다.[102)

2) 다문화교육과 상호문화교육의 쟁점

유네스코는 *UNESCO Guidelines on Intercultural Education*(2006)에서 "다문화교육은 다른 문화들에 대한 학습을 통해서 문화들을 수용하거나 적어도 관용하고자 하는데, 상호문화교육은 다양한 문화집단들 간의 이해와 존중, 대화를 통해서 다문화사회에서 함께 살아가는 발전적이고 지속적인 방법을 모색하여 수동적인 공존을 넘어서고자 한다."라고 밝히고 있다.[103)

다문화교육과 상호문화교육의 이념적 토대가 되는 다문화주의와 상호문화주의는 서로 대립하지만은 않는다. 다문화주의와 상호문화주의는 모두 다문화 현상으로 비롯된 문제들을 해결하기 위해서 나타났으며, 각각의 문화에 대한 고유한 가치를 인정하고 이민자와 소수자

---

100) 허가영, 「21세기 다문화사회의 무용교육-다문화교육에서 상호문화교육으로」, 『무용역사기록학』 43, 2016, 150쪽.

101) 마르틴 압달라 프릿세이, 『유럽의 상호문화교육』(장한업 옮김), 한울, 2010, 62-69쪽; 장한업, 『이제는 상호문화교육이다』, 교육과학사, 2014, 128쪽 재인용.

102) 장한업, 위의 책, 129-131쪽.

103) *UNESCO Guidelines on Intercultural Education*, 2006, p.18; 장한업, 「유럽의 상호문화교육 지침서 비교 연구」, 『비교교육연구』 27-1, 2017, 218쪽 재인용.

에 대한 배려를 정책적으로 발전시켰다. 하지만 다문화주의가 정책적으로 드러낸 한계를 상호문화주의가 다른 방식의 대안으로 제시하고 있다는 점에서 차이가 드러난다. 요컨대, 다문화주의는 집단과 개인의 관계에서 집단에게 우선권을 부여하는데, 이것은 집단의 정체성이 개인의 정체성에 앞선다는 의미이다. 따라서 각각의 집단들은 동질적으로 여겨지며, 내재적인 다양성은 집단의 전체성을 위해서 무시되곤 한다. 이 점이 다문화주의의 가장 치명적인 한계로 지적되었다.104)

상호문화주의는 집단과 개인의 관계에서 개인의 정체성을 무엇보다 중요하게 여긴다. 다문화주의의 핵심은 서로 다른 문화들이 복수로 공존한다는 사실을 인정하는 것이다. 그런데 사회의 다원적 특성을 '인정하는 것'과 함께 '인정하는 방식'을 동시에 표명하는 것도 중요하다. 상호문화주의는 집단 속의 틀 지워진 개인이나 문화 자체가 아니라, 문화의 담지자인 개인들의 '관계'를 더 중요시한다. 이에 따라서 문화 간의 역동적인 관계는 쌍방향성을 지향한다고 본다.105)

한편, 다문화교육과 상호문화교육을 연계하는 방안도 외국어 교육 분야에서 모색되고 있다. 외국어 교육에서 문화 학습은 세계의 문화적 다양성을 이해하는 전 지구적 시각을 갖추게 하는 것을 목표로 삼고, 몇 가지 주제를 설정하여 다양한 학습활동을 통해서 이를 구현하는 것이 제안되고 있다.106)

---

104) 홍종열, 「유럽의 상호문화교육」, 『글로벌문화콘텐츠』 7, 2011, 315-316쪽.

105) 위의 글, p.317.

106) 김옥선, 「다문화교육과 상호문화 이해교육의 연계 방안」, 『외국어로서의 독일어』 24, 2009, 73-81쪽.

○○○○○

3. 상호문화교육 프로그램 분석과 운영 사례

1) 상호문화교육 프로그램 분석

장한업은 유럽의 상호문화교육 지침서 중 세 종류를 ① 정의와 목표 ② 내용 ③ 방법 ④ 평가 등으로 비교 분석하면서, 각 지침서가 상호의존적 세계의 현실을 이해하고 부정적인 편견과 고정관념을 넘어서 이주민에 대해 긍정적인 태도와 행동을 갖게 하는 목표를 공유한다고 보았다. 그리고 그 내용은 다른 문화적 배경을 가진 사람들이 상호 관계를 발견하고 장벽을 허무는 내용으로 구성되어 있지만, 방법에서는 각각의 차이가 나타나고 있음을 밝혔으며, 평가의 영역은 상호문화교육 지침서에서 가장 부족한 부분이라고 지적하였다.107)

한국에서 상호문화교육 프로그램은 아직까지 공식적 교육의 장에서 지침서가 마련되어 체계적인 실천으로 이어지고 있지는 않다. 교과 수업의 한 프로그램(시수)으로서 개발되어 시범적으로 교사의 재량으로 운영되고 있는 형편이다. 따라서 유럽처럼 지침서를 가지고 그 내용을 분석하기는 어렵다. 이에 대해서 본고는 대구가톨릭대 다문화연구원에서 운영 중인 프로그램을 상호문화교육의 관점에서 분석하고, 현황과 문제점 그리고 개선 방안에 대해 살펴보고자 한다.

---

107) 그가 분석한 유럽의 상호문화교육 지침서는 *Education Pack-Ideas, Resources, Methods and Activities for Informal Intercultural Education with Young People and Adults*(1995), *Intercultural Learning*(2000), *Intercultural Education in the primary school*(2006)이다(장한업, 「유럽의 상호문화교육 지침서 비교 연구」, 『비교교육연구』 27-1, 2017, 199-222쪽).

2) 대구가톨릭대 다문화연구원의 상호문화교육 프로그램 운영 현황

(1) 제도권 교육 내 상호문화교육 프로그램 운영 현황

가. 학부생「다문화 탈북학생 멘토링 지원 사업」운영

본 연구원에서는 2011년부터 2017년 현재까지「다문화 탈북학생 멘토링 지원 사업」프로그램을 한국장학재단으로부터 위탁하여 운영 중이다.[108] 다문화 탈북학생 멘토링 프로그램은 한국장학재단에서 사업비를 지원하여 각 시도교육청과 관할 내 교육기관인 대학교 및 초중고등학교를 연계하여, 초중고등학교에 재학 중인 다문화 탈북학생(배움지기)을 대상으로 지역 내 대학생들(나눔지기)이 멘토로서 참여하는 대학생 장학 사업의 하나이다.

본 연구원에서는 매년 3월 중순경 한국장학재단에 사업 신청을 하여 예산을 배정받은 후, 4월 중순부터 사업 참여 학생(나눔지기)을 모집하고, 서류 및 면접 전형을 거쳐 예산에 맞게 학생을 선발한다. 선발 요건은 ① 학과 지도 교수의 추천서 ② 직전 학기까지 다문화 관련 과목의 이수 여부 ③ 서류 및 면접의 결과 등이며, 선발된 학생들은 사전 교육을 전후해서 멘티 학생과의 매칭이 이루어진다. 초중고등학교에 재학 중인 다문화 탈북학생과의 멘토링 활동은 통상 5월 초부터 진행이 되는데, 매칭된 학생과의 라포 형성이 무엇보다 중요하기에 사전 교육의 역할이 중요하다.

---

108) 2011년에는 23명, 2012년에는 127명, 2013년에는 127명, 2014년에는 124명, 2015년에는 72명, 2016년에는 78명이 멘토로서 실제 활동하였으며, 2017년 현재 113명이 멘토로서 선정되어 활동 중이다.

본 사업을 담당하는 직원의 행정적 도움을 바탕으로, 2017년 멘토링 사업부터는 사전 교육뿐만 아니라 간담회의 형식을 빌려서 멘티와 멘토와의 상호작용을 지속해서 모니터링하고, 상호문화교육 활동이 될 수 있도록 유도할 계획이다. 현재 네이버 밴드(대구가톨릭대학교 2017 다문화 탈북학생 멘토링)를 운영하면서, 멘토링 사업의 행정적 공지를 비롯하여 활동의 어려움이나 노하우 등을 공유하고 있다.

나. 학부 및 특수대학원의 다문화사회전문가 교육 프로그램 운영 현황
　　다문화사회전문가 2급 학위과정은 법무부의 출입국관리법령 및 '사회통합 프로그램 다문화사회 전문가 인정 기준 등에 관한 규정'(법무부령 제1023호)에 의해서, 2017년 현재 전국의 대학교 중 35개 학교에서 운영 중이다.[109) 해당 규정의 제3조 제2항에 의하면, 학부생의 경우 졸업 전까지 필수과목인 '이민정책론', '이민법제론', '다문화사회교수방법론', '한국사회의 다문화현상 이해', '이민·다

---

109) **성결대**(경영행정대학원 행정학과 이민정책전공, 일반대학원 행정학과 이민정책전공), **계명대**(정책대학원 이민다문화사회학과, 교육대학원 다문화교육전공), **동아대**(동북아국제전문대학원 국제학과 다문화과정), **목원대**(산업정보언론대학원 이민다문화정책학과, 신학과), **성산효대학원대**(효문화학과 다문화전공), **공주교대**(대학원 다문화교육전공), **선문대**(글로벌한국학과), **전남대**(대학원 디아스포라협동과정), **전주교대**(대학원 다문화교육전공), **총신대**(다문화한국어학과), **인하대**(정책대학원 이민다문화정책학과, 교육대학원 교육학과 다문화교육전공), **명지대**(산업대학원 산업시스템경영학과 국제교류경영학전공, 교육대학원 교육학과 국제다문화교육전공), **동국대**(일반대학원 국제다문화학과), **중앙대**(행정대학원 다문화정책학과), **건양사이버대**(다문화한국어학과), **한국외대**(교육대학원 다문화교육전공), **부산외대**(일반대학원 다문화교육학과, 한국어문화학부), **광주교대**(대학원 다문화교육전공), **대구교대**(대학원 다문화교육전공), **한중대**(다문화한국어학과), **경인교대**(교육전문대학원 다문화교육전공), **대구사이버대**(한국어다문화학과), **대구가톨릭대**(국제다문화대학원 다문화학과), **서울교대**(교육전문대학원 다문화교육전공), **배재대**(융합전공 다문화학), **강릉원주대**(다문화학과), **원광디지털대**(한국어문화학과, 사회복지학과), **건국대**(교육대학원 다문화소통교육전공), **전주대**(교육대학원 교육학과 다문화교육전공), **디지털서울문화예술대**(한국언어문화학과), **중원대**(평생학습대학원 평생교육학과 다문화교육전공), **평택대**(사회복지대학원 사회복지학과), **고려사이버대**(사회복지학과, 한국어학과, 평생교육학과, 상담심리학과), **우석대**(경영행정대학원 다문화학과), **동덕여대**(글로벌다문화학과)

문화가족복지론', '국제이주와 노동정책', '이민·다문화 현장실습' 중에서 5과목을 이수하고, 선택과목인 '아시아사회의 이해', '해외 동포사회이해', '지역사회와 사회통합', '이주노동자 상담과 실제', '다문화가족의 상담과 실제', '다문화사회교육론', '노동법', '국제인 권법', '가족법', '국제이주와 사회통합', '(이주민을 위한) 한국어교 육론', '이중언어교육론', '다문화교육현장 사례연구', '석·박사 논문연구', '국제이주와 젠더' 중에서 3과목 등 총 8과목(24학점)을 이수하면 다문화사회전문가 2급의 자격을 갖추게 되며(대학원의 경우 5과목), 졸업 후 법무부 장관이 정하는 교육 15시간을 이수하면 프로그램을 이수한 대학 총장의 명으로 이수증을 발급받는다.

현재 다문화연구원에서 개설하고 있는 과목은 '한국사회의 다문화현상 이해', '이민정책론', '이민법제론', '국제이주와 노동정책', '이민·다문화가족복지론', '아시아사회의 이해', '지역사회와 사회통합', '다문화사회교수방법론', '이민·다문화 현장실습' 등이며, 다문화연구원의 연구 교수가 주로 강의를 맡고 있으며, 관련 전공의 교원이 해당 과목을 강의하고 있다.

학위과정으로서 본 다문화사회전문가 과목을 이수한 학생들은 졸업 후 법무부 장관이 정하는 교육을 15시간 이수하여야 총장 명의의 다문화사회전문가 2급 이수증이 발급된다. 본 연구원에서는 법무부의 교육 위탁을 받아, 대구·영남권에서 다문화사회전문가 과정을 이수한 학생들을 대상으로 '법무부 장관이 정하는 교육'도 지난 학기까지 진행하였다.[110]

---

110) '법무부 장관이 정하는 교육'은 학위과정으로서, 다문화사회전문가 과정을 운영하는 35개의 학교를 대상으로 연 2회 10여 대학을 선정하여 2-3월과 8-9월에 운영되는 교육이다.

(2) 비제도권 교육 내 상호문화교육 프로그램 운영 현황

가.「세계한민족문화대전」북미 편 사전 사업 수행

「세계한민족문화대전」편찬 사업은 교육부의 지원으로 한국학중앙연구원이 2011년부터 재외동포의 삶과 문화에 대한 자료의 발굴과 수집, 정리하는 사업이다. 총 4단계로 진행될 예정이며, 1단계(2011-2015년)에서는 중국 동북3성에 거주하는 중국 동포를 대상으로, 현재 2단계(2016-2018년)에서는 북미(서부)와 일본, CIS 지역을 대상으로 연구가 진행 중이다. 향후 3단계(2019-2021년)와 4단계(2022-2024년)에서는 각각 북미(동부)와 중남미, 유럽, 아시아, 아프리카, 오세아니아 지역으로 대상을 확대할 예정이다.

본 다문화연구원이「세계한민족문화대전」북미 편 사업을 수행하게 된 목적은 국내에 거주하는 이주민 또는 이주민 집단을 상호문화주의적 차원에서 이해하고, 이주민 집단이 자조 모임 및 활동을 강화할 방안을 마련하기 위해서이다. 요컨대, 이주민 개개인을 이해하는 노력과 함께 이주민 집단의 정체성을 이해하려는 노력도 중요하기 때문이다. 다문화연구원은 대학중점연구소 2단계 사업을 수행하면서 '다문화생활세계 아카이브'를 구축하려고 노력하였으며, 이 노력의 결과를 확장하여 '사전'이라는 콘텐츠를 기획하였다. 사전 콘텐츠의 개발은 상호문화교육의 콘텐츠로 활용될 수 있으며, 상호문화교육 프로그램의 매개로 활용할 수 있기 때문이다.

하지만 이주민 집단의 생활문화 사전 콘텐츠의 개발은 예산이 비교적 많이 소요되며 제작 기간도 오래 걸리기 때문에, 우선 한국학중앙연구원의 사업비 지원을 통해 북미 한인의 생활문화 사전을 제작하게 되었다. 이 작업으로 쌓인 노하우는 향후 국내 이주민 집단의 디지털 생활문화 사전 콘텐츠 프로그램을 개발하는 데 매우 유용하게 활용될 것이다.

4. 맺음말

대구가톨릭대 다문화연구원에서 현재 수행 중인 상호문화교육과 관련한 프로그램은 제도권 교육과 비제도권 교육으로 나뉠 수 있으며, 이에 해당하는 세 가지 프로그램을 요약하면 다음과 같다.

<표 7> 대구가톨릭대 다문화연구원의 상호문화교육 프로그램

	제도적 교육 프로그램		비제도적 교육 프로그램
	다문화 탈북학생 멘토링	다문화사회전문가	세계한민족문화대전 북미편
프로그램 운영 시기	2011-현재	2014-현재	2016-현재
관련 기관	한국장학재단, 경북교육청, 대구교육청, 대구경북권 내 초중고등학교	법무부	한국학중앙연구원
프로그램 목표	다문화 탈북학생의 학교생활 적응력 강화 및 기초학력 향상, 진로 지도 및 정서적 소통 기회 제공	사회통합 프로그램 운영을 위한 강사 양성	재외동포의 역사 문화적 원형과 변화상을 발굴·수집하여 정리하고 디지털 사전으로 서비스
프로그램 대상	전 학부생 및 다문화 탈북학생	전 학부생, 특수대학원 다문화학과 석사과정 학생, 다문화사회전문가 과정 이수자	재외동포의 삶과 문화에 관심을 가진 국민 또는 한민족

	제도적 교육 프로그램		비제도적 교육 프로그램
	다문화 탈북학생 멘토링	다문화사회전문가	세계한민족문화대전 북미편
상호문화교육의 내용	나눔지기 멘토링 활동 사전 교육. 나눔지기 멘토링 활동(다문화 탈북학생과의 라포 형성을 통한 상호 소통과 기초 학력 향상 지도 등)	한국 사회의 다문화현상 이해, 이민법제론, 이민정책론, 이민·다문화 가족복지론, 국제이주와 노동정책, 다문화사회교수방법론, 아시아사회의 이해, 지역사회와 사회통합, 이민·다문화 현장실습 교과 운영	국내 체류 이주민의 생활문화를 이해하기 위한 방편으로서 재외동포의 생활문화 사전 항목 개발 및 집필 관리 등 사전 제작
방법	멘토링 활동	교과별 내용 이해와 과목 이수	재외동포의 생활문화와 관련된 항목의 개발 및 집필 관리
평가	맨토링 활동 기록 (출근부 작성)에 따른 장학금 지급	각 과목 이수 평가 (상대평가) 이수 자격 요건 평가 (이수증 발급)	원고 집필 내용에 대한 검수, 항목 개발 및 원고 집필에 대한 한중연의 평가 등

　　다문화연구원이 현재 수행하고 있는 프로그램의 교육의 내용과 방법을 상호문화교육의 관점에서 재고하기 위해서는 몇 가지 보완이 필요하다.

　　첫째, 상호문화교육 프로그램 대상의 확대가 필요하다. 현재 다문화연구원은 상호문화교육의 제도적 교육 프로그램으로서 '다문화 탈북학생 멘토링'과 '다문화사회전문가' 프로그램을 운영하고 있다. 제도적 교육 프로그램의 대상은 대구가톨릭대 학부생 또는 특수대학원 석사과정 학생 및 다문화사회전문가 과정 이수자로 한정되어 있다. 다문화교육의 초창기 대상이 다문화학생들로만 이루어져 문제가 제기된 것처럼, 현재의 상호문화교육 프로그램의 대상자가 대구가톨릭대 학생들로만 구성된 것은 상호문화교육에 걸맞지 않다. 따라서 다문화 탈북학생 멘토링 프로그램에 멘티를 간담회와 같은 교육에

257

참여시키는 것도 상호문화교육 프로그램을 효과적으로 운영하는 데 필요할 것이다. 다문화사회전문가 교과과정의 운영에서도 '아시아사회의 이해'라든가 '지역사회와 사회통합', '국제이주와 노동정책'과 같은 수업에서 관련 이주자가 함께 수업에 참여한다면, 상호문화교육의 목적에 더 가깝게 교과과정이 운영될 수 있을 것이다.

둘째, 상호문화교육의 대상이 확대되기 위해서는 유관 기관과의 협조가 선행되어야 한다. 따라서 다문화연구원이 현재 유관 기관과 양해각서(MOU)를 체결하고 있는 단체와 협의해서, 현재 상호문화교육의 주 대상인 대학의 구성원을 넘어서 다문화 관련 현장 전문가를 포함시키는 것이 필요하다. 물론 다문화 관련 현장 전문가는 상호문화교육의 대상자만은 아니다. 상호문화교육 프로그램을 함께 만들어 낼 수 있는 공동연구자이기 때문이다. 이러한 문제의식을 반영하여 다문화연구원은 지난 국제학술대회 때 대구·경북 지역 내 건강가정·다문화가족지원센터의 기관장들과 간담회를 가졌다. 간담회에서 논의되고 합의된 내용이 조만간 실천된다면, 상호문화교육의 대상이 확대될 수 있으며, 공동 프로그램의 개발 또한 가능해질 것이다.

셋째, 현재 다문화연구원에서 수행하는 프로그램에는 그 목표가 상호문화교육의 목표와 거리가 있는 프로그램도 있다. 예컨대, 다문화사회전문가 과정의 운영이 그것이다. 본 프로그램은 법무부의 위탁 교육으로, 사회통합프로그램 운영을 위한 강사의 양성이 교육의 목표이다. 이러한 의도는 '법무부장관이 정하는 교육'에서 보다 더 극명하게 노출된다. 상호문화에 대한 이해와 관심, 그리고 실천에 목표를 두는 상호문화교육과는 거리가 있어 보인다. 따라서 이러한 괴리를 어떻게 좁히면서 프로그램을 운영할 수 있는지 우회적인 프로그램의 개발이 필요하다. 다문화사회전문가 교과 과목명이 주는 '딱딱함'과 '건조함'을 어떻게 해소할지도 상호문화교육의 관점에서 본 프로그램을 운영하는 데 고민해야 할 점이다.

넷째, 새로운 상호문화교육 프로그램의 개발이 필요하다. 현재 수행하고 있는 프로그램보다 더 역동적이고 현실감 있는 프로그램이 요청된다. 제도권 교육 내에서 진행되는 상호문화교육도 중요하지만, 현장이나 지역사회 속에서의 상호문화교육 프로그램도 중요하다. 본 다문화연구원이 글로컬 생활세계라는 공간적 배경을 연구의 한 축으로 삼고 있다는 점에서, 상호문화교육의 외연을 지역사회로 확장하는 작업이 필요하다. 이를 위해서 인문학대중화사업의 유형으로 지원하고 있는 '인문도시' 연구 과제를 상호문화교육의 관점에서 기획하는 것도 고민해 볼 필요가 있겠다.

VI

결론

본 연구는 다문화사회에서 한국 종교가 사회적 소수자인 이주민을 인식하고 대응하는 과정에서 생겨난 쟁점들을 통해 최근 한국 종교의 변화 과정을 살피고, 점점 가속화되는 다문화사회에서 한국 종교가 대응할 수 있는 방향 중 다문화 종교교육을 분석하였다. 현재 한국 사회에서 이주민에 대한 쟁점은 그들이 아닌 다른 주체들에 의해 논의된다는 점에서 문제가 있었으며, 이주민을 규정짓는 한국 종교의 인식과 대응이 주로 보살핌의 대상과 동화적 대상으로 고정되어 있다는 점에서 향후 이주민과의 갈등이 예견된다. 연구자는 이주민에 대한 한국 종교의 굴절된 시선이 관용 또는 자비라는 베일에 둘러싸여 한국 종교 지형에서 교세 확장의 의도를 은폐시키려는 전략으로 나타나고 있다는 점에 문제의식을 가졌다. 물론 종교의 자기 확장은 내재적으로 당연한 논리이겠지만, 이러한 확장이 다문화사회에서 종교와 이주민에 대한 갈등을 가속화시킬 수 있기 때문에 지양되어야 한다는 것이 연구자의 기본적인 전제였다.

이러한 시각에서 한국 종교가 다문화사회에 대응하면서 나타나는 쟁점들을 살펴보았다. 먼저, 기독교의 이주민에 대한 인식과 대응을 통해 나타난 쟁점은 다문화 선교의 방향성에 대한 것이다. 이주노동자의 인권 보호와 사회적 문제를 해결하기 위해 시작된 '이주노동자지원센터' 또는 '중국동포의집' 등이 초기에 보여줬던 표

263

면적 목적에서 점차 공격적 선교 지향 형태로 변하고 있다는 점에서 논쟁이 부각되고 있다. 물론 선교 지향적인 정체성이 강한 기독교로서는 당연한 논리이겠지만, 다문화사회라는 독특한 상황에서 이러한 정체성이 어느 범위까지, 어떠한 방법까지 허용될 수 있는가라는 논의를 수반하고 있었다.

불교에서 나타나는 쟁점도 이와 유사하여, 이주민 포교를 위해 이들을 어떻게 인식해야 하는가에 대한 인식 근거 마련이 논쟁으로 부각되고 있다. '인연'이라는 보편적 시각으로서 볼 것인가, '자비'의 발현이라는 시혜적 대상으로 볼 것인가라는 논의가 그것이다. 다문화사회에 대한 불교의 대응은 복지를 비롯한 축제와 의례에 집중되어 나타나고 있었다. 이것이 순수한 '자비'의 발현으로서 나타난다고 하겠지만, 베푸는 자와 받는 자를 분리시켜 상대적인 우위를 점하면서 포교를 용이하게 할 수 있는 전략으로 사용될 수도 있기 때문에 쟁점으로 부각되었다.

신종교에서는 자기 정체성과 관련하여 이주민을 대상화하려는 경향이 사회적 문제로 표면화되고 있다. 신종교의 정체성 자체를 '개혁'에 두고, 기성 종교보다 뒤늦게 다문화사회에 대응했던 신종교 자체의 정체성에 대한 위기의식이 제기되는 한편, 통일교는 자체의 교리에 맞춰 이주민을 수단화하고 있다는 혐의를 받고 있다. 통일교는 세계평화통일가정연합으로 정체성을 전환하면서 가정을 보다 부각시켰었다. 한국 다문화사회가 논의되기 이전부터 국제결혼을 통한 '다문화가정'을 형성하였다지만, 자발적 이주에 의한 가정의 형성이라기보다 종교적 신념 또는 타의적 강요에 의해 가정이 형성되었다는 점에서 다문화사회 논의의 또 다른 차원을 형성하고 있다고 볼 수 있다.

현재 학계에서 논의되고 있는 이주민에 대한 담론들은 온정주의적 관점이 대부분이며, 한국 종교 내에서 다루어지는 다문화 담론들도 이 관점에서 크게 벗어나지 않고 있다. 한국 사회는 이주민의 수가 점차 더 늘어나는 것과 더불어 이주민이 갖고 들어온 그들의 종교 또한 다양한 양상을 띠고 있어, 사회적·문화적으로 다양한 이 현상들에 어떻게 대비해야 하는가가 우리 사회의 중요한 과제로 부각되고 있다. 종교를 기반으로 한 이주민 공동체가 점점 늘어나고 있기에, 이러한 종교의 다원화 현상을 한국 종교는 어떻게 받아들이고 있는가에 대한 심층적 연구가 필요한 시점이다.

앞으로 이주민 2세대가 성장하면서 한국 사회 전면으로 부각될 때가 그리 멀리 않았다. 현재까지는 이주민에 대한 한국 종교의 인식과 대응에 있어 한국 종교가 시혜를 베푸는 방향으로 이주민을 인식하고 대응하였지만, 머지않아 이주민의 자기 발화가 실현될 때, 한국 종교는 현재의 지위를 잃거나 그 영향력이 줄어들 것으로 예상된다. 이에 대한 대비 차원에서 한국 종교는 다문화교육 프로그램에 종교교육을 접목한 다문화 종교교육을 시도하고 있다고 판단된다. 본고는 한국 종교가 최근 실시하고 있는 다문화교육 내의 종교교육이 신앙교육과 종교의례를 강요하고 있다는 점에서 문제를 제기하였다.

다문화교육은 교육과학기술부가 다문화교육 정책과 방향에서 밝힌 것처럼, 다문화가정 학생의 교육격차 해소 및 사회통합, 일반 학생의 다문화 감수성 및 이해의 제고, 다문화가정 학생의 글로벌 인재 육성 등과 관련된 것이다. 이것은 다문화교육이 다문화가정 학생뿐만 아니라 일반 학생도 그 대상으로 삼아야 한다는 것을 의미하며, 한국 종교 내에서 실시되고 있는 다문화교육도 이에 조우하는 방향이 되어야 한다. 왜냐하면 한국 종교가 실시하고 있는 다문화교육이 다문화가족지원센터와 같은 공적 기관에서도 수행되고 있기 때문이다. 하지만 한국 종교 내에서 실시되고 있는 다문화교육의 대상은 이주민에 국한된 경향이 짙게 나타나고 있다는 데서 문제가 발생하고 있다.

이러한 경향은 한국 종교가 이주민을 인식하는 태도에서 비롯되었다고 볼 수 있다. 앞서 이주민을 인식하는 유형에서 살폈듯이, 대부분의 한국 종교는 보편적 인간으로서 이주민을 인식하고 있지만 다른 차원에서는 보살핌의 대상과 같은 동정과 동화적 대상으로 인식하고 있다. 많은 경우 동화적 또는 선교적 대상으로서 인식하고 있으며, 이러한 인식을 감추는 작용으로 보살핌의 대상이 강조되곤 한다. 이것은 한국 종교들이 다문화사회에서 이주민을 한국인이라기보다 예비 한국 종교인으로서 먼저 인식하고 있음을 보여준다고 할 수 있다. 이러한 인식은 이주민이 타 종교를 갖고 있을 수 있다는 가능성에 대해서 고민하지 않거나, 적극적 개종을 통해서 한국 종교의 외연을 확대하려는 폭력적 선교 전략의 단면을 보여준다고 할 수 있다. 이러한 전략은 한국 사회가 이전보다 훨씬 다양해진 상황에서 이주민과 한국 종교 간의 갈등을 예고하고 있다. 따라서 이주민에 대한 한국 종교들의 인식 전환이 무엇보다 요청된다.

한국학중앙연구원 현대한국연구소에서 2007년 한국갤럽에 의뢰하여 다인종·다문화 상황을 맞이한 상황에서 일반 국민의 인식과 태도를 '정체성', '다양성', '사회의식'으로 조사하였다. 이에 따르

266
○○○○○

면, 이주민에 대한 한국인의 태도는 비교적 긍정적·포용적이었고, 외국인에 대한 사회적 거리감은 국내의 소수자나 범죄자에 비해 크지 않게 나타나고 있다. 그러나 국제결혼에 대해서는 주부가, 이주 노동자에 대해서는 생산직 근로자가 그 수적 증가에 대하여 심각성의 정보를 높게 인식하는 것으로 나타났다. 그런데 외국인의 국적이나 인종에 따라 한국인의 사회적 거리감은 상당한 차이가 나타났다. 조선족과 북한이탈주민에 대한 인식이 가장 긍정적이었던 반면, 중국인과 동남아시아인, 특히 미국에 대한 태도는 상당히 부정적으로 나타났다. 그리고 국적을 불문하고 사회적 거리에 큰 영향으로 작용하고 있는 요인은 '흑인'이라는 인식으로 나타나고 있었다.

2010년 현재 정부 8개 부처에서 30여 개의 다문화정책과 관련된 사업을 시행하였고, 지자체의 사업을 합하면 약 3,000여 개의 사업이 시행되고 있다. 그러나 부처별로 제각각 정책을 추진하다 보니 중복된 사업이 많다. 예컨대, 다문화가정의 자녀가 학교생활에 부적응하는 현상에 대해, 관련 부처들은 앞다투어 지원에 나섰다. 여성가족부는 다문화가족 언어 발달 지원 사업을, 교육과학기술부는 대학생 맨토링-다문화가족 언어교육을, 보건복지부는 아동인지능력 향상서비스를 다문화가족으로 확대했다. 각 부처의 사업은 명칭만 다를 뿐 내용 면에서 다문화가족을 직접 찾아가 한국어를 가르친다는 것으로 거의 동일하다. 당연히 대상자는 중복되어, 취학 전이면 여성가족부와 보건복지부 서비스를, 취학 후면 여성부와 교육과학기술부부 서비스를 모두 받을 수 있다. 최근 발간된 감사원 감사연구원의 보고서 『다문화가족지원정책 성과평가』는 협력 부문의 개선 방안으로 기관 간 합리적인 역할 분담과 사업 간 연계를 강화할 것을 지적하고 있다.

현재 문화체육관광부에서는 '다종교문화지원정책'으로 종교문화 행사 및 심포지엄, 봉사활동 등 여섯 개 사업을 실시하고 있다. 첫째, 한국종교지도자협의회가 주최하는 종합문화예술축제인 '대한민국 종교예술제'이다. 이 축제는 1990년 '대한민국 종교음악제'를 시작으로 1997년에는 미술제, 영화제, 음악제, 학술세미나를 포함하는 종합예술제의 면모를 갖추었다. 둘째, '종교청년문화축제'이다. 이 축제는 한국종교평화회의가 1998년부터 각 종단 소속 청년들이 참여하는 종교청년평화캠프의 형태로 개최하고 있는 행사이다. 종교 청년들로 하여금 이웃 종교에 대한 이해와 상호친목을 도모하게 함으로써 종교 간 연대와 협력 인식을 청년층으로 확산시키는 노력이다. 셋째, '종교문화유적지 순례'이다. 1999년부터 개최되었으며, 7대 종단의 성직자와 대학생들이 주요 종단의 종교유적지를 순회하면서 대화와 토론을 나누는 행사이다. 넷째, '종교신문언론인심포지엄'이다. 종교 언론의 발전과 바람직한 사회기여 방안을 모색하고 종교 언론인 간의 친목 도모를 위해 종교신문언론협의회 주최로 매년 개최하고 있다. 다섯째, '이웃종교문화 이해강좌'이다. 종교 간 이해와 건전한 종교문화의 성숙을 위해 종교 교역자 및 일반인을 대상으로 1996년부터 한국종교인평화회의 주최로 매년 상·하반기 2회에 걸쳐 강좌를 실시하고 있다. 여섯째, '종교교역자 대화캠프'이다. 이 캠프 역시 이웃 종교 간 이해와 화합을 도모하는 한편, 종교문화 발전을 위해 미래지향적인 대안과 협력체계를 모색하기 위해서 개최되고 있다.

문화체육관광부의 이러한 지원 정책은 다문화 시대에 맞게 변화

ooooo

가 필요하다. 다종교사회를 구성하고 있는 종교의 폭이 이전보다 훨씬 넓어지고 있으므로, 이주민의 종교 또한 고려의 대상이 될 필요가 있다. 이들이 우리와 더불어 살고 있는 이상, 이들의 인권뿐만 아니라 종교 또한 중요하게 고려되어야 한다. 이에 따라서 5년마다 실시하고 있는 인구통계조사에서 내국인뿐만 아니라 이주민의 종교를 통계조사에 포함하거나, 전수조사가 힘들 경우 전문기관의 도움을 받아 표본조사를 통해서 이주민의 종교 분포와 현황을 시급히 파악할 필요가 있다. 왜냐하면 한국개신교의 이슬람포비아 현상과 같은, 근거 없는 무슬림 또는 이슬람 혐오가 생겨나고 있기 때문이다. 이 작업은 통계조사를 통한 보다 객관적인 자료의 확보를 통해서 한국 사회의 종교 분포와 종교 지형을 살피는 데 도움이 될 것이다.

2010년 가을에 인구주택총조사가 실시되었다. 작년 조사에서는 아홉 개 언어로 된 조사표와 제3국 언어 조사원들이 투입되었다. 미등록외국인이라도 3개월 이상 국내에 머무를 경우 조사 대상에 포함되었을 뿐만 아니라, '국적'을 조사하는 항목이 생겨났다. 하지만 '종교' 항목은 10년을 주기로 조사하는 전수 항목으로 구분되어 사회의 변화를 분석하고 전망하는 데 아쉬움을 남겼다. 다문화사회에서 다종교 상황이 갈수록 심화될 가능성이 높아지므로, 이전과 동일하게 5년마다 종교 항목을 전수조사하면 다문화정책을 수립·추진하는 데 지표가 될 수 있을 것이다.

본고는 한국 종교의 다문화 현상에 대한 인식과 대응을 한국 종교 내에서 형성되고 있는 미디어 등을 통해서 살폈다. 왜냐하면 현재 한국 종교의 인식과 대응을 있는 그대로 보여주기 위한 의도가 있었기 때문이다. 하지만 미디어를 통해서 형성된 다문화 담론들을 메타 담론으로 분석하거나 구술면접조사 등의 방법으로 보완했어야 했는데, 본고에서는 다루지 못했다. 그리고 소수자인 이주민의 쟁점도 다루지 못했다. 이러한 한계는 후속 작업을 통해서 보완하고자 한다.

참고문헌

1. 연구저서

Andrea Semprini, 『다문화주의: 인문학을 통한 다문화주의의 비판적 해석』(이산호·김휘택 옮김), 도서출판 경진, 2010.

Banks, J. A., 『다문화교육 입문』(모경환 외 옮김), 아카데미프레스, 2008.

Christine I. Bennett, 『다문화교육: 이론과 실제』(김옥순 외 옮김), 학지사, 2009.

Gale, James S., 『전환기의 조선』(신복룡 옮김), 평민, 1986.

Jacques. Attali, 『호모 노마드 유목하는 인간』(이효숙 옮김), 웅진닷컴, 2005.

Noss, J. B., 『세계종교사 上』(윤이흠 옮김), 현음사, 1986.

Smith, Jonathan. Z., 『자리잡기』(방원일 옮김), 이학사, 2009.

교육과학기술부, 『2008년도 다문화가정 학생 교육 지원계획』, 교육과학기술부, 2008.

교육부, 『2015 개정 교육과정-총론』, 2015.

교육부, 『고등학교 교양 교과 교육과정』, 2015.

교황청 이주사목위원회 훈령, 『이민들을 향한 그리스도의 사랑』, 한국천주교 중앙협의회, 2006.

구정화 외, 『다문화교육 이해』, 동문사, 2009.

국가인권위원회 차별판단지침연구 태스크포스, 『차별판단지침』, 국가인권위원회 차별판단지침연구 태스크포스, 2008.

국경없는마을 다문화사회교육원, 『이주민 공동체의 문화다양성에 대한 조사연구: 다문화지도제작』, 문화관광부, 2007

김동문, 『우리는 왜 이슬람을 혐오할까?』, 선율, 2017.

김선미, 『다문화교육의 이해』, 한국문화사, 2008.

김윤정, 『다문화교육과 공생의 실현: 재일한국인을 통해 본 다문화시대의 교육』, 일조각, 2010.

김은미·양옥경·이해영, 『다문화사회, 한국』, 나남, 2009.
김이선 외, 『여성결혼이민자의 문화적 갈등 경험과 소통증진을 위한 정책과제』, 한국여성개발원, 2006.
김현미, 『글로벌시대의 문화번역』, 또 하나의 문화, 2005.
김종서, 『종교사회학』, 서울대학교출판부, 2005.
김현미, 『글로벌시대의 문화번역』, 또 하나의 문화, 2005.
김혜순 외, 『한국적 다문화주의의 이론화』, 동북아시대위원회, 2007.
니니안 스마트, 『현대 종교학』(강돈구 옮김), 청년사, 1986.
니시카와 나가오, 『국경을 넘는 방법: 문화·문명·국민국가』(한경구·이목 옮김), 일조각, 2001.
데이비드 J. 보쉬, 『변화하고 있는 선교』(김병길·장훈태 옮김), 기독교문서선교회, 2000.
마달레나 드 카를로, 『상호문화 이해하기: 개념과 활용』(장한업 옮김), 한울, 2011.
마르틴 압달라 프릿세이, 『유럽의 상호문화교육』(장한업 옮김), 한울, 2010.
모경환 외, 『다문화교육 입문』, 아카데미프레스, 2009.
문화재청, 『문화재 유형별 활용 길라잡이』, 문화재청, 2011.
박성혁 외, 『다문화교육정책 국제 비교연구』, 교육과학기술부, 2008.
박천응, 『다문화교육의 탄생』, 국경없는마을 출판사, 2009.
레리 A. 사모바·리처드 E. 포터, 『문화 간 커뮤니케이션』(정현숙 외 옮김), 커뮤니케이션북스, 2007.
서울역사박물관 편, 『이태원, 공간과 삶』, 서울역사박물관, 2010.
세계평화통일가정연합 엮음, 『문선명선생말씀 주제별정선1: 축복과 이상가정』, 성화출판사, 1998.
심승희, 『서울시간을 기억하는 공간』, 나노미디어, 2004.
안경식 외, 『다문화 교육의 현황과 과제』, 학지사, 2008.
양승종, 『서울 이태원 부군당굿』, 민속원, 2007.
오경석 외, 『한국에서 다문화주의』, 한울아카데미, 2007.
용인문화원 향토문화연구소, 『충렬서원지』, 한국문화사, 2009.
유네스코한국위원회 엮음, 『유네스코와 문화 다양성』, 집문당, 2008.
유길준, 『서유견문』(허경진 옮김), 한양, 1995.
윤인진 외, 『한국인의 이주노동자와 다문화사회에 대한 인식』, 이담북스, 2010.
윤동철, 『종교 혐오 현상에 대한 기독교적 답변: 새로운 무신론자들과의 대화』, 새물결플러스, 2014.

윤소영, 『대학 상호문화교육』, 박영스토리, 2016.

이수환, 『조선후기서원연구』, 일조각, 2001.

이원범·남춘모, 『한국속 일본계 종교의 현황』, 대왕사, 2008.

이준일, 『차별금지법』, 고려대학교출판부, 2007.

이혜승·김난영, 『다문화가족지원정책 성과평가』, 감사원 감사연구원, 2011.

윌리엄 페이든, 『종교를 읽는 여러 가지 방법: 성스러움의 해석』(이민용 옮김), 청년사, 2005.

장기섭 외, 『상호문화교육의 이해』, 북토리아, 2014.

장한업, 『이제는 상호문화교육이다』, 교육과학사, 2014.

정만조, 『조선시대 서원연구』, 집문당, 1997.

정병호·송도영 엮음, 『한국의 다문화 공간』, 현암사, 2011.

정성식, 『한국 도학의 단서를 열다, 정몽주』, 성균관대학교출판부, 2009.

정수일, 『이슬람문명』, 창작과비평사, 2004.

정순우, 『서원의 사회사』, 태학사, 2013.

제니페르 케르질·즈느비에브 뱅소노, 『상호문화: 학교의 원칙과 현실』(장한업 옮김), 교육과학사, 2013.

최일 외, 『다문화교육의 이론과 실제』, 학지사, 2009.

최충옥 외, 『다문화교육의 이해』, 양서원, 2010.

카롤린 엠케, 『증오는 어떻게 전염되고 확산되는가: 혐오 사회』(정지인 옮김), 다산초당, 2017.

캐서린 벨, 『의례의 이해』(류성민 옮김), 한신대학교출판부, 2007.

통일신학교 말씀연구회, 『통일교회사 연구가이드』, 성화사, 1986.

피터 우드, 『다양성: 오해와 편견의 역사』, 해바라기, 2005.

한건수·설동훈, 『결혼중개업체 실태 및 관리방안 연구』, 보건복지부, 2006.

한국여성정책연구원, 『다문화주의의 이론적 패러다임과 국가별 유형비교』, 한학문화, 2008.

허영식, 『다문화사회와 간문화성』, 강현출판사, 2010.

2. 연구 논문

강돈구, 「종교 상호 공존의 논의, 그 이후?」, 『종교연구』 34, 2004.

_____, 「한국의 종교정책과 종교교육」, 『종교연구』 48, 2007.

_____, 「현대 한국의 종교, 정치 그리고 국가」, 『종교연구』 51, 2008.

강휘원, 「한국 다문화사회의 형성 요인과 통합 정책」, 『국가정책연구』 20-2,

2006.

강희복, 「동양사상에서의 '같음'과 '다름'의 문제에 관해」, 『한국에서의 다문화주의』(오경석 외 엮음), 한울아카데미, 2007.

고대만, 「불교의 무아 · 연기 사상에 비추어 본 다문화주의」, 『윤리연구』 79, 2010.

고병철, 「중등학교 다문화교육 교과의 활성화 방향: 교육정책과 학교교육을 중심으로」, 『종교연구』 61, 2010.

고병철, 김철주, 「국가 교육과정 내의 다문화교육과 '종교'교과교육」, 『한국학연구』 36, 2011.

곽준혁, 「다문화 공존과 사회적 통합」, 『대한정치학회보』 15-2, 2007.

곽준혁, 「민족적 정체성과 민주적 시민성: 세계화시대 비지배 자유원칙」, 『사회과학연구』 12-2, 2004.

권영설, 「이주와 국적의 법과 다문화주의」, 『미국헌법연구』 20-2, 2009.

권용희, 「다문화교육과 국제이해교육, 반편견교육, 세계화교육의 비교 연구: 한국에서의 수용 양상을 중심으로」, 『다문화와 인간』 5-2, 2016.

김경학, 「퀘벡 '상호문화주의'의 문화적 다양성 관리의 한계: 시크 '키르판' 착용논쟁을 중심으로」, 『민주주의와 인권』 10-3, 2010.

김광억, 「문화에 대한 인류학적 개념과 연구방법」, 『문화의 다학문적 접근』, 서울대학교출판부, 1998.

_____, 「전통 교육기관의 문화유산적 가치: 콜로기움과 서원을 중심으로」, 『한국의 서원-세계유산 등재를 위한 국제학술회의 자료집』, (사)한국서원연합회 한국의서원세계유산등재추진단, 2014.

김남국, 「다문화시대의 시민: 한국사회에 대한 시론」, 『국제정치논총』 45-4, 2005.

_____, 「심의다문화주의: 문화적 권리와 문화적 생존」, 『한국정치학회보』 39-1, 2005.

_____, 「유럽에서 다문화의 도전과 대응」, 『국회도서관보』 43-5, 2006.

김보림, 「역사수업에서 영화를 통한 일본사: 영화 카게무샤를 중심으로」, 『한국일본교육학연구』 12-1, 2007.

김미나, 「다문화 사회의 진행 단계와 정책의 관점: 주요국과 한국의 다문화정책 비교 연구」, 『행정논총』 47-4, 2009.

김민정 외, 「국제결혼 이주여성의 딜레마와 선택: 베트남과 필리핀 아내의 사례를 중심으로」, 『한국문화인류학』 39-1, 2006.

김범수, 「민주주의에 있어 포용과 배제」, 『국제정치논총』 48-3, 2008.

김비환, 「포스트모던 시대에 있어 합리성, 다문화주의 그리고 정치」, 『사회과학』 35-1, 1996.

_____, 「한국사회의 문화적 다양화와 사회통합: 다문화주의의 한국적 변용과 시민권 문

제」, 『법철학연구』 10-2, 2007.

김선임, 「필리핀 이주노동자 공동체의 형성과정: 혜화동공동체와 가톨릭을 중심으로」, 『종교문화연구』 14, 2010.

김순희, 「한국 다문화교육의 실제: 정책 및 프로그램에 반영된 관점을 중심으로」, 『다문화교육의 이해를 위한 교양교재 저술』, 중앙다문화교육센터, 2007.

김옥선, 「다문화교육과 상호문화 이해교육의 연계 방안」, 『외국어로서의 독일어』 24, 2009.

김영모, 「서원 경관의 보존·관리의 문제점 및 개선방안에 관한 연구」, 『전통문화논총』 11, 2013.

김영문, 「산업연수생의 노동법적 지위」, 『노동문제논집』 15, 1998.

김영수, 「여말 정세와 포은의 명·왜 사행시 연구-포은의 외교적 역량에 주안하여」, 『한문학보』 24, 2011.

김영옥, 「새로운 '시민들'의 등장과 다문화주의 논의」, 『아시아여성연구』 46-2, 2007.

김우선, 「다문화사회와 한국교회의 역할」, 『신학전망』 167, 2009.

김은미·김지현, 「다인종, 다민족 사회의 형성과 사회조직」, 『한국사회학』 42-2, 2008.

김이선·김민정·한건수, 「국제결혼 이주여성의 문화적 갈등경험을 통해 본 문화간 소통의 현실」, 『한국사회의 새로운 갈등구조와 국민통합 : 이념 및 문화 갈등과 국민통합』, 한국여성개발원, 2006.

김일림, 「한국적 다문화 이론과 공간에 대한 고찰: 서울의 경우」, 『한국사진지리학회지』 19-4, 2009.

김종세, 「다문화사회전문가와 대학의 역할」, 『법학연구』 44, 2011.

김창근, 「다문화 공존과 다문화주의: 다문화 시민성의 모색」, 『윤리연구』 73, 2009.

김태현, 「대북인식의 이중구조와 북한 핵문제」, 『국가전략』 2-2, 1996.

김학권, 「한국 서원의 기원과 발달」, 『원광대 인문학연구소 논문집』 10-2, 2009.

김학수, 「조선후기 영천지역 사림과 임고서원」, 『포은학연구』 6, 2010.

김현미, 「국제결혼의 전 지구적 젠더 정치학」, 『경제와 사회』 70, 2006.

김희정, 「한국의 관주도형 다문화주의」, 『한국에서의 다문화주의: 현실과 쟁점』, 한울아카데미, 2007.

노시훈, 「영화를 통한 프랑스 문학·문화 교육」, 『프랑스학연구』 33, 2005.

노치준, 「한국교회의 개교회주의」, 『한국교회와 사회』(이원규 편저), 나단, 1996.

류삼준·손원영, 「2015 개정 종교학 교육과정과 개신교 종교교육」, 『종교교육학연구』 51, 2016.

275

류성환, 「현장에서의 다문화 교육 사례」, 『한국에서의 다문화주의』(오경석 외 엮음), 한울아카데미, 2007.

모경환, 「다문화교육의 개념과 필요성」, 『다문화교육의 이해』, 양서원, 2010.

문경희, 「다문화주의, 그 차이의 정치」, 『부산여성정책연구』 3, 2005.

_____, 「호주 다문화주의의 정치적 동향」, 『국제정치논총』 48-1, 2008.

박경태, 「이주노동자를 보는 시각과 이주노동자 운동의 성격」, 『경제와 사회』 67, 2005.

박선주·김태희, 「다문화 교육을 위한 교육용 콘텐츠 분석 및 개선방안」, 『한국정보교육학회 논문지』 15-3, 2011.

박종수, 「다문화현상에 대한 한국개신교의 인식과 대응」, 『종교문화연구』 14, 2010.

_____, 「이태원지역의 종교공간적 특성과 다문화공간으로의 이해」, 『서울학연구』 51, 2013.

_____, 「정몽주의 여말선초 종교지형의 변화에 대한 인식- 현대 다종교·다문화사회에 대한 인식을 위한 제언」, 『포은학연구』 9, 2012.

_____, 「종교단체의 다문화교육에 대한 사례 연구-불교, 개신교, 천주교 단체를 중심으로」, 『종교연구』 63, 2011.

_____, 「포은선생 배향서원의 문화콘텐츠 활용 방안」, 『포은학연구』 14, 2014.

박종천, 「영화가 종교를 만났을 때: 김기덕의 <봄여름가을겨울그리고봄>(2003)을 중심으로」, 『종교연구』 44, 2006.

배현주, 「미디어를 활용한 다문화교육의 가능성 모색」, 『교육문화연구』 15-1, 2009.

송도영, 「도시 다문화 구역의 형성과 소통의 전개방식-서울 이태원의 사례」, 『담론 201』 14-4, 2011.

서동진, 「인권, 시민권, 그리고 섹슈얼리티: 한국의 성적 소수자 운동과 정치학」, 『경제와 사회』 67, 2005.

_____, 「종교와 음식을 통한 도시공간의 문화적 네트워크: 이태원 지역 이슬람 음식점들의 사례」, 『비교문화연구』 13-1, 2006.

_____, 「이슬람 전통도시 공간의 사회문화적 해석: 모로코 페스의 사례」, 『한국문화인류학』 32-1, 1999.

서연주, 「한국 문화에 나타난 다문화 인식 양상 고찰: 인권영화를 중심으로」, 『국어문학』 47, 2009.

설동훈, 「선진 외국의 다인종·다문화정책 사례」, 『지방의 국제화』 113, 2006.

설동훈, 「외국인노동자 인권 및 연대를 위한 시민단체 조사연구」, 『외국인 노동자 단체조사보고서』(한국기독교사회문제연구소 편), 한국기독교사회문제연구소, 2000.

손은하, 「다문화사회에서 이주민의 타자화: 재현된 영상물을 중심으로」, 『다문화와 평화』 7-1, 2013.

신광철, 「다문화사회와 종교」, 『종교연구』 59, 2010.

_____, 「대만 세계종교박물관의 전시 이념 · 체계 및 의의에 대한 연구」, 『2015 한신대 종교와문화연구소 상반기 심포지엄 자료집: 박물관과 종교』, 한신대 종교와문화연구소, 2015.

_____, 「영화의 종교적 구조에 대한 성찰-영화, 종교(학)적으로 읽기를 위한 예비적 작업」, 『종교문화연구』 4, 2002.

_____, 「한국 종교영화의 현황과 전망」, 『한국종교』 28, 2004.

신주백, 「용산과 일본군 용산기지의 변화(1884-1945)」, 『서울학연구』 29, 2007.

안 신, 「다문화 종교교육을 위한 심리학적 모델: 제임스 디티스의 종교심리학을 중심으로」, 『종교교육연구』 27, 2008.

_____, 「세계종교 교수법을 통한 다문화 종교교육」, 『종교교육학연구』 30, 2009.

_____, 「영화의 상상력과 다문화 종교교육」, 『종교교육학연구』 32, 2010.

야은숙, 「관광특구 예정지로서 이태원 지역의 관광외식산업 진흥정책 연구」, 경기대 박사학위논문, 1997.

양영자, 「한국의 다문화교육 현황과 과제」, 『한국에서의 다문화주의』(오경석 외 엮음), 한울아카데미, 2007.

엄한진, 「한국사회 이주민 종교공동체의 실태와 성격」, 『종교문화연구』 14, 2010.

오경석, 「어떤 다문화주의인가?」, 『한국에서의 다문화주의: 현실과 쟁점』(오경석 외 엮음), 한울아카데미, 2007.

오수열 · 김주삼, 「새터민을 위한 정부와 지역사회의 역할」, 『대한정치학회보』 13-3, 2006.

오태균, 「다문화 사회 속에서의 기독교교육적 과제」, 『기독교교육정보』 15, 2006.

오현선, 「다문화사회와 개신교의 기독교교육」, 『종교교육학연구』 36, 2011.

_____, 「한국사회 이주민 2세의 다중정체성 형성을 위한 기독교교육의 과제」, 『종교연구』 60, 2010

윤수종, 「소수자 운동의 특성과 사회운동의 방향」, 『경제와 사회』 67, 2005.

윤인진, 「탈북자의 사회적응실태와 지원방안」, 『한국의 소수자, 실태와 전망』(최협 외 엮음), 한울, 2004.

_____, 「한국적 다문화주의의 전개와 특성: 국가와 시민사회의 관계를 중심으로」, 『한국사회학』 42-2, 2008.

윤형숙, 「국제결혼 배우자의 갈등과 적응」, 『한국의 소수자, 실태와 전망』(최협 외), 한울아카데미, 2004.

277

이경화, 「세계평화통일가정연합의 축복의식에 대한 연구」, 『선문대학교 신학대학논문집』, 선문대학교 신학대학, 2000.

_____, 「다른 세계들: 영어권 문화강의에서의 영화의 활용」, 『문학과 영상』 가을겨울호, 2002.

이내영, 「한국인의 북한과 통일에 대한 인식과 국가정체성」, 『한국인의 국가정체성과 한국정치』, 동아시아연구원, 2006.

이만석, 「이만석 칼럼: 이슬람의 한국내 활동」, 『크리스천투데이』, 2008.

이석호, 「다문화시대의 문학교육」, 『영미문학교육』 14, 2000.

이선옥, 「한국에서의 이주노동운동과 다문화주의」, 『한국에서의 다문화주의: 현실과 쟁점』(오경석 외 엮음), 한울아카데미, 2007.

이정욱, 「프랑스의 사회갈등과 통합: 무슬림 이민자 차별과 배제를 중심으로」, 부경대학교 대학원 박사학위논문, 2010.

이종원, 「기독교 교양과목에서의 영화 활용에 대한 연구」, 『대학과 선교』 5, 2008.

이진구, 「다문화 시대 한국 개신교의 이슬람 인식: 이슬람포비아를 중심으로」, 『다문화사회의 종교를 묻는다』, 한국종교문화연구소·한중연 종교문화연구소 공동 주관 심포지엄, 2010.

_____, 「다문화시대 한국 개신교의 이슬람 인식: 이슬람포비아를 중심으로」, 『종교문화비평』 19, 2011,

이찬수, 「문(文)-화(化), 그리고 '적(的)의 논리'」, 『종교연구』 59, 2010.

이철우, 「이중국적의 논리와 유형」, 『이중국적』(정인섭 편), 도서출판 사람생각, 2004.

이혜경, 「이민정책과 다문화주의」, 『한국적 다문화주의의 이론화』(김혜순 외 지음), 동북아시대위원회, 2007.

이희수, 「이슬람권의 한국사 관련 자료 소개」, 『역사와현실』 8, 1997.

_____, 「종교에서 다문화 정신: 이슬람을 중심으로」, 『한국에서의 다문화주의』 (오경석 외 엮음), 한울아카데미, 2007.

임종욱, 「정몽주의 중국체험과 성리학적 세계관」, 『고려시대 문학의 연구』, 태학사, 1998.

장인실·차경희, 「한국 다문화교육의 연구동향 분석: Bennett이론에 근거하여」, 『한국교육학연구』 18-1, 2012.

장지표, 「다문화 사회통합 프로그램 이수제」, 『다문화 사회통합 프로그램 구축방안 마련을 위한 공청회』, 법무부 출입국·외국인정책본부, 2008.

장한업, 「유럽의 상호문화교육 지침서 비교 연구」, 『비교교육연구』 27-1, 2017.

_____, 「프랑스의 상호문화교육과 미국의 다문화교육의 비교연구」, 『프랑스어문교육』 32, 2009.

전우홍, 「한국의 다문화교육 정책」, 『다문화사회연구』 2-2, 2009.

전호진, 「하나님의 선교와 교회의 선교」, 『성경과 신학』 2, 1984.

정만조, 「조선조 서원의 정치·사회적 역할」, 『한국유학사상논문선집』 73, 1997.

정성식, 「여말선초 사상적 패러다임의 전환 탐구」, 『온지논총』 15, 2006.

정순목, 「서원의 교육문화적 성격」, 『한국사론』 8, 1980.

정영근, 「디지털문화시대의 영화와 교육」, 『교육인류학연구』 6-2, 2003.

정영기·김충현, 「영화 <클래스>에 나타난 다문화교육의 방법 연구」, 『다문화와 평화』 6-1, 2012.

정재진·전영평, 「동성애 소수자의 차별저항과 정책변동」, 『한국행정연구』 15-4, 2006.

정종화, 「참된 종교영화를 대망」, 『기독교사상』 13-1, 1969.

정진헌, 「탈분단·다문화 시대, 마이너리티 민족지: 새터민, '우리'를 낯설게 하다」, 『한국에서의 다문화주의: 현실과 쟁점』(오경석 외 엮음), 한울아카데미, 2007.

정희라, 「2006년 영국의 인종 및 종교적 혐오 방지법: 무슬림과 종교적 소수자 보호를 위한 정책」, 『EU연구』 35, 2013.

조준호, 「조선시대 정몽주 제향서원의 건립 추이와 성격」, 『포은학연구』 6, 2010.

조현범, 「한국 천주교의 신앙인 만들기: 두 가지 종교성에 주목하며」, 『정신문화연구』 34-2, 2011.

조현일, 「읽기 텍스트로서의 영화와 영화 읽기 교육」, 『독서연구』 18, 2007.

조희선·김대성·안정국·오종진·김효정, 「한국사회 이주 무슬림 커뮤니티에 관한 연구」, 『중동연구』 27-2, 2008.

진성규, 「포은 정몽주의 불교인식」, 『한국불교학』 52, 2008.

차정식 외, 「다문화시대의 신학」, 『기독교사상』 606, 2009.

채수일, 「다문화와 그리스도교 신앙」, 『기독교사상』 606, 2009.

천선영, 「'다문화사회' 담론의 한계와 역설」, 『한·독사회과학논총』 14-2, 2004.

최병두, 「다문화공간과 지구-지방적 윤리: 초국적 자본주의의 문화공간에서 인정투쟁의 공간으로」, 『한국지역지리학회지』 15-5, 2009.

최종일, 「이태원 공간에 나타난 '아메리카나이제이션'에 관한 연구」, 서울대 석사학위논문, 2003.

한건수, 「국내 아프리카 이주노동자의 유입과정과 실태」, 『아프리카학회지』 21, 2005.

_____, 「다민족사회의 종교갈등과 정체성의 정치: 나이지리아의 '위험한 깨

달음'」, 『종교문화연구』 14, 2010.

_____, 「비판적 다문화주의: 한국적 다문화주의의 모색을 위한 인류학적 성찰」, 『다문화사회의 이해』(유네스코 아시아·태평양 국제이해교육원 엮음), 동녘, 2009.

_____, 「타자만들기: 한국사회와 이주노동자의 재현」, 『비교문화연구』 9-2, 2003.

한경구, 「다문화 사회란 무엇인가?」, 『다문화 사회의 이해』(유네스코 아시아·태평양 국제이해교육원 엮음), 동녘, 2009.

_____, 「다민족, 다문화사회로의 전환」, 『젠더리뷰』 9, 2008.

한도현, 「민족주의와 이중국적의 불안한 동거」, 『정신문화연구』 26-4, 2003.

한영혜, 「일본의 다문화공생 담론과 아이덴티티 재구축」, 『사회와 역사』 71, 2006.

한용택, 「학교에서의 다문화교육을 위한 프랑스와 독일의 영화」, 『비교문화연구』 19, 2010.

함정현·양옥평, 「조선시대 서원 교육과 현대 대학 교양 국어교육의 융합방향의 일 모색」, 『동방학』 26, 2013.

허가영, 「21세기 다문화사회의 무용교육-다문화교육에서 상호문화교육으로」, 『무용역사기록학』 43, 2016.

허영식, 「다문화사회에서 사회통합을 위한 간문화적 행위영역과 실천」, 『한독사회과학논총』 23-3, 2013.

허영식·김진희, 「간문화능력과 간문화교육에 대한 동향과 함의: 독일의 사례를 중심으로」, 『한독사회과학논총』 23-3, 2013.

홍승표, 「종교를 매개로 형성된 한남동 이슬람 거리와 외국인 무슬림 커뮤니티의 문화적 피난처 역할」, 서울대 석사학위논문, 2008.

홍종열, 「유럽의 상호문화교육」, 『글로벌문화콘텐츠』 7, 2011.

허영주, 「보편성과 다양성의 관계 정립을 통한 다문화교육의 방향 탐색」, 『한국교육학연구』 17-3, 2011.

홍기천·남은아, 「영화자료를 활용한 초등학교 5학년의 실제적인 교과수업 방안」, 『한국콘텐츠학회논문지』 6-8, 2006.

한관종, 「영화를 활용한 사회과에서의 다문화수업 방안」, 『사회과교육연구』 13-13, 2006.

황정미, 「다문화시민 없는 다문화교육: 한국의 다문화교육 아젠다에 대한 고찰」, 『담론 201』 13-2, 2010.

3. 외국 연구 문헌

Barbara Wilkerson(ed.), Multicultural Religious Education, Birmingham,

Ala.: Religious Education Press, 1997.

Baumann, Gerd, Contesting Culture: Discourses of Identity in Multi-ethnic, London: Cambridge University Press, 1996.

Christianson, Eric S., Peter Francis & William R. Telford, Cinema Divinite: Religion, Theology, and the Bible in Film, London: Hymns Ancient & Modern Ltd, 2005.

Haddock, Bruce and Peter Sutch, Multiculturalism, Identity, and Rights, London: Routledge, 2003.

Haviland, W. A., Cultural Anthropology, Belmont, CA: Wadsworth, 2002.

Heidi Layne, Virginie Tremion, Fred Dervin eds., Making the Most of Intercultural Education, Cambridge Scholars Publishing, 2015.

Higham, John, "Multiculturalism and Unversalism: A History and Critiaue," American Quarterly, Vol. 45, No. 2, 1993.

Kelly, Paul(ed)., Multiculturalism Reconsidered, Cambridge: Polity Press, 2005.

Kincheloe, Joe L. and Shirley R. Steinberg, Changing Multiculturalism, Bristol, Pa.: Open University Press, 1997.

Kymlicka, Will and Baogang He(ed)., Multiculturalism in Asia, Oxford: Oxford University Press, 2005.

Kymlicka. Will, Multicultural Citizenship, Oxford: Oxford University Press, 1995.

May, John R., "Visual Story and the Religious Interpretation of Film", Religion in Film, Knoxville: The University of Tennessee Press, 1998.

May, Stephen, Critical Multiculturalism: Rethinking Multicultural and Antiracist Education, London: Falmer Press, 1998.

McLaren, Peter, "White Terror and Oppositional Agency: Towards a Critical Multiculturalism," Multiculturalism: A Critical Reader, David Theo Goldberg(ed), Oxford: Basil Blackwell, 1994.

Nye, Malory, "The Challenges of Multiculturalism", Culture and Religion, 8:2, 2007.

Parekh, Bhikhu, Rethinking Multiculturalism: Cultural Diversity and Political Theory, Cambridge, Mass: Harvard University Press, 2000.

Ramachandra, Vinoth, Faiths in Conflict?: Christian Integrity in a

Multicultural World, Downers Grove: InterVarsity Press, 2000.

Salili, Farideh and Rumjahn Hoosain(ed)., Religion in Multicultural Education, Greenwich, Conn.: Information Age Publishing, 2006.

Schlesinger, Arthur, The Disuniting of America: Reflections on a Multicultural Society, New York: Norton & Company, 1998.

Taylor, Charles(ed), Multiculturalism: Examining the Politics of Recognition, Princeton, N. J.: Princeton University Press, 1994.

Taylor, Charles, Multiculturalism: Examining the Politics of Recognition, ed. by Amy Gutmann, Princeton, N. J.: Princeton University Press, 1994.

4. 기타자료

「경제적, 사회적, 문화적 권리에 관한 국제규약」

「기독교대한감리회 이태원교회 교회요람」, 1909.3.22.

「기독교대한감리회 한남동교회 교회요람」, 1907.2.25.

「기독교대한감리회 한마음교회 교회요람」, 1983.7.17.

「대한예수교장로회(합동) 대성교회 교회요람」, 1954.4.25.

「대한예수교장로회(통합) 이태원제일교회 교회요람」, 1959.10.

「대한예수교장로회(통합) 보광중앙교회 교회요람」, 1959.4.17.

「대한예수교장로회(통합) 한남제일교회 교회요람」, 1964.12.20.

「대한예수교장로회(통합) 세광교회 교회요람」, 1981.1.18.

「북한이탈주민교육지원지침」

「북한이탈주민보호 및 정착지원에관한법률」, 同「-시행령 및 시행규칙」

「병역법」

「사회통합프로그램 훈령」; 同「이민자 사회통합프로그램 및 그 운영 등에 관한 규정」

「세계인권선언」

「외국인 산업기술연수사증발급 등에 관한 업무처리지침」

「이중국적자 업무처리지침」, 2009.8.

「재한외국인 처우 기본법」

「재외동포의 출입국과 법적지위에 관한 법률」

「제1차 외국인정책 기본계획」

「출입국관리법」; 「同 시행령 및 시행규칙」

○ ○ ○ ○ ○

한국 다문화사회와 종교

KBS 1TV, "쾌적한국 미수다"(토 19:10-20:00), 2010.5.15.

_____, "러브 인 아시아"(화 19:30-20:20), 2005.11.5.

_____, "18억, 이슬람 시장이 뜬다"(3부작), 2005.12.5.-13.

아리랑TV, "Hand in Hand "(수/목), 2010.7.22.

"All Together "(일), 2010.4.10.

EBS 교육방송, "마주 보며 웃어"(월/화 19:30-20:00), 2010.8.30.

문화체육관광부, "다문화 특집 다큐: 대한민국, 희망과 상생을 말하다", 2008.

유네스코 아시아·태평양 국제이해교육원, "다름에서 어울림으로: 우리 교육
        속의 다문화", 2009.

이주노동자 방송 MNTV.

이주민방송 샐러드 TV.

웅진재단 다문화가족 음악방송.

세터민 인터넷방송 동행.

기독교방송 CBS.

가톨릭방송 PBC.

불교방송 BBC.

원불교 TV.

국가통계포털 kosis.kr

국경없는마을 www.bvillage.org

국제루터교회 www.ilcseoul.net

경기도다문화교육센터 www.cme.or.kr

다누리 www.liveinkorea.kr

다문화민족봉사센터 www.multicsc.org

대한민국 교육부 공식 블로그 blog.naver.com/moeblog/220909378876

디지털영천문화대전 yeongcheon.grandculture.net

레인보우도서관 cafe.naver.com/multiculturelibrary

문화재청 www.cha.go.kr

보광동교회 www.bokwangdong.or.kr

보광중앙교회 www.bkch.com

보광사 cafe.daum.net/sesimsa

보성교회 cafe.daum.net/bosungch

안산외국인근로자지원센터 www.afwc.or.kr

안산이주민센터 www.migrant.or.kr

여성인력개발센터 www.vocation.or.kr
영일정씨 포은공파 종약원 www.poeun.com
용산구청 www.yongsan.go.kr
임고서원 충효문화수련원 imgo.yc.go.kr
외국인성당 church.catholic.or.kr/international
유네스코 한국위원회 www.unesco.or.kr
이주민과 실무자를 위한 네트워크 migrant.kr
이주민방송 www.mntv.net
이주민선교를 위한 한국교회 네트워크 www.mmnk.kr
이태원제일교회 www.itw0691.com
전국다문화가족사업지원단 mfsc.familynet.or.kr
천주교 한남동성당 www.hannamdong.or.kr
출입국·외국인정책본부 www.immigration.go.kr
필리핀이주노동자 공동체 www.sambayanan.org
통계청(국가통계포털) www.kosis.kr
한국여성정책연구원 www.kwdi.re.kr
한국외국인근로자지원센터 www.migrantok.org
한국이슬람교중앙회 http://www.koreaislam.org
한국종교인평화회의 http://www.kcrp.or.kr
한국종교지도자협의회 www.kcrl.org
한광교회 www.hkc.or.kr
한남동교회 www.hnc.or.kr
한남제일교회 www.h1.or.kr
한마음교회 www.ehanmaeum.org
호주이민성 www.immi.gov.au
VCF www.vcf-korea.org

박종수

강남대학교 종교철학과(B.A.)를 졸업하고, 한신대학교 종교문화학과에서 「고구려
고분벽화의 종교적 의미에 대한 연구」로 석사학위(M.A.)를, 한국학중앙연구원 한
국학대학원에서 「다문화사회에 대한 한국종교의 대응」으로 박사학위(Ph.D.)를 취
득하였다. 이후 한국학중앙연구원 학술정보관에서 전임연구원으로 근무하였고, 강
남대학교, 한신대학교, 인천대학교, 우송대학교 등에서 강의한 후, 현재 대구가톨
릭대학교 다문화연구원에서 강의와 연구를 하고 있다. 저서로는『우리에게 종교란
무엇인가』(공저), 『한국종교교단연구—조상의례 편)』(공저) 등이 있으며, 관심을
갖고 연구하는 주제는 다문화와 종교, 종교와 미디어, 종교와 문화콘텐츠 등이다.

대구가톨릭대학교 다문화연구원
다문화연구총서 7

한국 다문화사회와
종교

초판인쇄 2019년 11월 29일
초판발행 2019년 11월 29일

지은이 박종수
펴낸이 채종준
펴낸곳 한국학술정보㈜
주소 경기도 파주시 회동길 230(문발동)
전화 031) 908-3181(대표)
팩스 031) 908-3189
홈페이지 http://ebook.kstudy.com
전자우편 출판사업부 publish@kstudy.com
등록 제일산-115호(2000. 6. 19)

ISBN 978-89-268-9724-9 93210